围棋技巧基础训练丛书

死活的基本

〔日〕高尾绅路 编著
张杏雨
李简 译

U0963276

中原出版传媒集团
中原传媒股份公司
河南科学技术出版社

YASASHII IGO TRAINING TSUMEGO NO KIHON
Supervised by Shinji Takao

First published in Japan in 2013 by IKEDA Publishing Co., Ltd.
Simplified Chinese translation rights arranged with PHP Institute, Inc.
through CREEK & RIVER CO.,LTD. and CREEK & RIVER SHANGHAI CO., Ltd.
文本编辑：内藤由起子　　编辑制作：Paketto

备案号：豫著许可备字 -2019-A-0135

图书在版编目(CIP)数据

死活的基本/（日）高尾绅路编著；张杏雨，李简译. —郑州：河南科学技术出版社，2020.10
（围棋技巧基础训练丛书）
ISBN 978-7-5349-9939-0

Ⅰ. ①死… Ⅱ. ①高… ②张… ③李… Ⅲ. ①死活棋（围棋）–基本知识 Ⅳ. ①G891.3

中国版本图书馆CIP数据核字（2020）第064490号

出版发行：河南科学技术出版社
地址：郑州市郑东新区祥盛街 27 号　　邮编：450016
电话：(0371) 65737028
网址：www.hnstp.cn
策划编辑：董　涛
责任编辑：董　涛
责任校对：崔春娟
封面设计：王留辉
责任印制：张艳芳
印　　刷：河南省环发印务有限公司
经　　销：全国新华书店
开　　本：787 mm × 1092 mm　1/32　印张：9　字数：220 千字
版　　次：2020 年 10 月第 1 版　　2020 年 10 月第 1 次印刷
定　　价：29.80 元

如发现印、装质量问题，影响阅读，请与出版社联系并调换。

前言

增强棋力有很多途径，比如多下棋、复盘、打谱等，但最有效果的，当属训练“死活题”。虽然很多人也会通过实战来掌握死活问题，但是实战的机会毕竟有限，因此希望读者可以通过做本书的练习题来达到这一目的。

本书中设置的基本题目适用于围棋入门的读者。

解题时，若一分钟还没想出如何解答，那就直接看答案吧。如果看答案时产生恍然大悟的感觉，这种感觉越强烈，越能说明你在进步。另外，实战中是无法考虑到每一处细枝末节的。一眼看出“形”之所在才是最重要的。

题目中会反复出现同样的手筋和形，读者也应该反复练习这些习题，以达到真正掌握相关技巧的目的。死活题就是这么有趣，练习的越多越能体会到棋力的提升。

如果读者可以通过学习本书而提升棋力，我将不胜荣幸。

高尾绅路（九段）

目录

1. 入门篇

在做题之前，我们先来了解一下做“死活题”的要点。

活棋至少需要两只眼。没有眼的叫作“死棋”，是会被吃掉的。

判断“是死是活”的关键在于“假眼”和“死形”。

“假眼”是指，看起来是眼但却没有完全成为眼的地方。做活的关键在于不能做出假眼。同理，杀棋的关键是使对方做出假眼。

“死形”是指，点在对方的阵地中，使对方做不出两只眼。“死形”一般多会出现在三目到六目的棋形中。

呼吸点（活路）一般叫作“气”。“气”是决定是否能做活的关键。

问题 1（黑先）

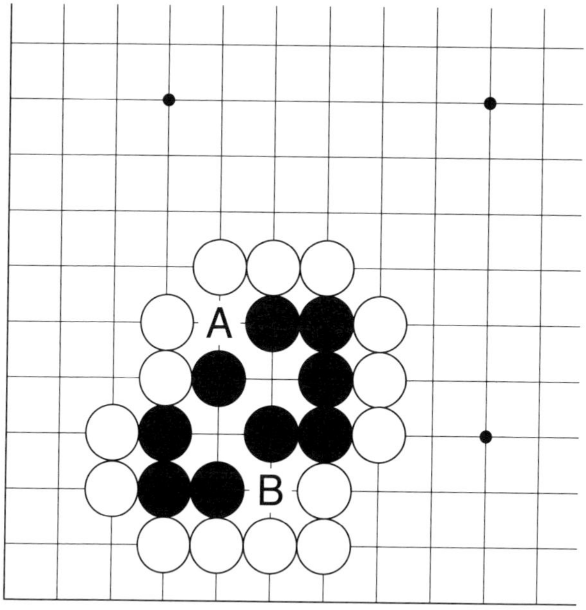

我们先来练习判断真、假眼。

黑棋为了做活，应该走 A 点还是 B 点呢？

注意不要做出假眼。

问题1（解答）

不要让做出的眼被打吃

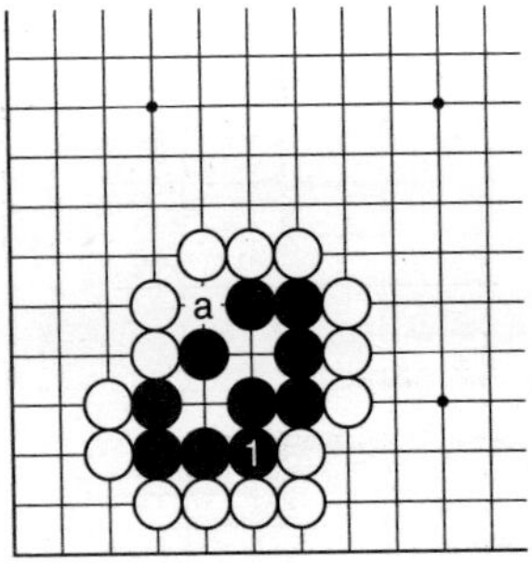

正解

黑1团，把假眼补成真眼。

即使白棋走a，也无法破坏黑棋的眼位。黑棋做出了两只眼，成功做活。

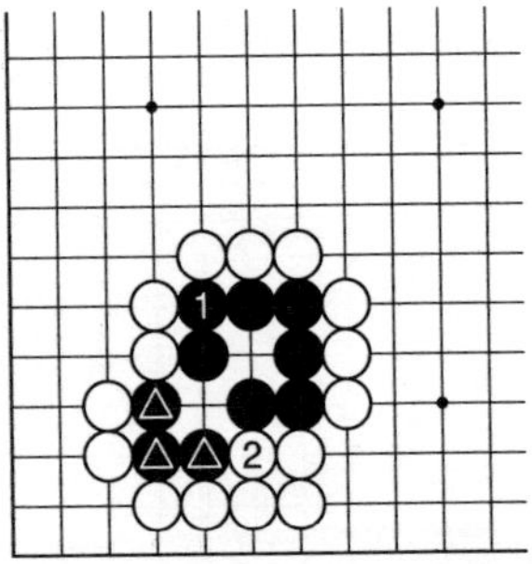

失败

黑1团，白2打。黑▲三子只剩一口气，处于被打吃的状态。

这样黑棋只有一只真眼，黑棋被杀。

问题 2（黑先）

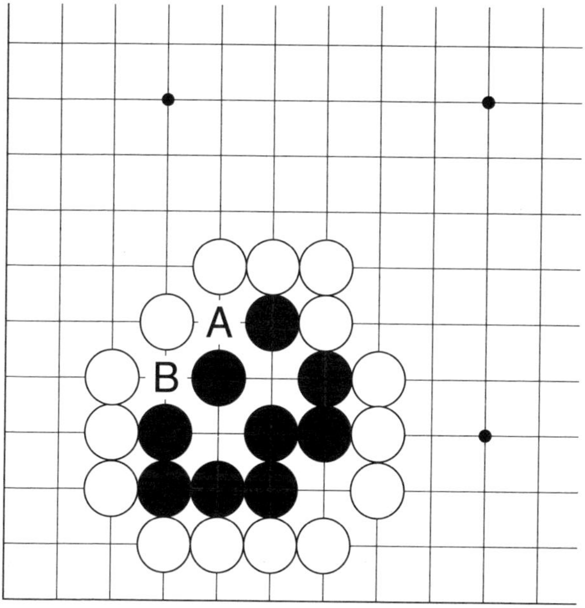

看上去黑棋有两只眼，但是有一只眼有成为假眼的可能。

黑棋应该走哪里才能做活呢？ A 还是 B ？

问题 2（解答）

注意眼周围的棋子

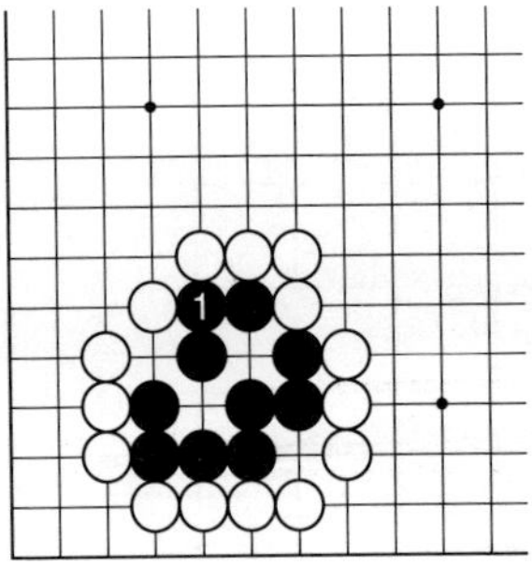

正解

黑 1 团，将上面的那只眼变成了真眼。这样黑棋也顺利成活。

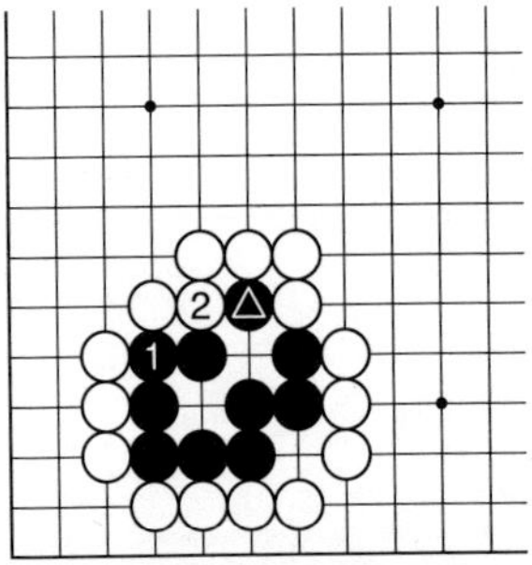

失败

下面的那只眼即使不走黑 1 补也是真眼。

黑 1 多此一举，白 2 打吃黑△一子，黑棋上方变成一个假眼。

做眼时一定要注意周围棋子的状态。

问题 3（黑先）

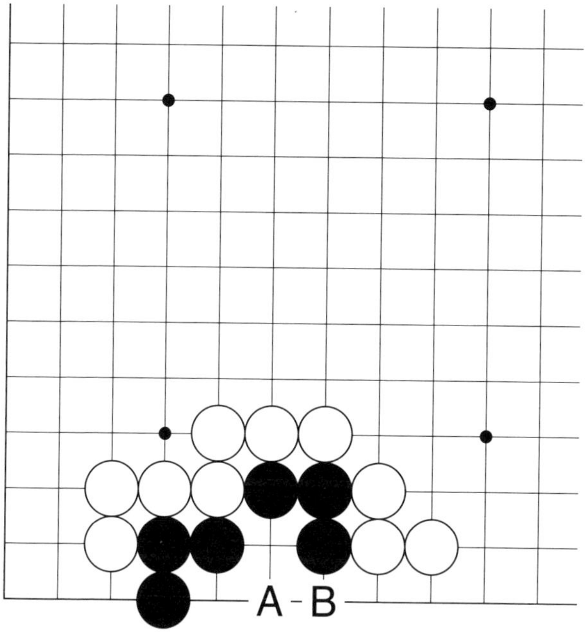

为了做活，至少要有两只眼才行。

A、B 两点，到底哪个是做活的急所呢？

问题 3（解答）

稳稳地做出两只眼

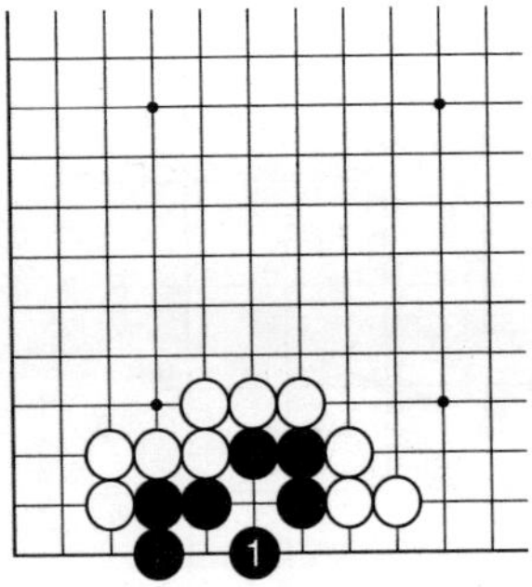

正解

黑 1 做出两只眼，黑棋成功做活。

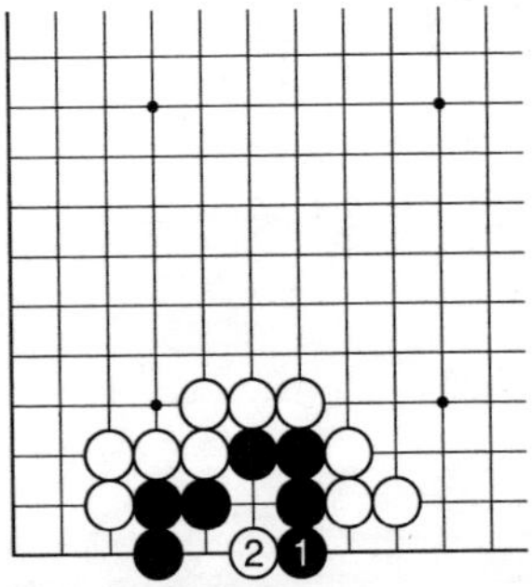

失败

黑 1 立的话，白 2 点急所。这样黑就做不出两只眼了。

这种死棋的基本形叫“弯三”。如图，点在中间的位置对方就做不出两只眼了。

问题 4（黑先）

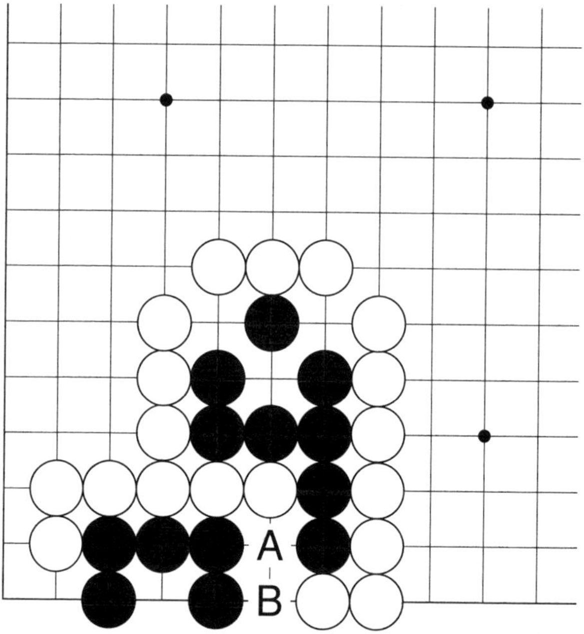

黑棋上面一只眼，下面一只眼，但是两块棋并未连上。

那么怎么才能做活呢？走 A 还是 B 呢？

问题 4（解答）

联络很关键

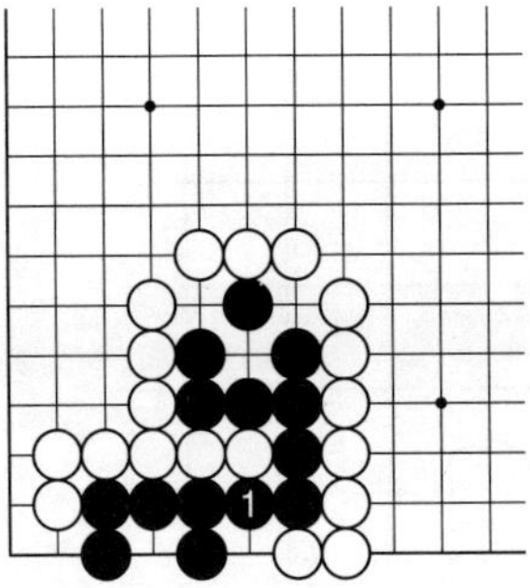

正解

黑 1 接，将两块棋连起来。黑棋成功做活。

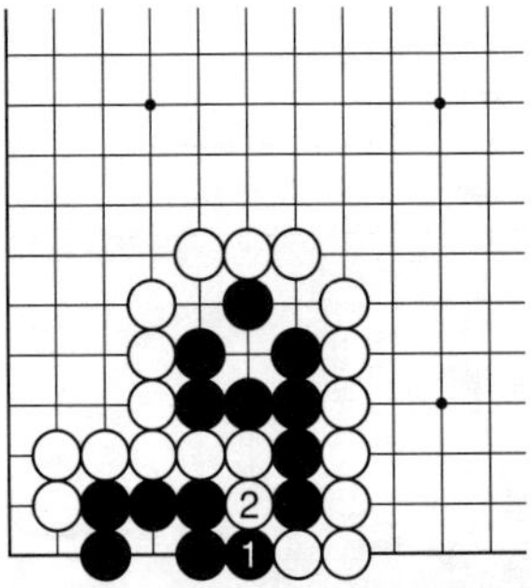

失败

黑走 1 位的话，白 2 断，黑棋被分成两块。

这样，黑棋上下两块都只有一只眼。黑棋被杀。

问题 5（黑先）

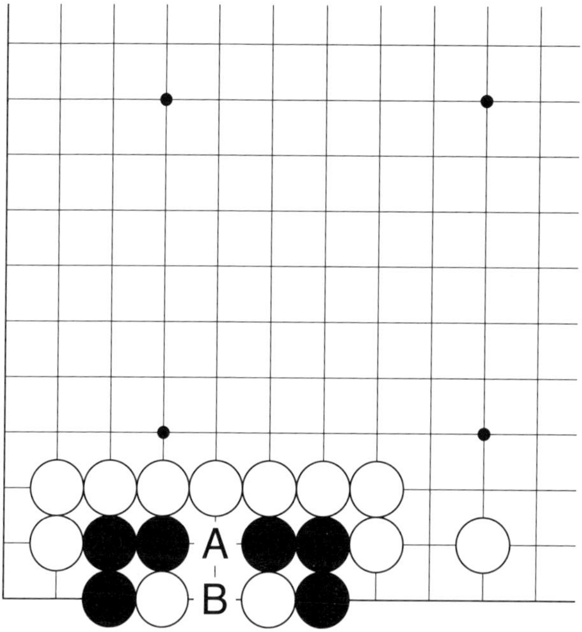

为了做活，黑棋应该走 A 点还是 B 点呢？
注意不要做出假眼。

问题 5（解答）

利用不入气

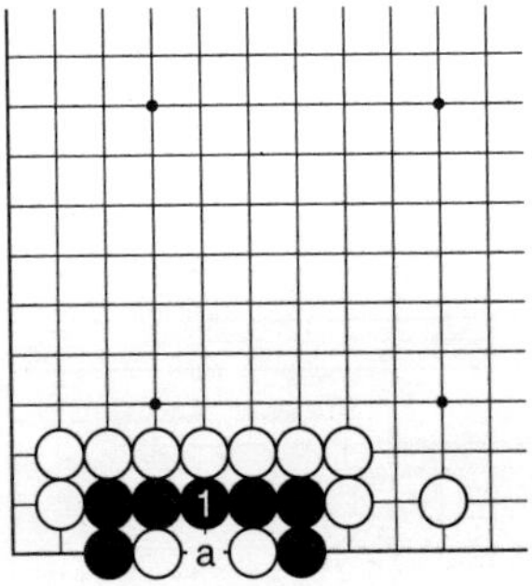

正解

黑 1 粘成功做活。a 位是两个白棋共用且唯一的气。在围棋规则里，这种走了之后会造成自己处于无气状态的位置，被称作禁入点，是不可以走的。这个形在围棋中叫作“胀牯牛”。

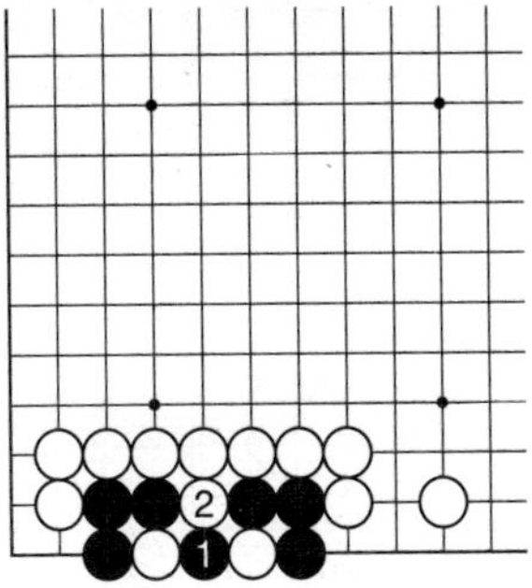

失败

黑 1 虽然能提两子，但是白 2 挤，黑棋顿时难办。

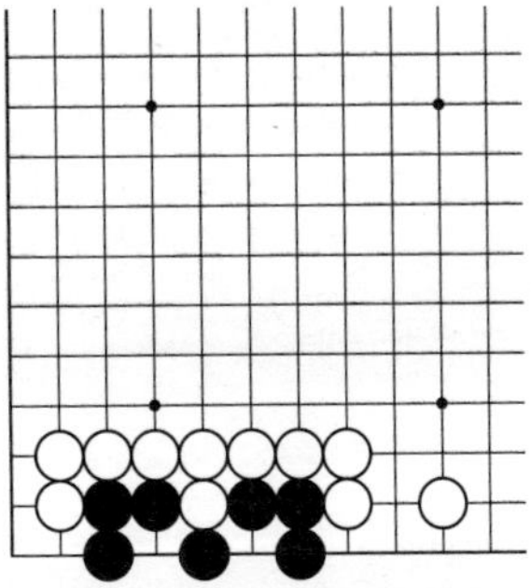

失败（续）

此时，黑棋两只眼全变成假眼。黑棋被杀。

问题 6（黑先）

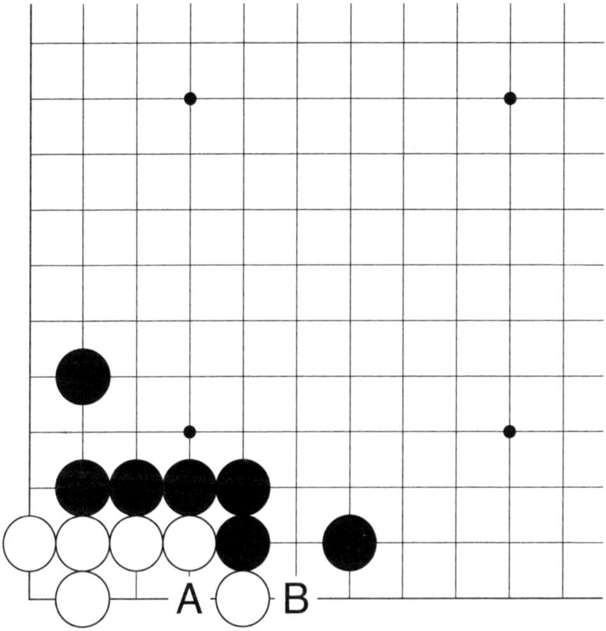

本图是破眼的基本问题。

为了达到实战中杀死对方的目的，要多练习这种题。

问题 6（解答）

破眼——扑

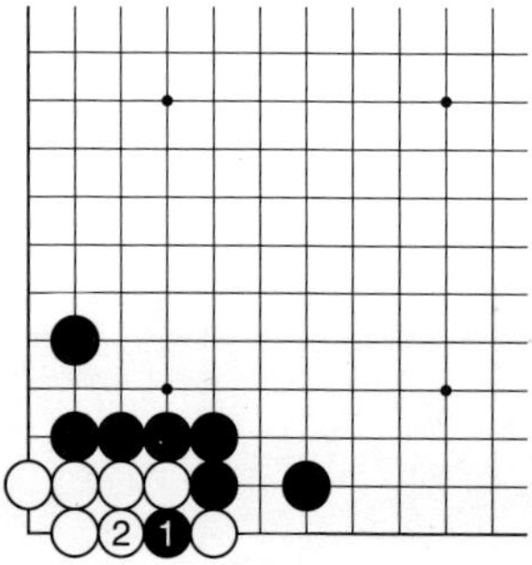

正解

黑 1 扑，白 2 提。

扑入对方口中，迫使对方吃掉自己的招法叫作“扑”。扑是破眼的一种好手段。

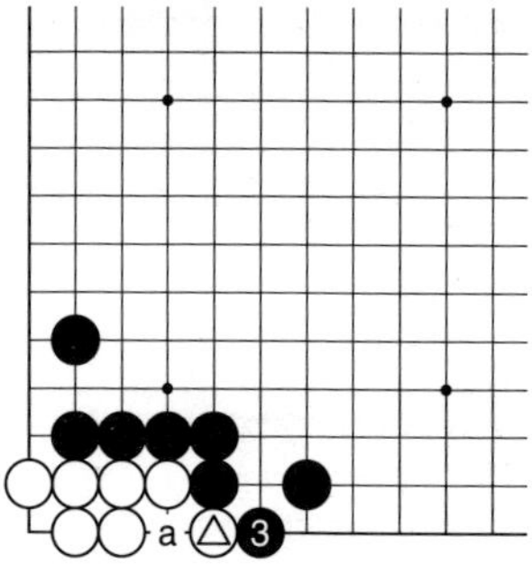

正解（续）

黑 3 打吃，a 位变成假眼了。

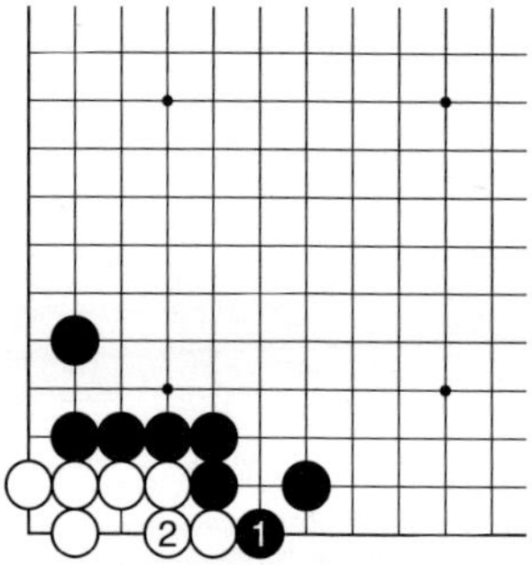

失败

黑 1 打吃的话，白 2 粘，白棋成功做出两只眼，黑棋失败。

问题 7（黑先）

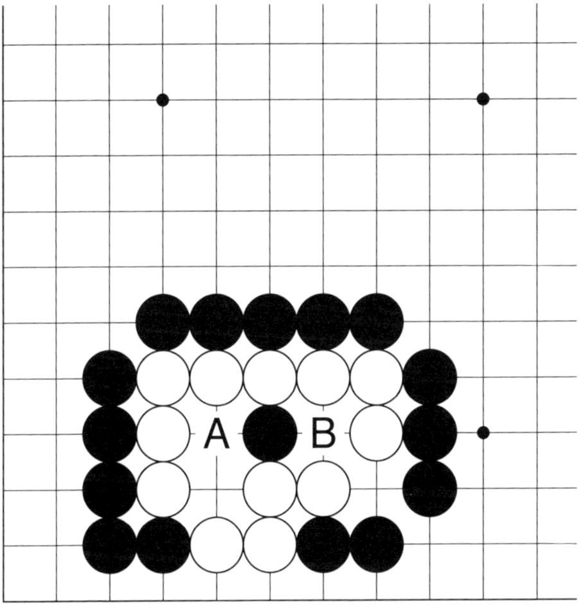

为了不让白棋做出两眼，黑棋应该走 A 还是 B？

问题 7（解答） 长气破眼

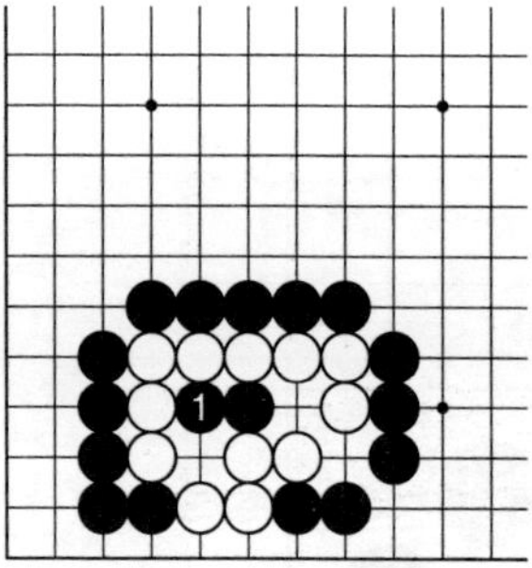

正解

黑 1 是急所。这样白棋就没有足够的空间做出两只眼了。

黑棋走 1 位有两口气，此类情况下，能长气的地方多为急所。

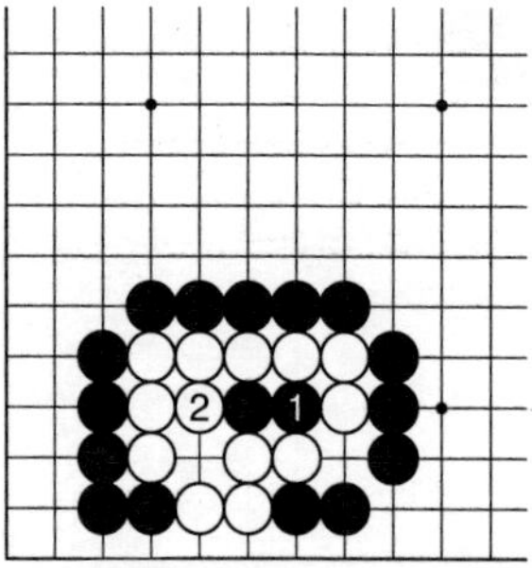

失败

黑棋走 1 位的话只有一口气，白 2 提掉黑两子的同时也做出了两只眼，白棋活棋。

问题 8（黑先）

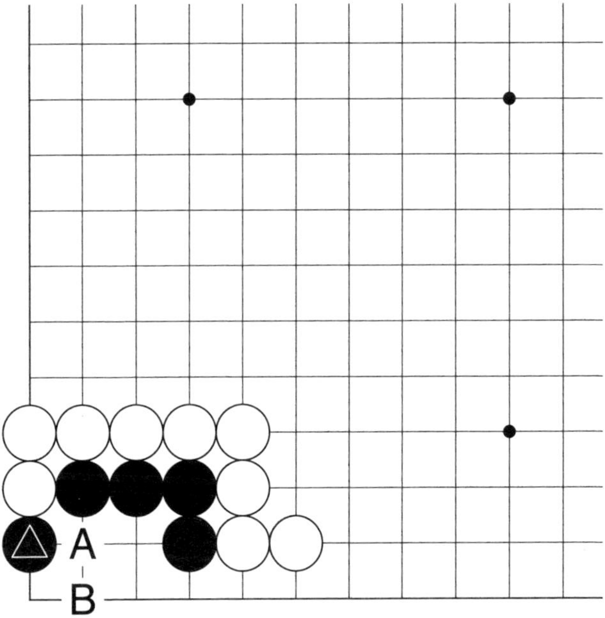

为了避免黑△被吃，黑棋必须补断点。

做活的点只有一处，是 A 还是 B？

问题 8（解答）　“2·1”多急所

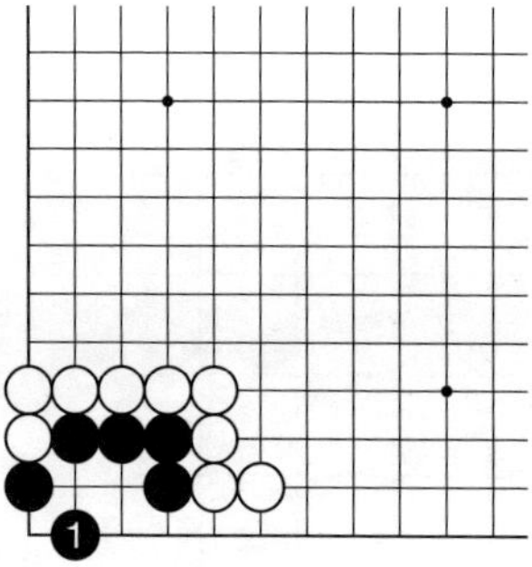

正解

黑 1 虎，补断点的同时也做出了两眼。

1 位被称为“2·1”，此处多为急所。除此之外，黑 1 左上角的黑子也被称作“2·1”。

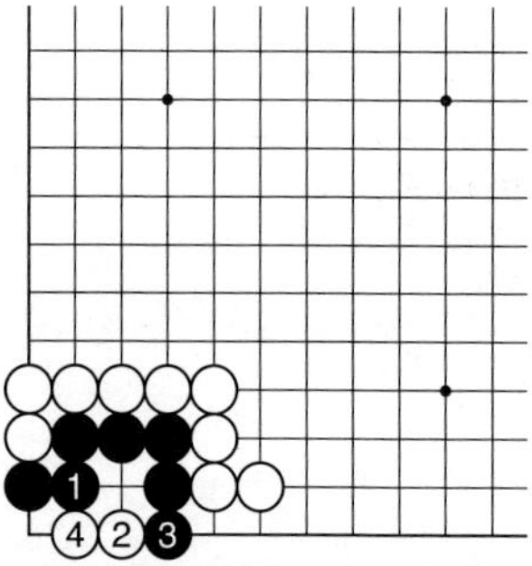

失败

若黑棋走 1 位直接粘，白 2 点是急所。黑 3 挡，白 4 爬，黑棋做不出两只眼，黑棋被杀。

问题 9（黑先）

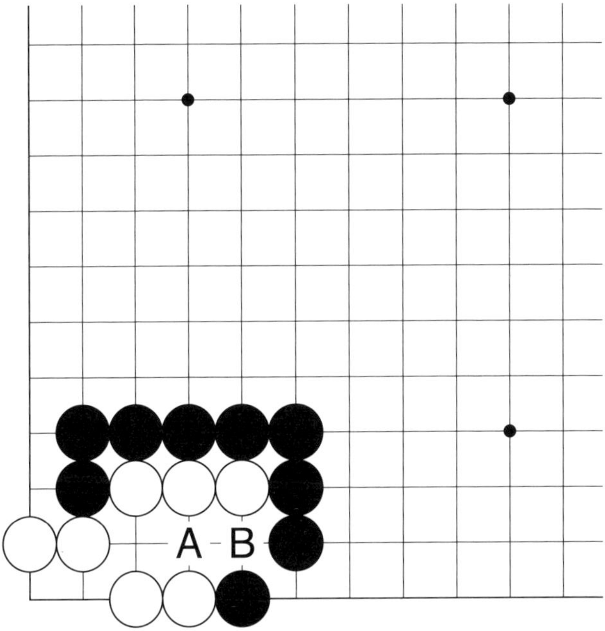

黑棋想杀白棋，为此黑棋应该走 A 还是 B？

问题 9（解答）　挖

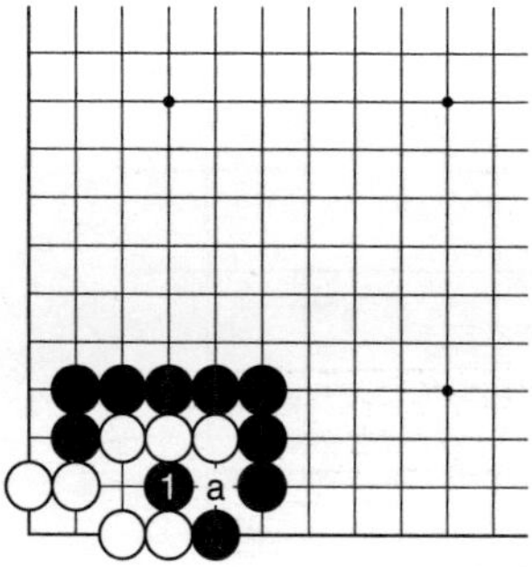

正解

黑 1 挖是正解。由于白棋 a 位不入气，这样一来白棋就只剩一只眼，白棋被杀。

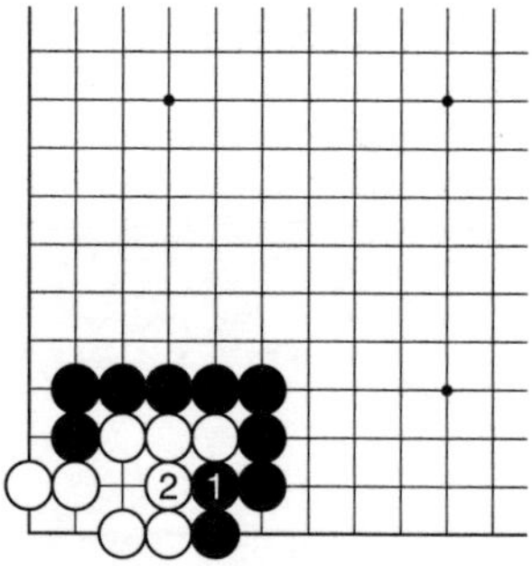

失败

黑 1 团的话，白 2 挡，成功做出两眼。

问题 10（黑先）

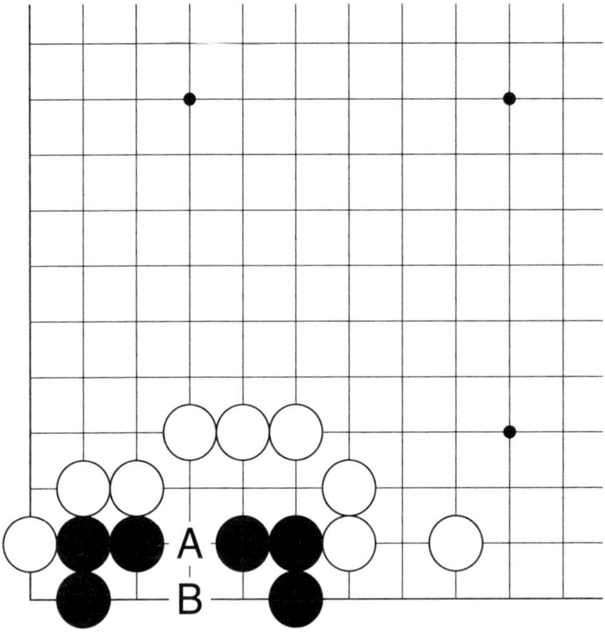

虽然空间不大，但黑棋仍有活棋的手段。

黑棋若想做出两只眼，应该走 A 还是 B?

问题 10（解答）　做出两眼

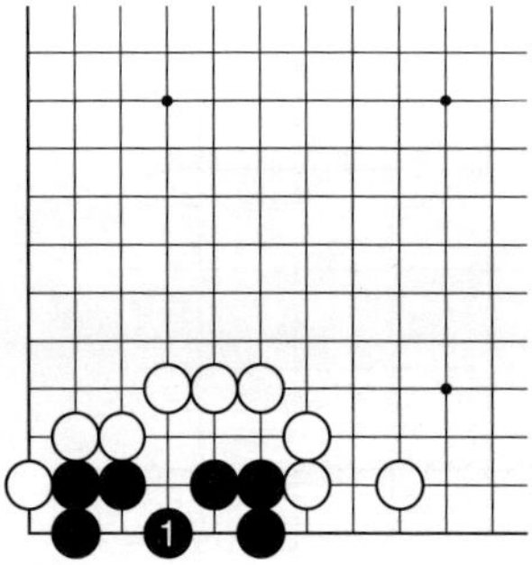

正解

黑 1 好棋，成功做出两眼。

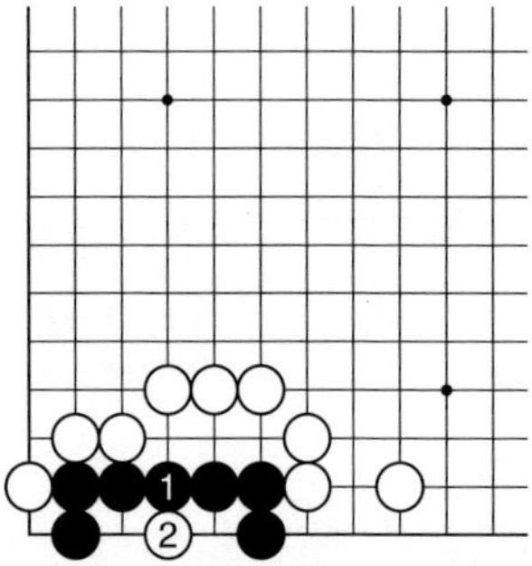

失败

黑 1 粘的话，局部形成“直三”。白 2 点，黑棋被杀。

问题 11（黑先）

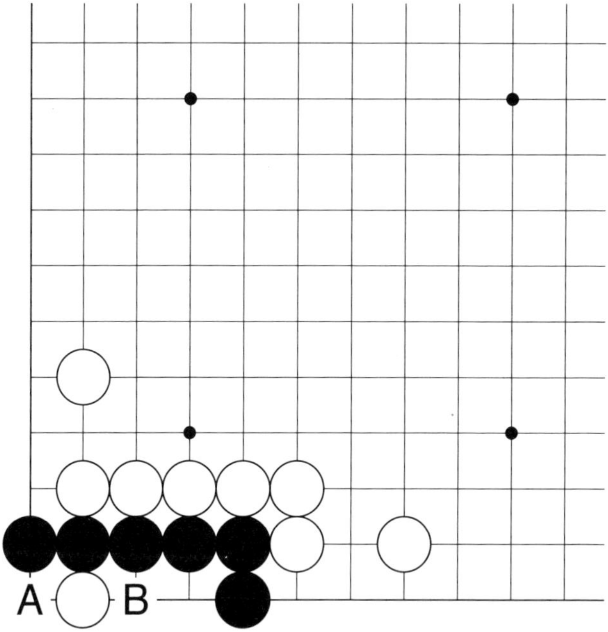

黑棋腹中有白一子。

若想活棋，黑棋应该走 A 还是 B？

问题 11（解答） 做两眼

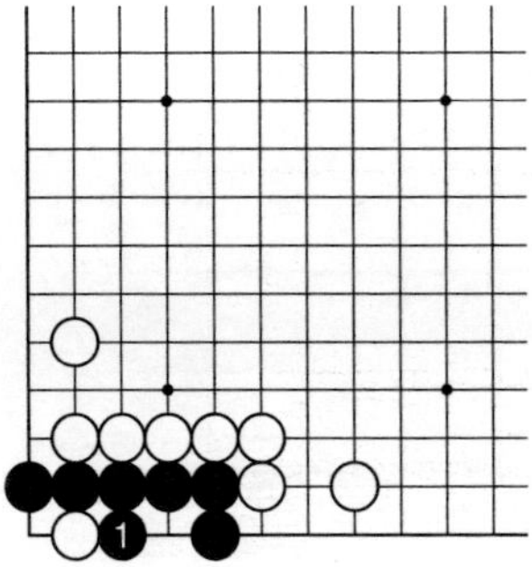

正解

黑 1 顺利做出两眼。

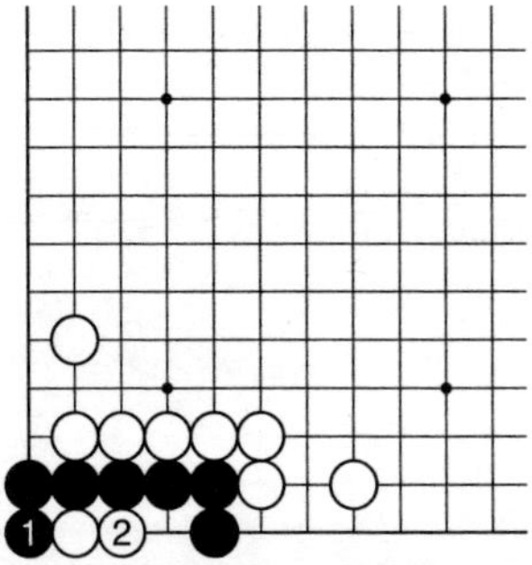

失败

黑走 1 位的话，白 2 爬，黑棋眼位不够。

黑棋只有一只眼，死棋。

问题 12（黑先）

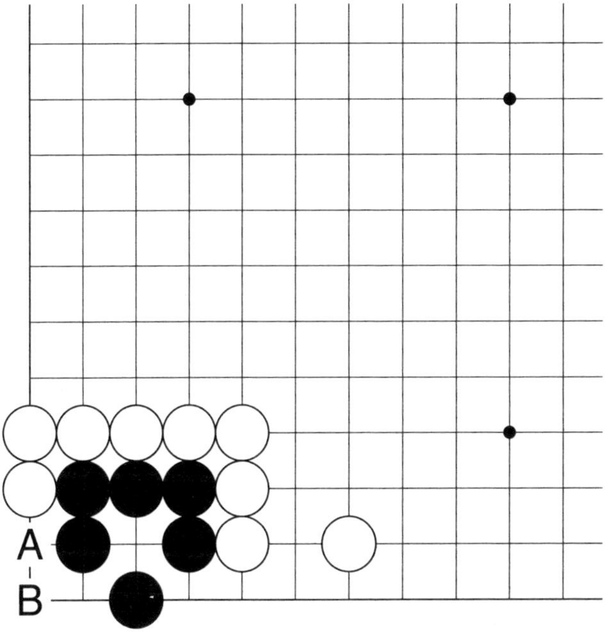

黑棋想要做出两只眼，应该走 A 还是 B？

问题 12（解答）

要留心角上的假眼

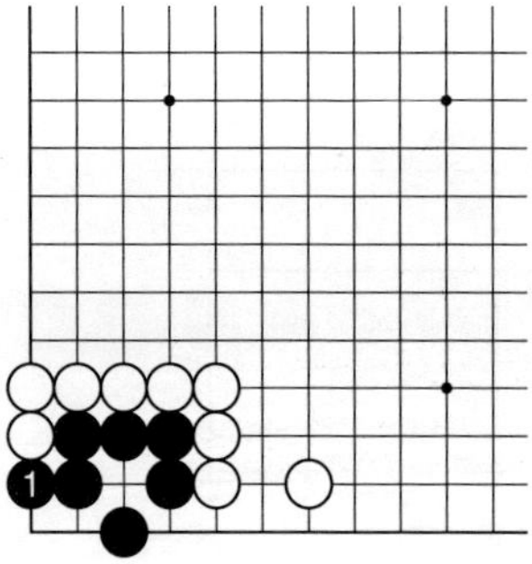

正解

黑 1 挡做出两眼。

这样黑棋就活了。

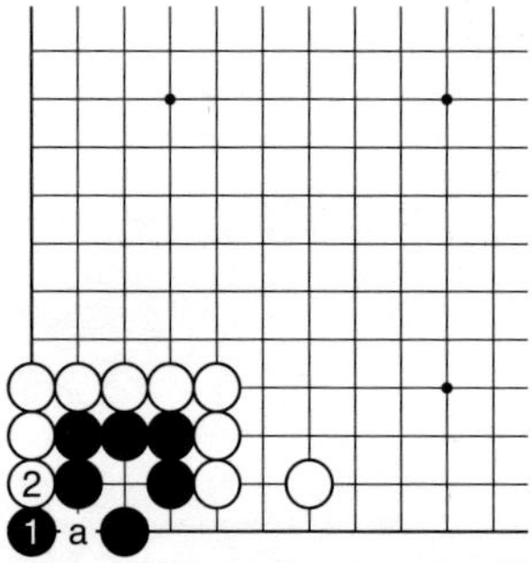

失败

黑走 1 位的话，白 2 打吃黑一子。

由于被打吃，a 位变成了假眼，黑棋死棋。

问题 13（黑先）

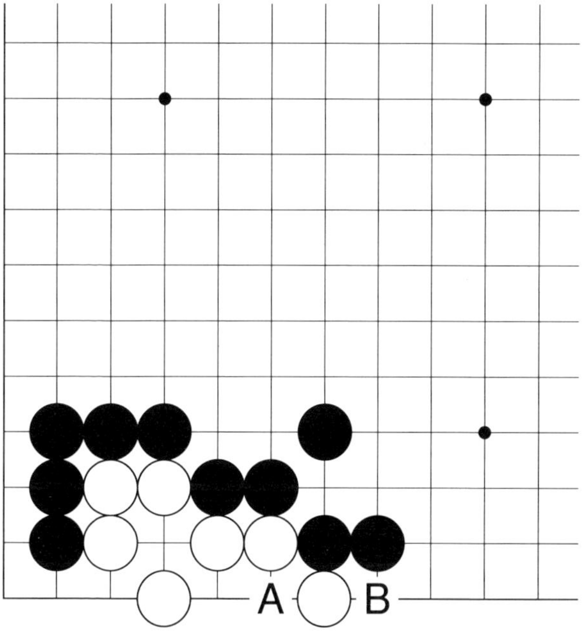

白棋此时已可确保一眼。

为了阻止白棋做出两眼，黑棋应该走 A 还是 B？

问题 13（解答）

破眼——扑

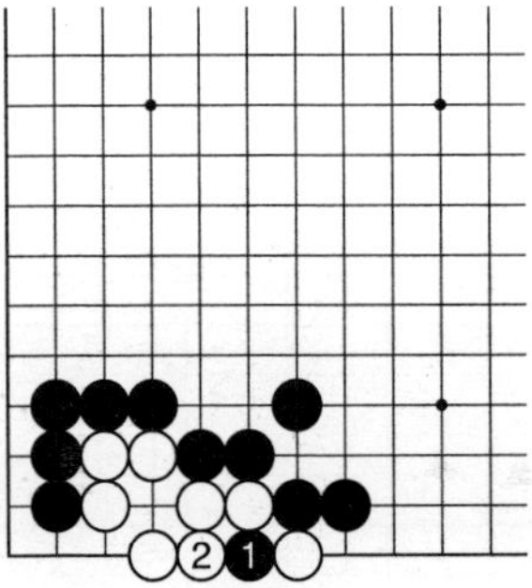

正解

黑 1 扑是好手，也是破眼的常用技巧。白 2 提。

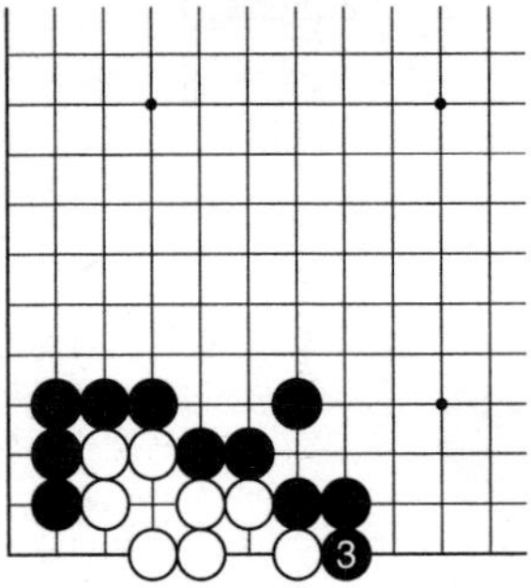

正解（续）

黑 3 打吃，白棋已经做不出两眼了。

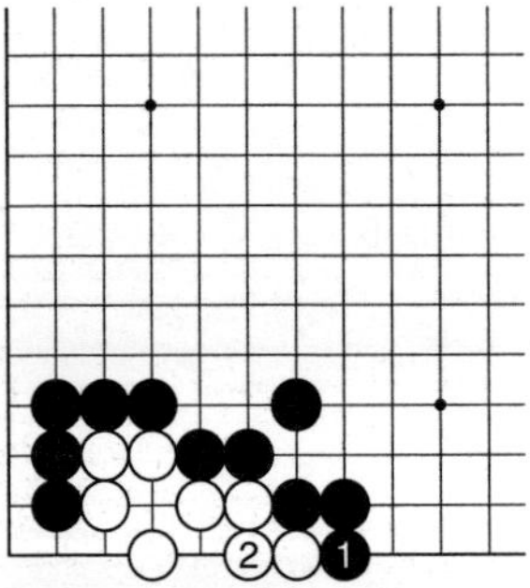

失败

黑 1 打吃的话，白 2 粘，白棋做出两眼，黑棋失败。

问题 14（黑先）

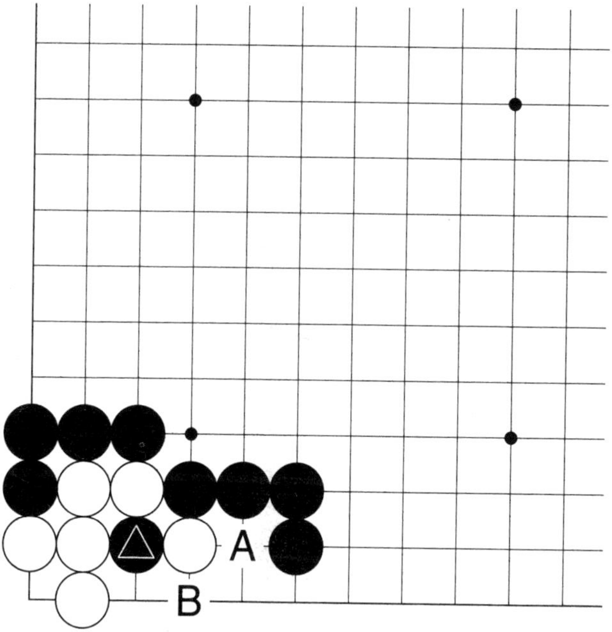

黑棋若能活用被吃住的黑▲，是可以全歼白棋的。

为此，黑棋应该走 A 还是 B？

问题 14（解答） 破眼——包打

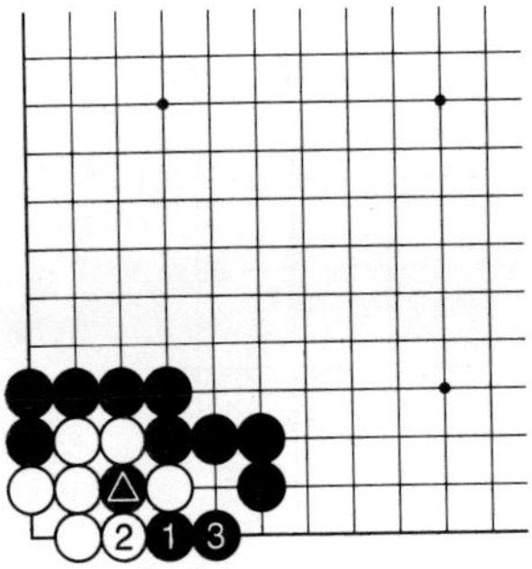

正解

黑 1 下打是好手。

白 2 提，黑 3 退，黑△的位置就是假眼了。

黑 1 从下面打吃的这一手叫作“包打”。

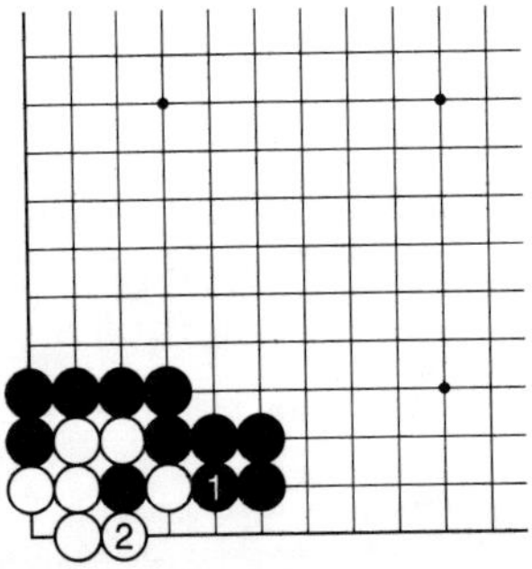

失败

黑 1 打吃的话，白 2 提，成功做出两眼。

问题 15（黑先）

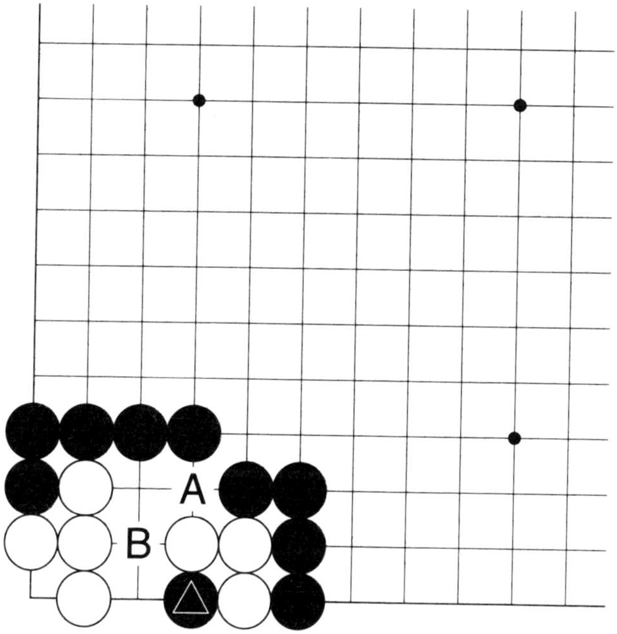

黑棋若想使白棋做出假眼，应该走 A 还是 B？

黑棋应该好好利用被吃住的黑▲。

问题 15（解答）

想象被吃之后形成的形状

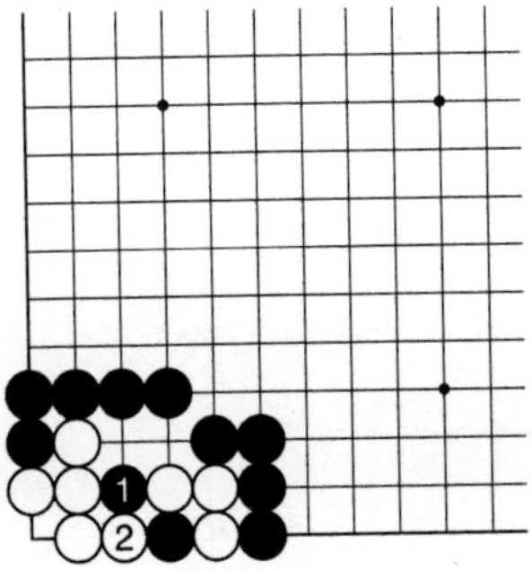

正解

黑 1 打吃是好手。白 2 只能提。

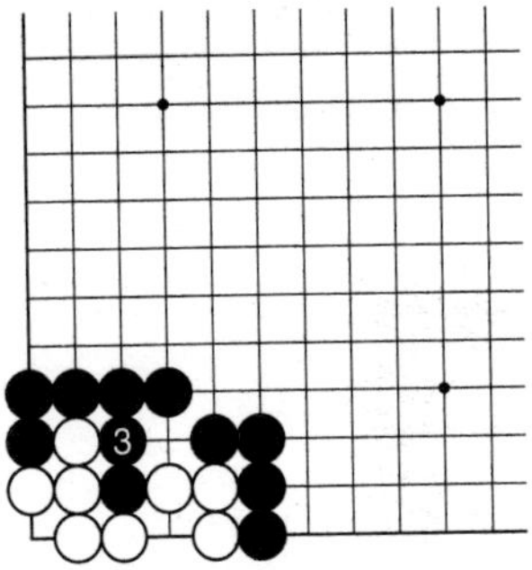

正解（续）

黑 3 粘，这样就使右侧白棋的眼成为假眼了。

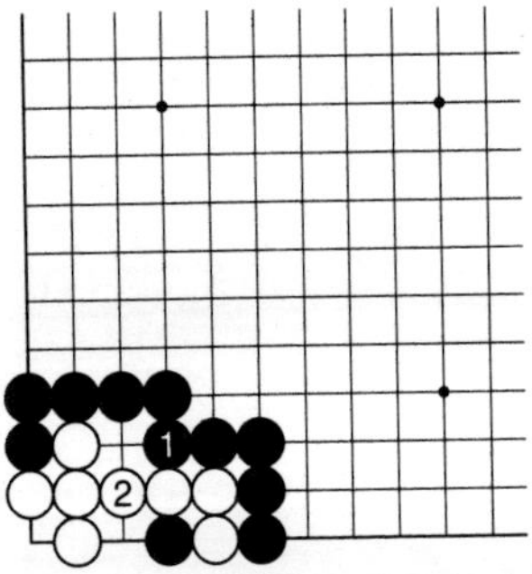

失败

黑 1 打吃，白 2 粘，白棋做出两眼。黑棋失败。

问题 16（黑先）

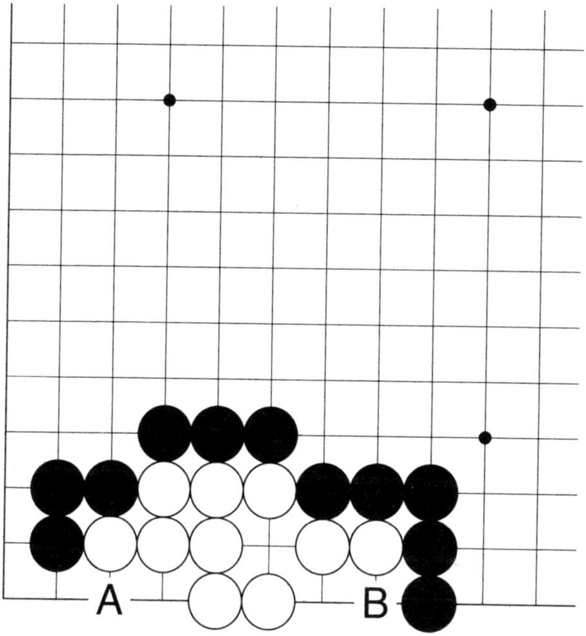

若想杀掉白棋，黑棋应该走 A 还是走 B？

问题 16（解答） 以使对方形成假眼为目的

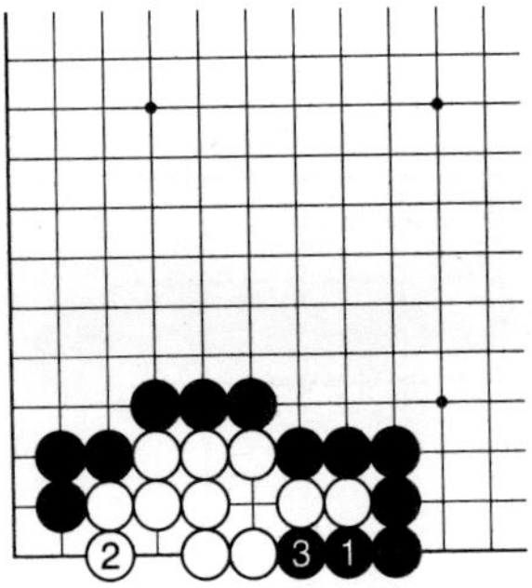

正解

黑 1 爬，白 2 立做眼。黑 3 打吃白棋，这样白棋就只剩一只眼了。

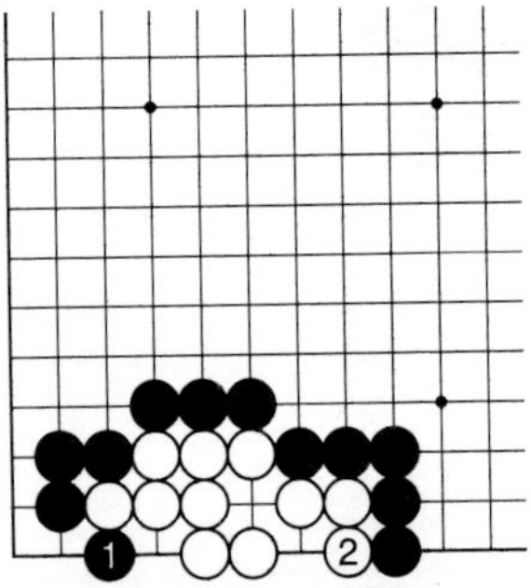

失败

黑 1 扳，白 2 挡，白棋成功做出两眼，活棋。

黑棋没有后续手段。

问题 17（黑先）

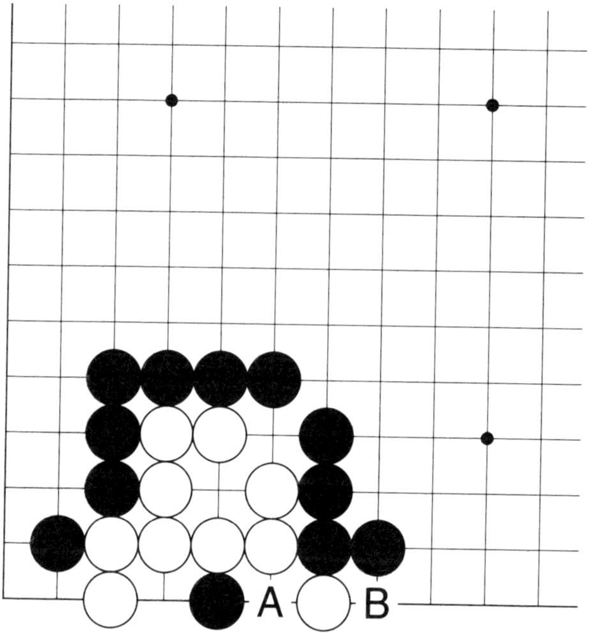

黑棋若想破眼，应该走 A 还是 B？

问题 17（解答） 急所只有一个

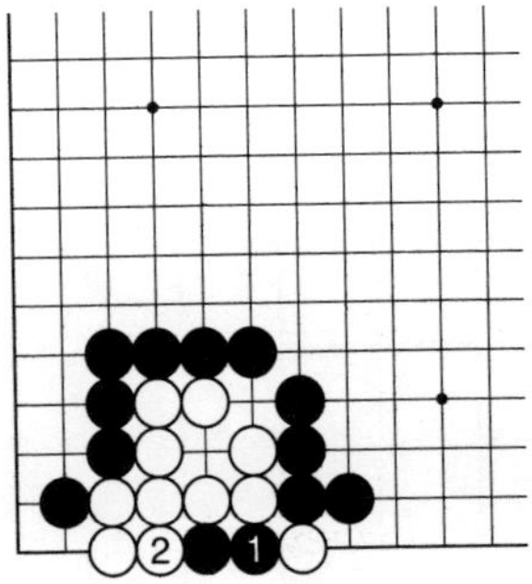

正解

黑 1 扑是急所，故意让白棋吃掉自己两子。白 2 提，1 位依然是急所。

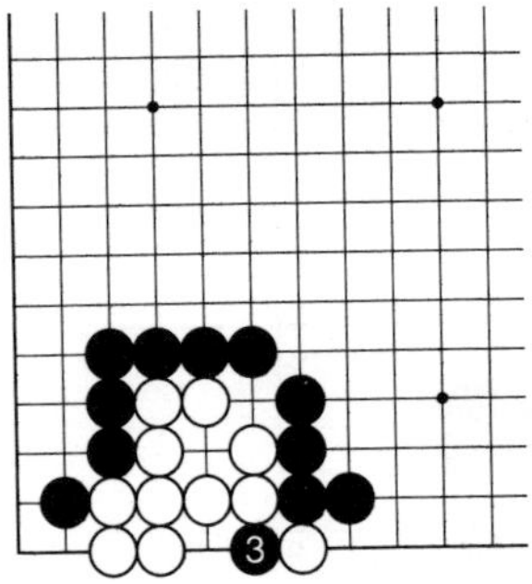

正解（续）

黑 3 继续扑。

如此一来，白棋只有一只真眼，死棋。

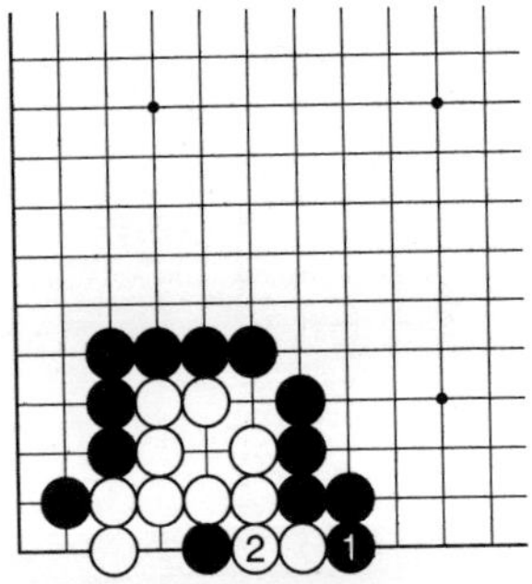

失败

黑 1 挡，白 2 粘，白棋成功做出两眼。由此可以看出本图的 2 位确实是本题急所。

问题 18（黑先）

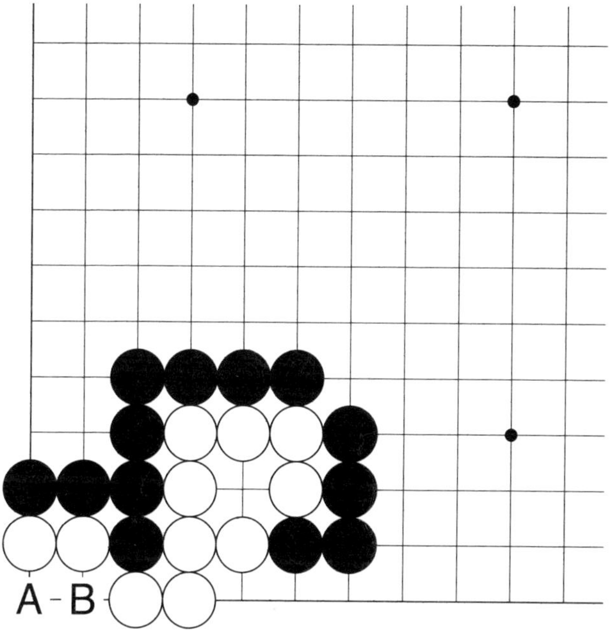

右侧白棋已经做出一眼。

若想将左侧的白棋变成假眼的话，黑棋应该走 A 还是 B？

问题 18（解答）　扑是关键

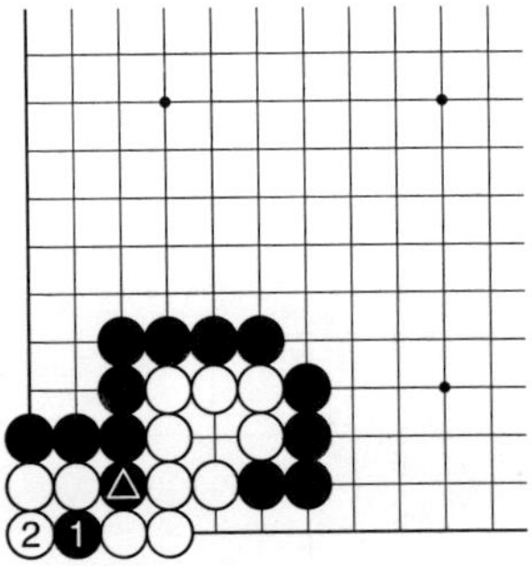

正解

由于有黑◬一子的缘故，1 位是急所。白 2 提。

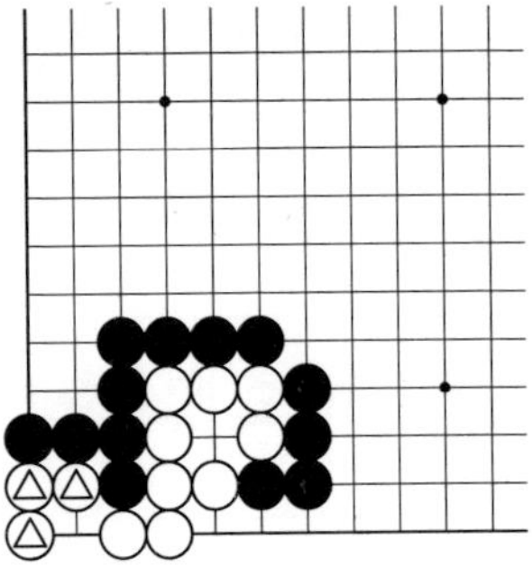

正解（续）

由于白◬被打吃，因此此处是假眼。

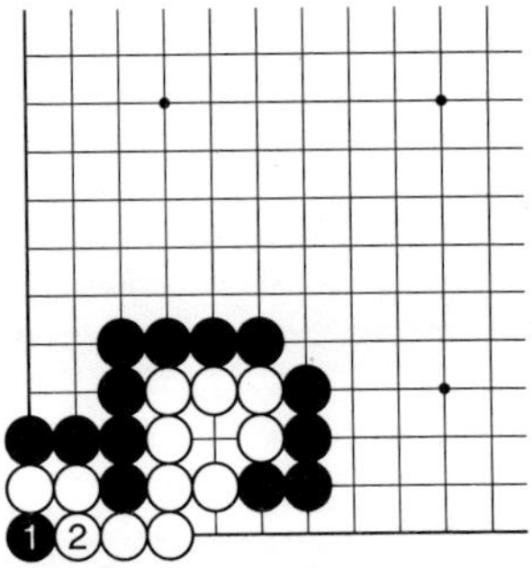

失败

黑 1 白送一子。白 2 提，此时白棋有两只眼，活棋。

问题 19（黑先）

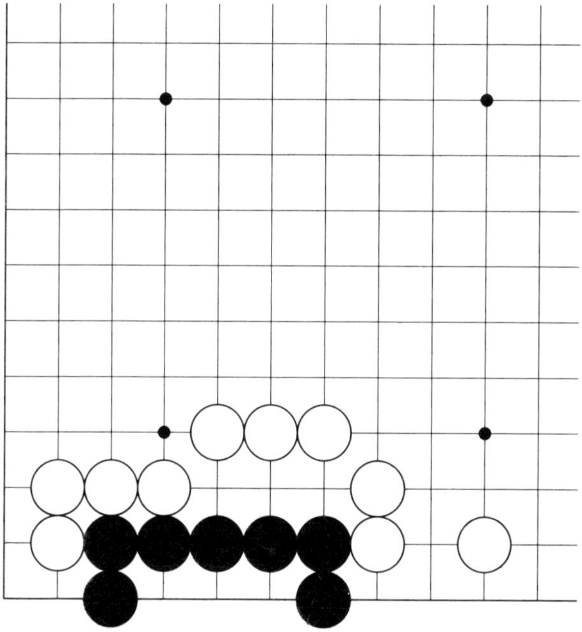

本题，黑棋该如何做活？

问题 19（解答） 死活基本形——直三

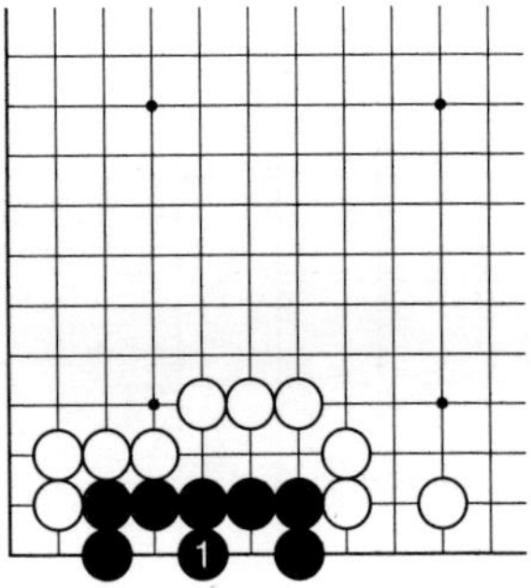

正解

围棋的“正中间”是气最多的地方。

黑 1 走正中间，左右分别做出一眼。黑棋活棋。

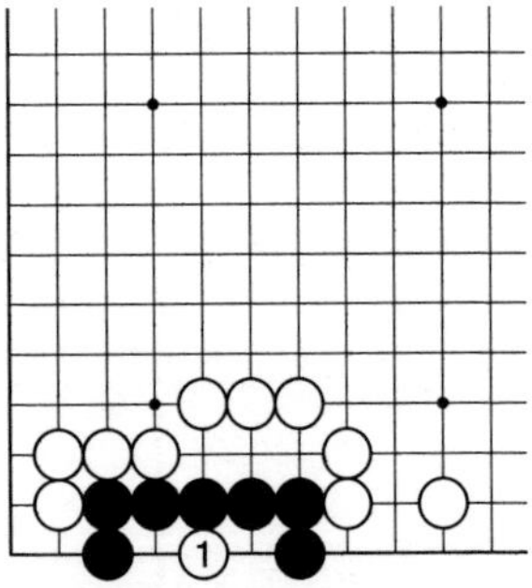

参考

若白先，白棋会于 1 位破眼，黑只有一只眼，黑棋被杀。

因此，敌之急所亦我之急所。

“直三”的急所在中间。

问题 20（黑先）

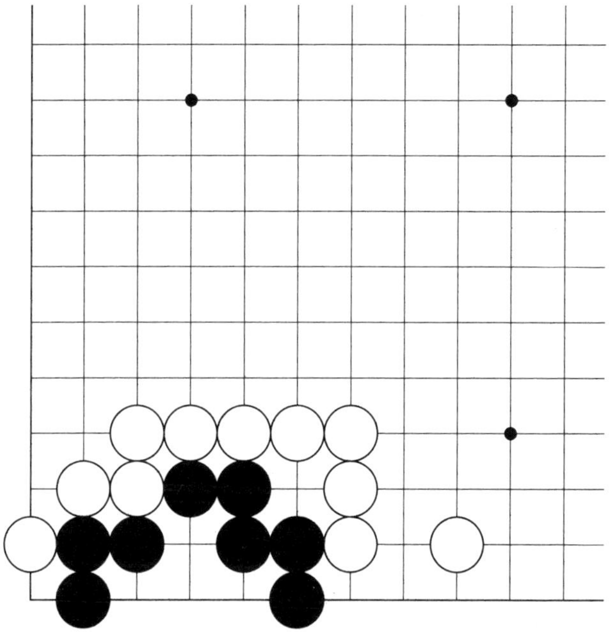

黑棋围住的空间虽比上题大，但解题思路是一样的。

黑棋该如何做活？

问题 20（解答） 死活基本形 ——丁四

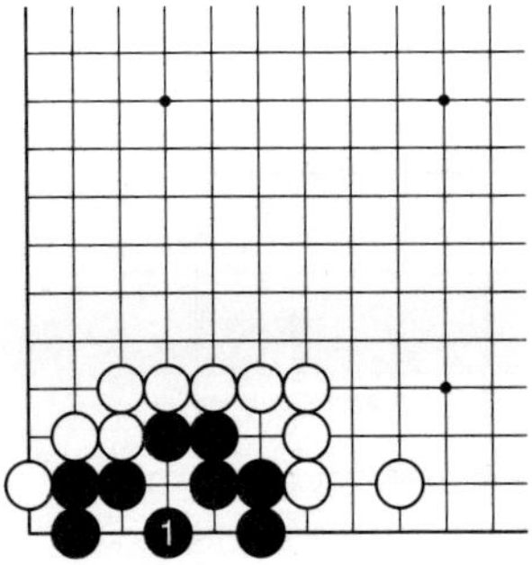

正解

黑 1 走中间是急所。

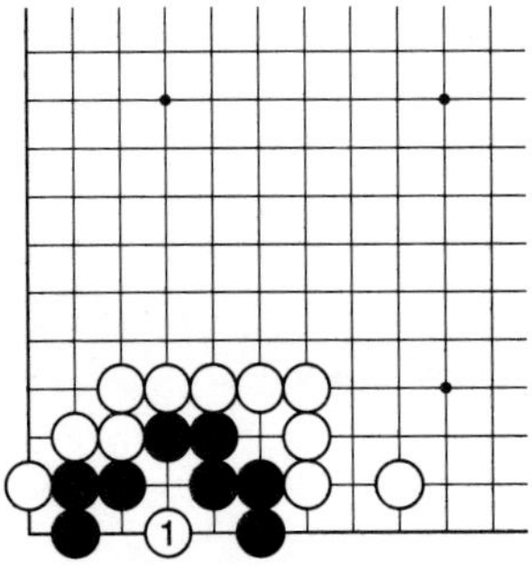

参考

若白先的话，白 1 破眼，黑棋被杀。

这种死活形叫作“丁四”。

问题 21（黑先）

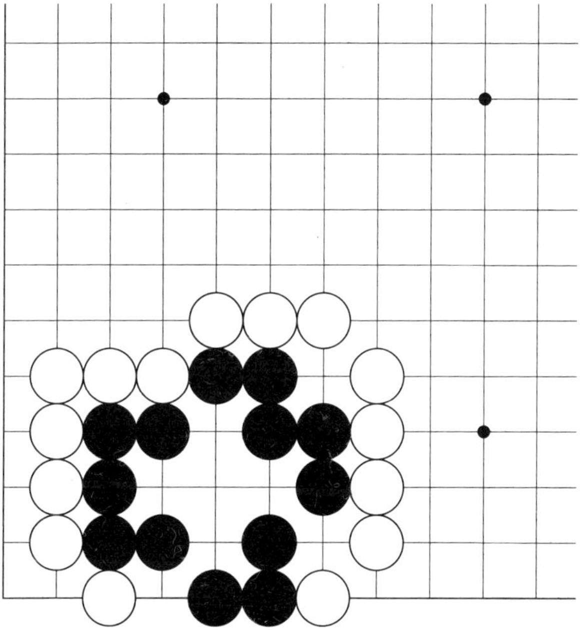

黑棋若想活棋，应该怎么走？

问题 21（解答） 死活基本形——梅花五

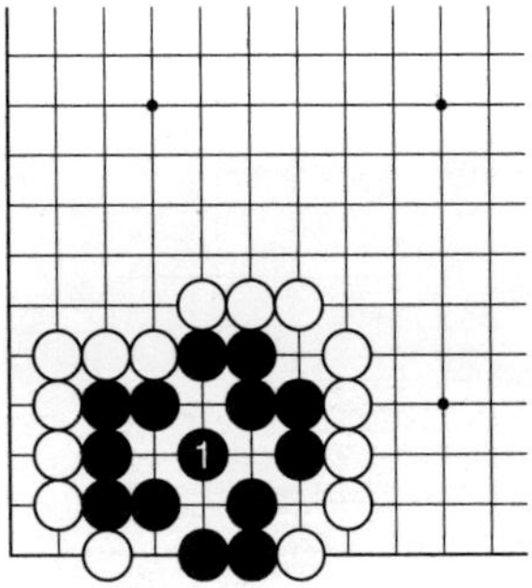

正解

黑 1 走正中间是急所。

黑棋成功做活。

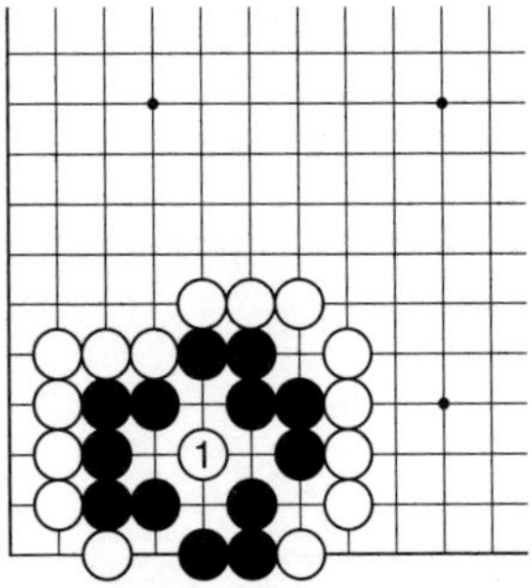

参考

若急所被白 1 抢到的话，黑棋就做不出两只眼了，黑棋被杀。

这个形叫作“梅花五”。

问题 22（黑先）

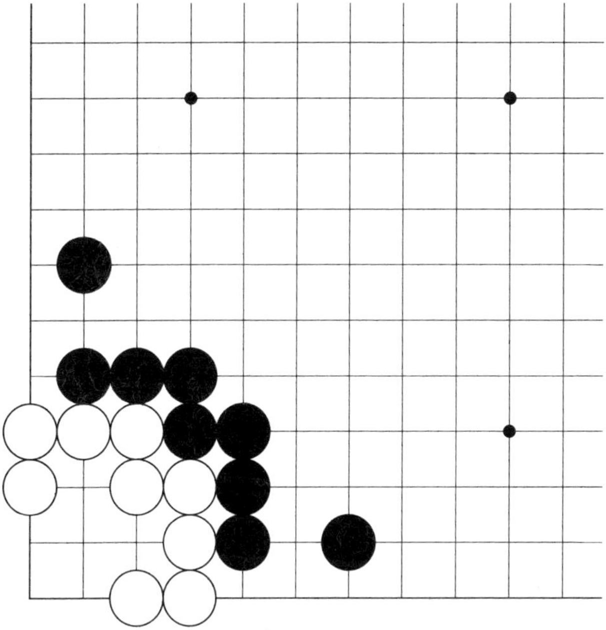

白棋虽然围了六目，但黑棋仍有可以杀死白棋的手段。

急所是哪里？

问题 22（解答） 死活基本形——葡萄六

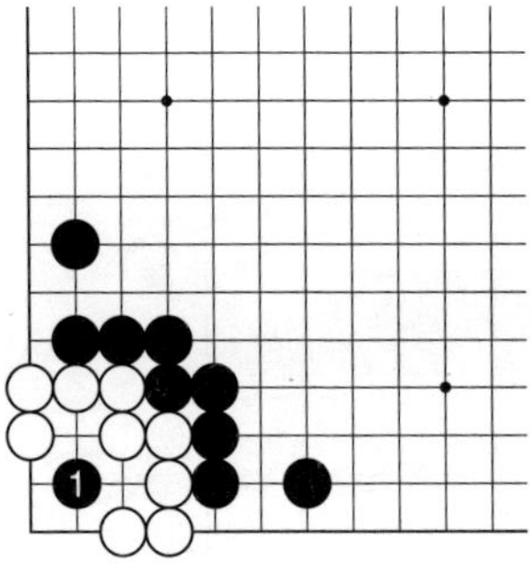

正解

黑 1 点中间是急所。

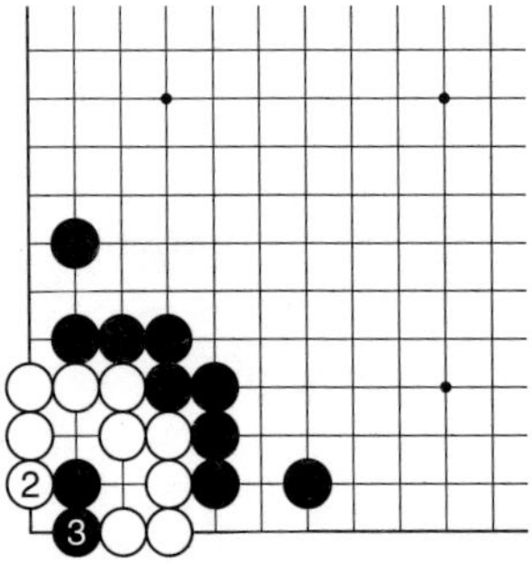

正解（续）

白 2 爬，黑 3 立，白棋做不出两只眼。

这种形叫作“葡萄六”。

问题 23（黑先）

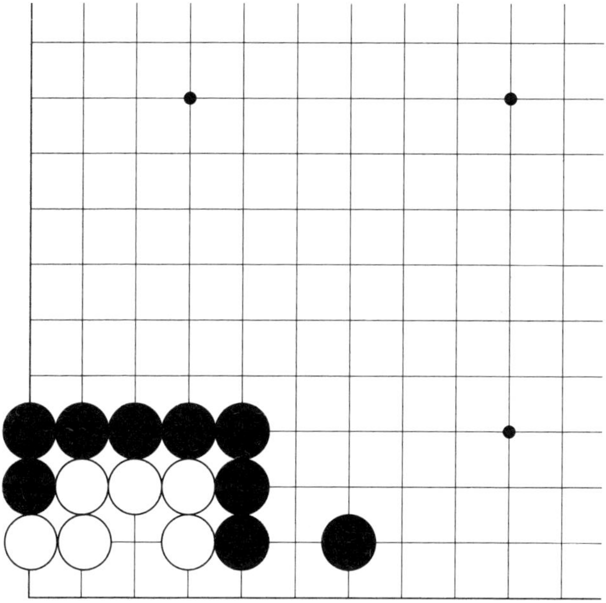

本题，急所是哪里？

问题 23（解答）　急所是中间

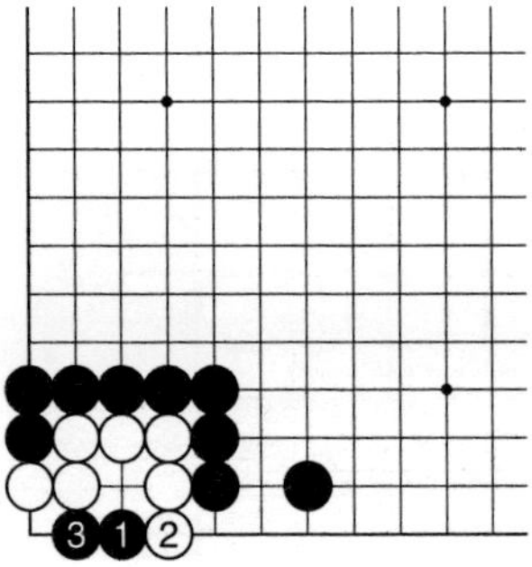

正解

黑 1 点是急所。

白 2 挡，黑 3 爬，破坏白棋眼形，白棋做不出两只眼。

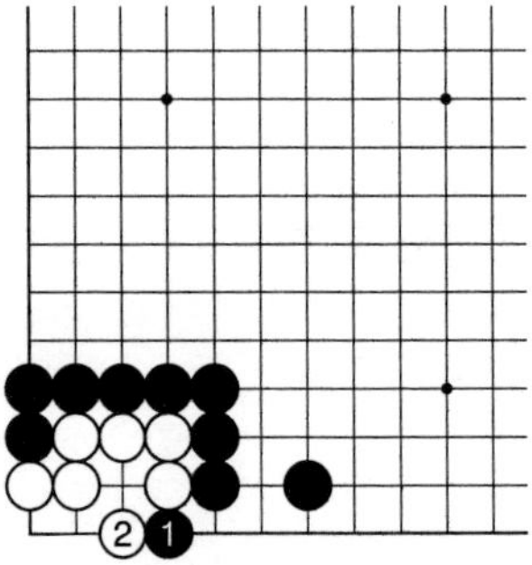

失败

黑 1 扳，单纯地缩小眼位是不行的。白 2 挡，白棋成功做出两只眼，黑棋不行。

问题 24（黑先）

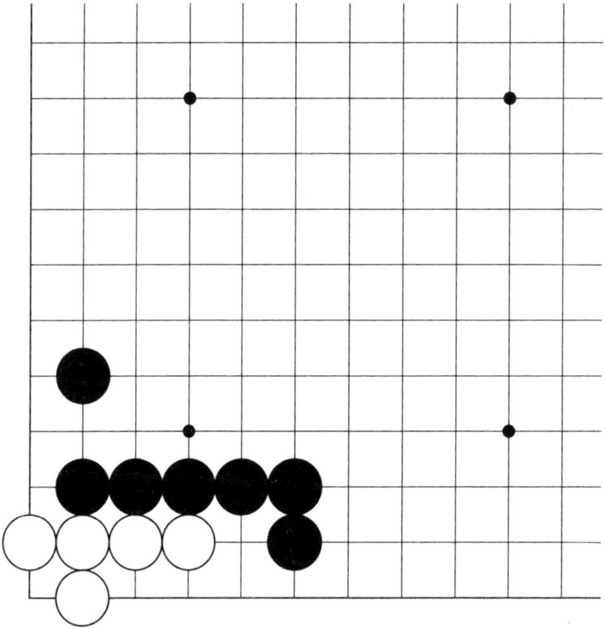

白棋已经做出了一只眼。黑棋应该如何阻止白棋做出第二只眼呢？

问题 24（解答）

敌之急所，我之急所

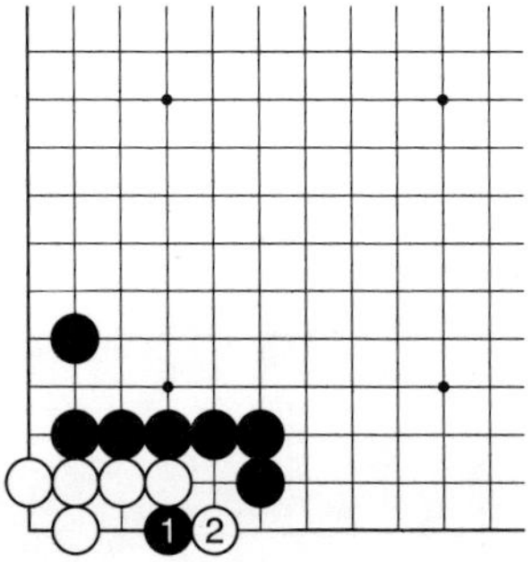

正解

黑 1 是十分重要的一手。白 2 打吃。

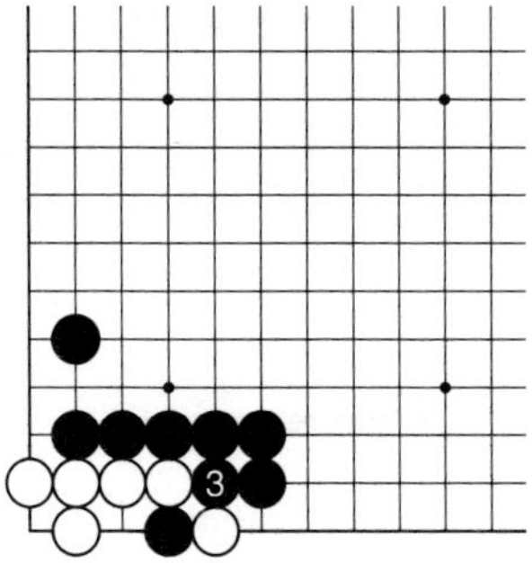

正解（续）

黑 3 断很关键。白棋做眼失败。

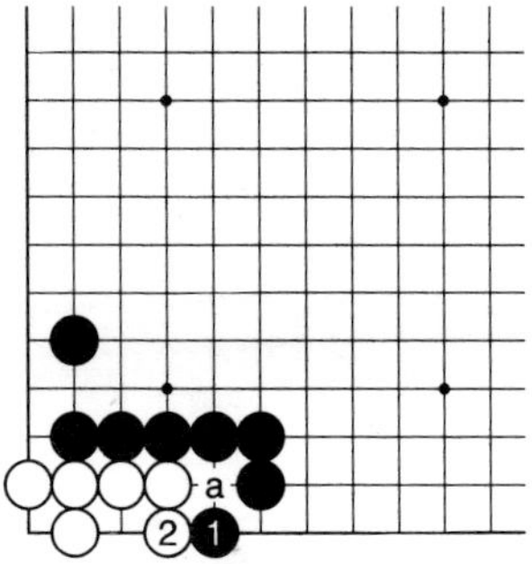

失败

黑 1 尖思考不足。

白 2 挡，成功做出两眼。黑 1 若走 a 位，白 2 做眼即可。

问题 25（黑先）

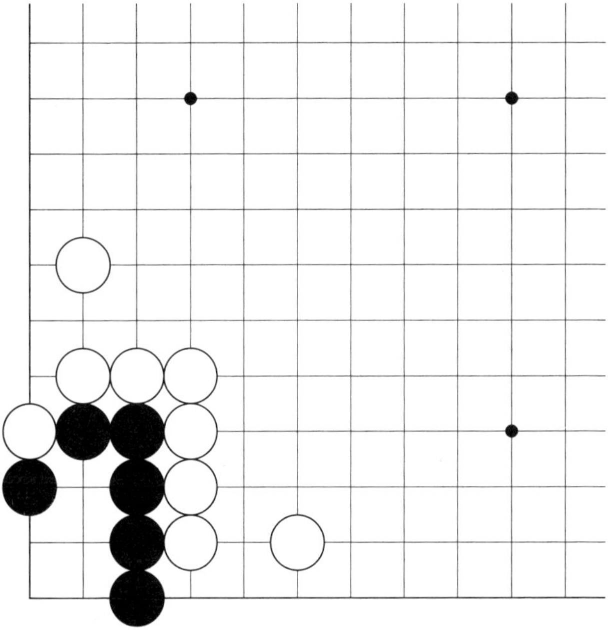

黑棋如何做活？

问题 25（解答） 走中间做活

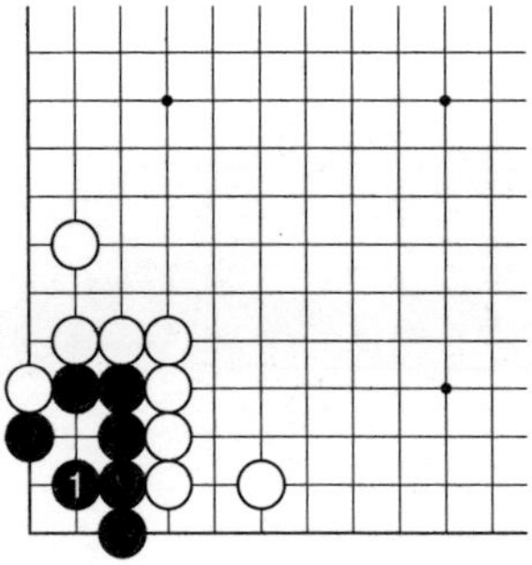

正解

黑 1 走中间是急所。这样黑棋就活了。

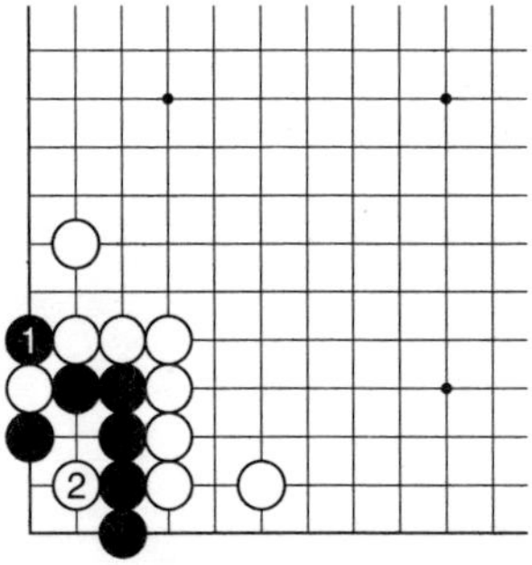

失败

黑 1 若提白一子的话是假眼。

白 2 点破眼，黑棋无法再做出两眼，黑棋被杀。

这个形叫作“刀把五”。

问题 26（黑先）

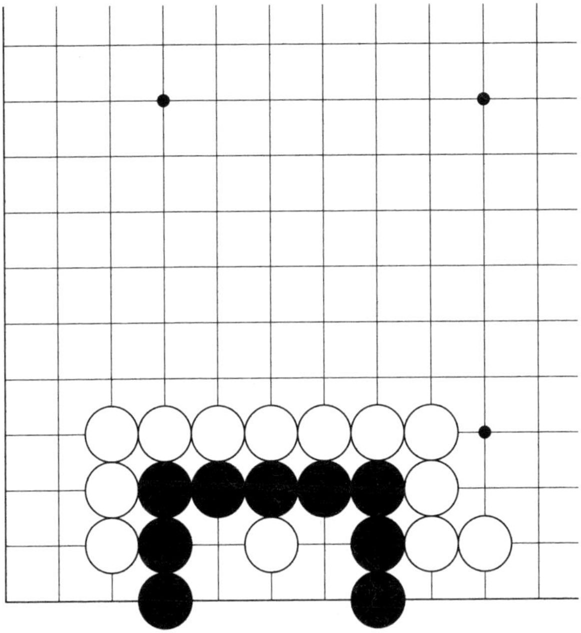

黑棋腹中有白一子。黑棋应如何活棋?

问题 26（解答） 左右同形走中间

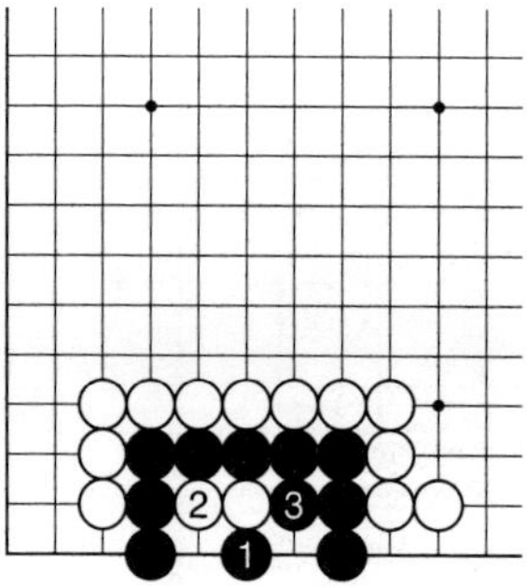

正解

黑 1 走中间就可以活棋了。当左右同形时，在正中间点多为好手，因此有格言“左右同形走中间”。

白 2 破眼的话，黑 3 做眼，白 2 走 3 位的话，黑 3 走 2 位即可。不管怎样黑棋都是活棋。

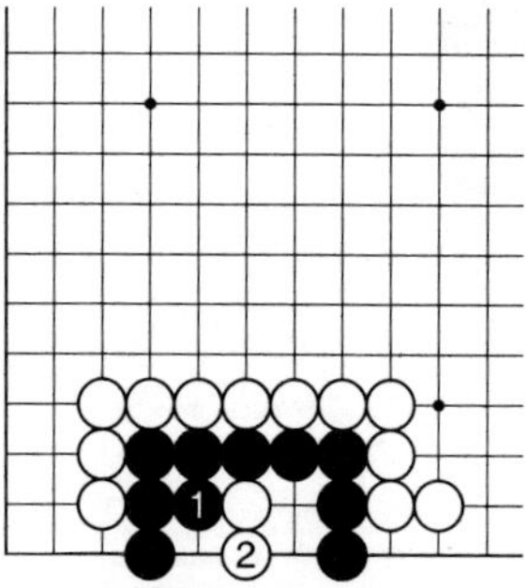

失败

黑 1 团的话，白 2 立，黑棋被杀。

问题 27（黑先）

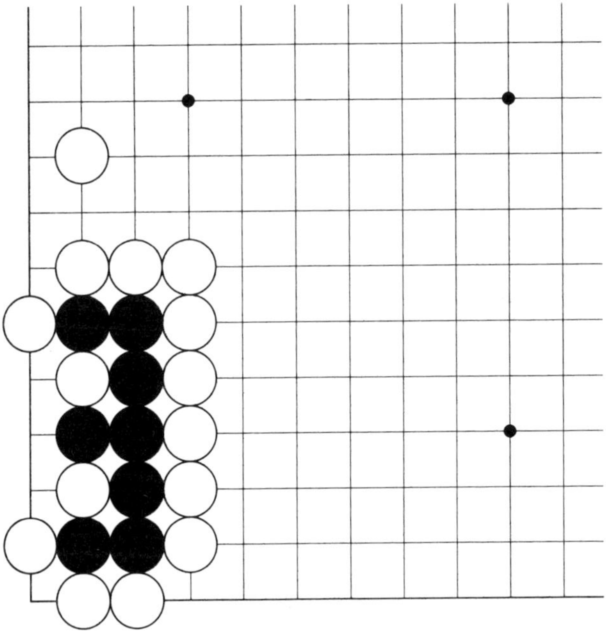

黑棋应如何做活?

本题只是将左右同形转了个方向。

问题 27（解答） 先不要急着吃子

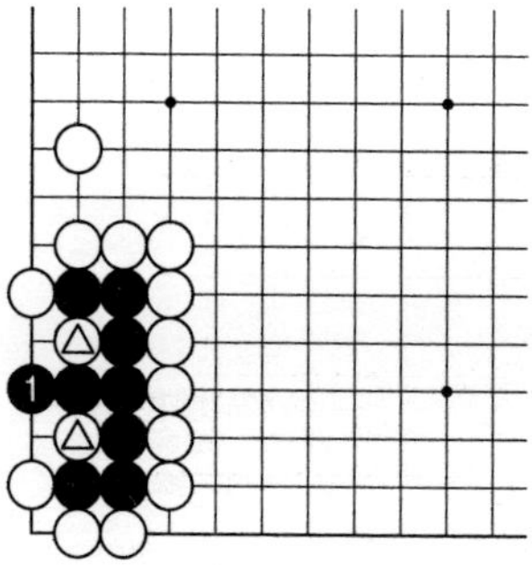

正解

黑 1 立后，上下两边的白◬自然而然就被吃住了。黑棋成功做活。

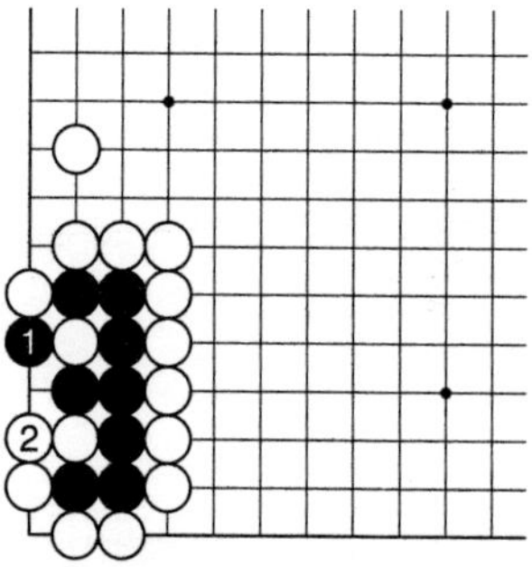

失败

黑 1 提的话，白 2 粘，黑棋就只剩一只眼了。

黑 1 走 2 位，白 2 走 1 位粘也是同样的结果。

只是着急吃子的话是无法做活的。

问题 28（黑先）

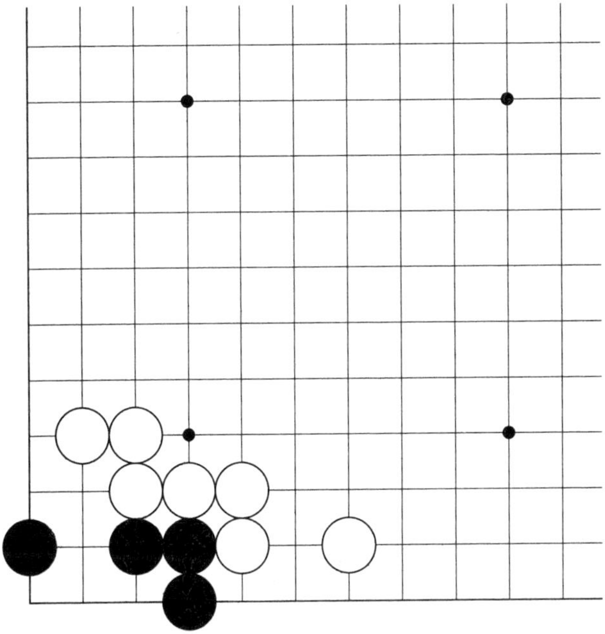

黑棋应该如何做活？

黑棋应该避免走出“直三”的死形。

问题 28（解答） 做出两眼

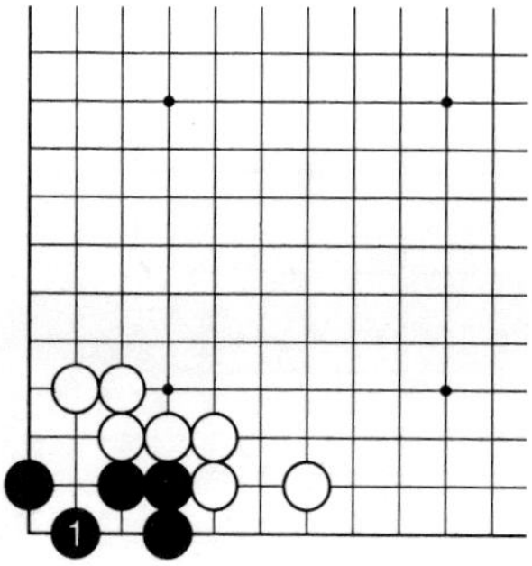

正解

黑 1 是做出两眼的好手。

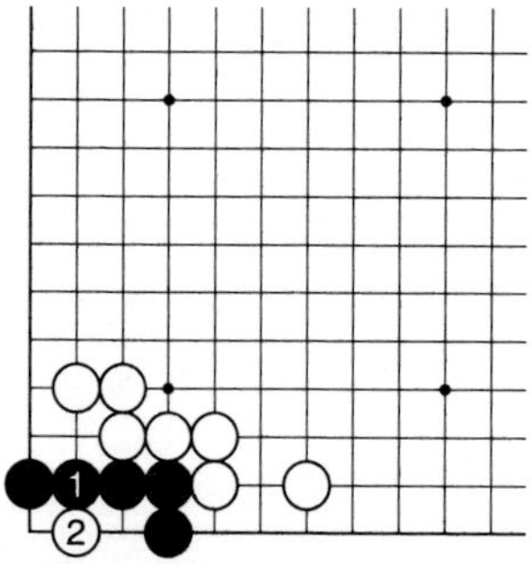

失败

黑 1 粘的话，白 2 点，形成“直三”的死形。

问题 29（黑先）

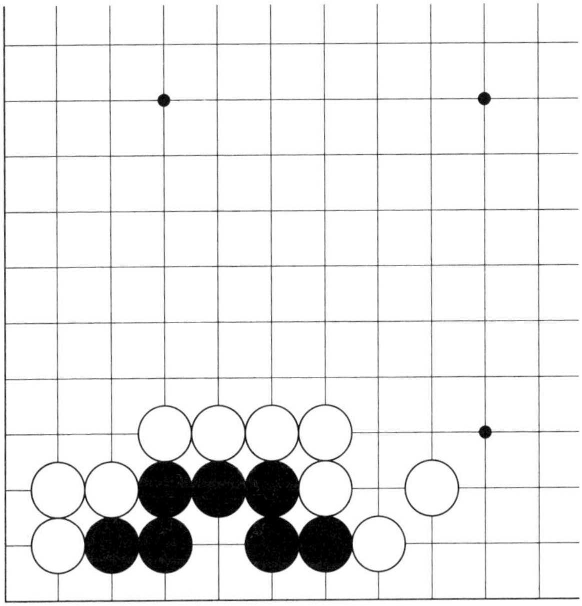

黑棋应该如何做活？

问题 29（解答）

三眼两做

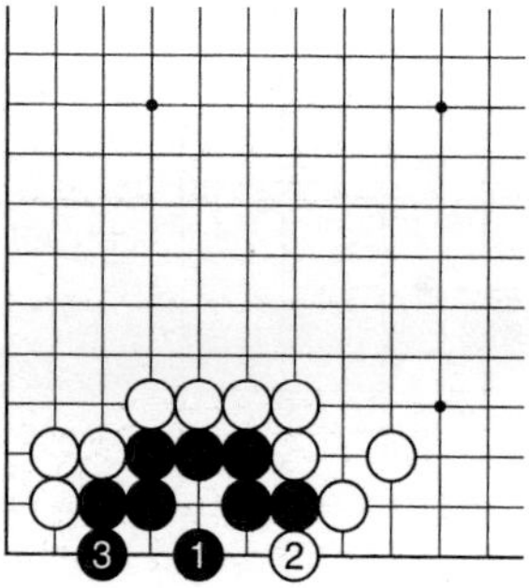

正解

黑 1 走的是“左右同形走中间”的急所。

白 2 扳，黑 3 立，黑棋成功做活。

2 位、3 位互换，结果也是一样的。这种情况在围棋中叫作“见合”。

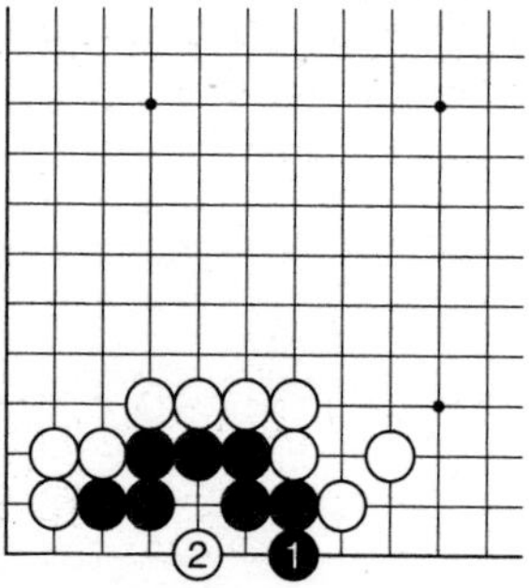

失败

黑 1 意图扩大眼位，白 2 点急所，黑棋被杀。

问题 30（黑先）

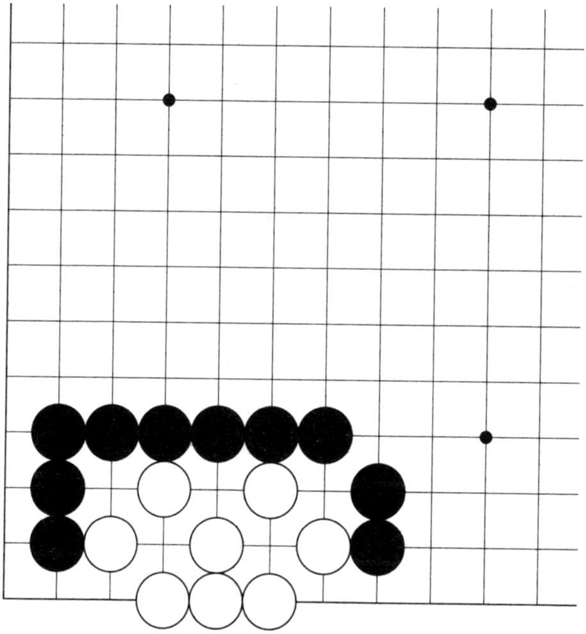

黑棋有破眼手段，应该怎么走？

白棋此时也是左右同形。

问题 30（解答） 左右见合

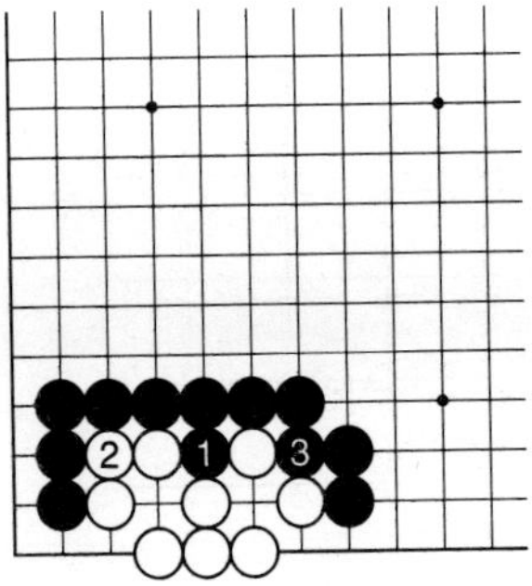

正解

黑 1 挤，白棋被杀。

白 2 团，黑 3 打吃，白棋右边就变成假眼了。

反之也一样，白 2 走 3 位，黑 3 走 2 位，左侧则为假眼。

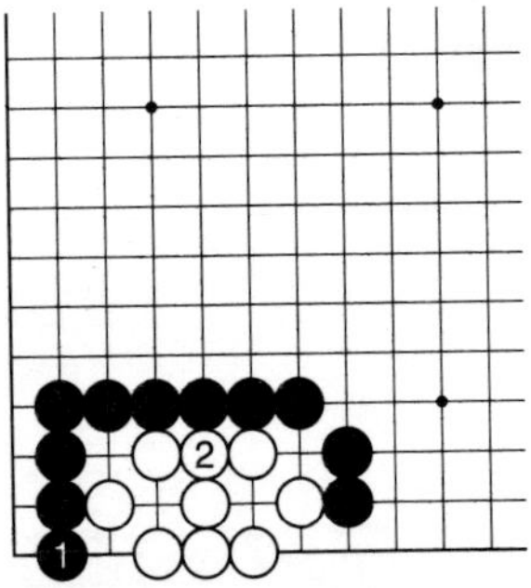

失败

黑 1 立，白 2 团，白棋做活。

问题 31（黑先）

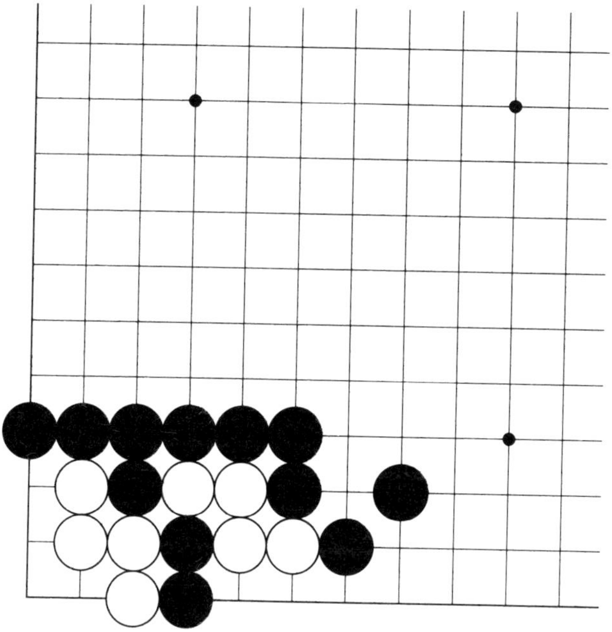

黑棋如何破掉左边白棋的眼？

问题 31（解答） 气紧

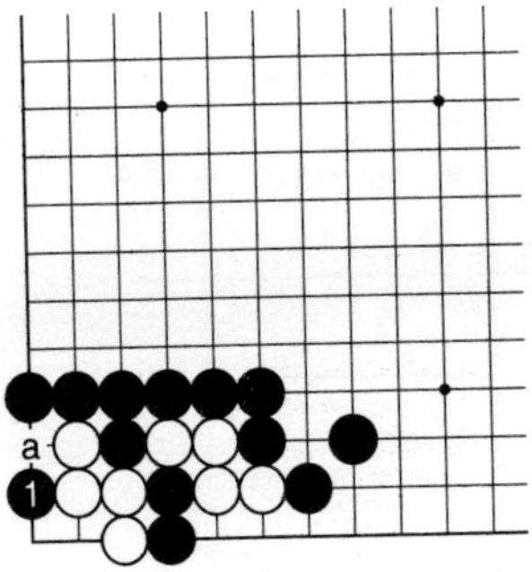

正解

黑 1 托好棋。由于 a 位不入气，因此白棋不能走 a。这种情况叫作“不入气”。

这样白棋只剩一眼，死棋。

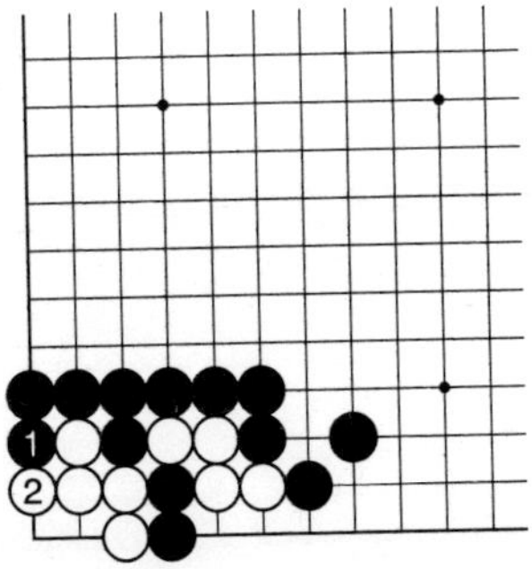

失败

黑 1 冲的话，白 2 挡住就活棋了。

黑棋逸机。

问题 32（黑先）

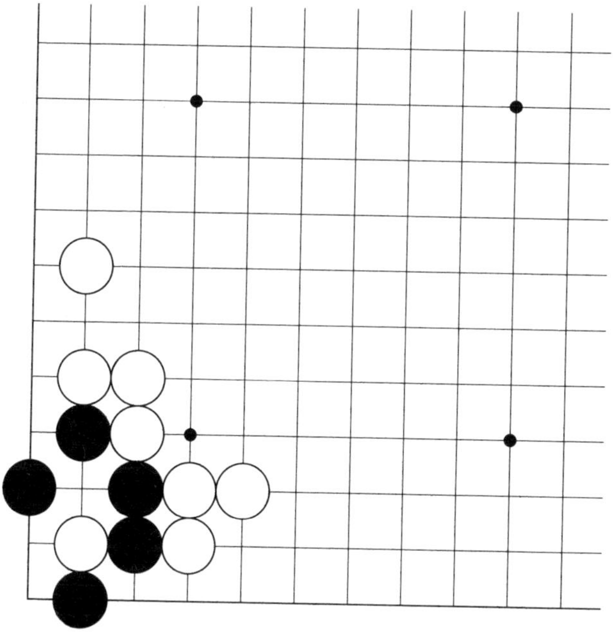

黑棋应如何做活？注意不要被腹中的白一子迷惑。

问题 32（解答） 冷静做眼

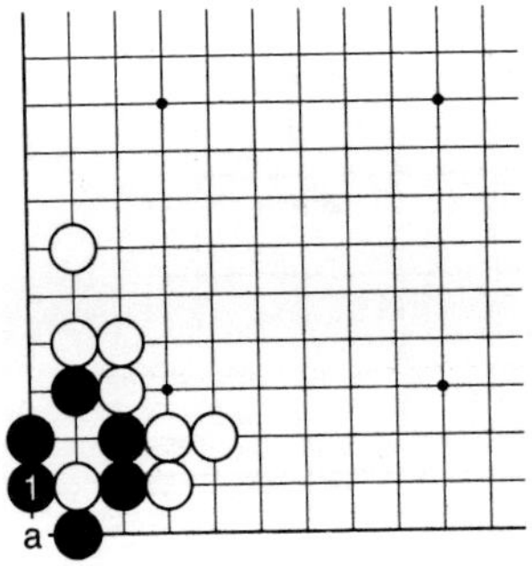

正解

黑走 1 位，成功做出两眼。图中 a 位，即“1·1”处做眼成活的情况很多。

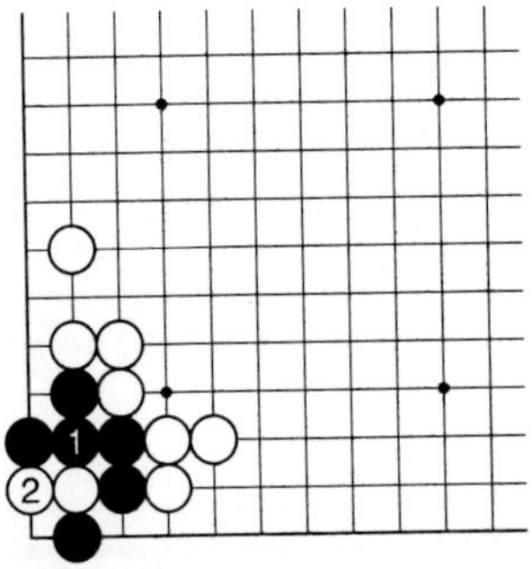

失败

黑 1 粘的话，白 2 破眼，黑棋不行。

问题 33（黑先）

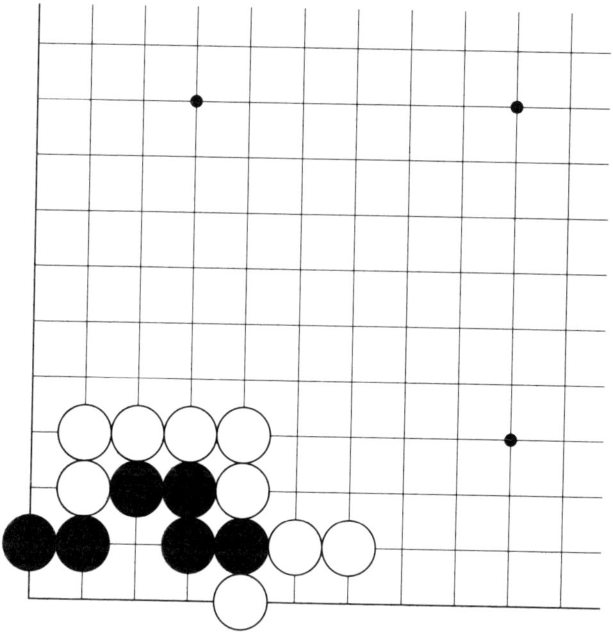

黑棋如何做活？要注意白棋的反击。

问题 33（解答） 注意不要被打吃

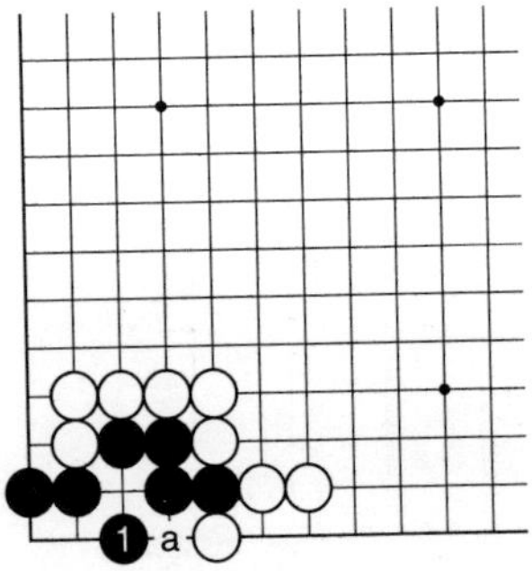

正解

黑 1 做眼很关键。

这样一来，黑棋就做出了两只眼。由于 a 位不入气，白棋不能走 a 位破眼。黑棋做活。

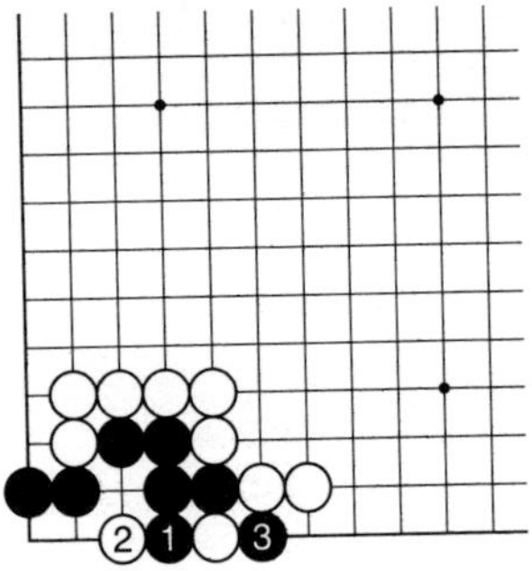

失败

黑 1 挡意图扩大眼位，但白 2 反打好棋，黑 3 即使提白一子也是假眼。

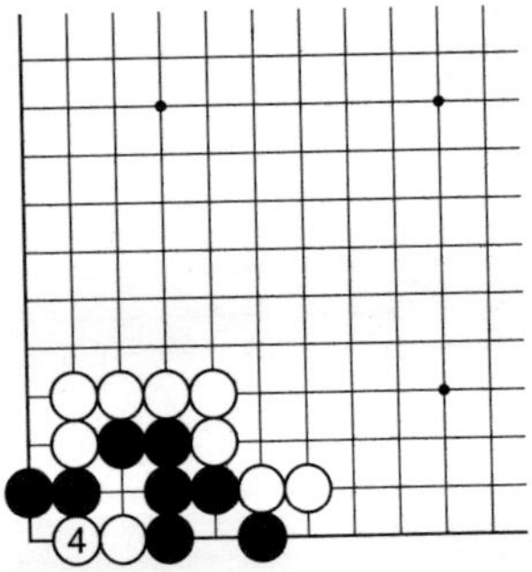

失败（续）

白 4 爬，黑棋就只有一只眼了。黑棋被杀。

问题 34（黑先）

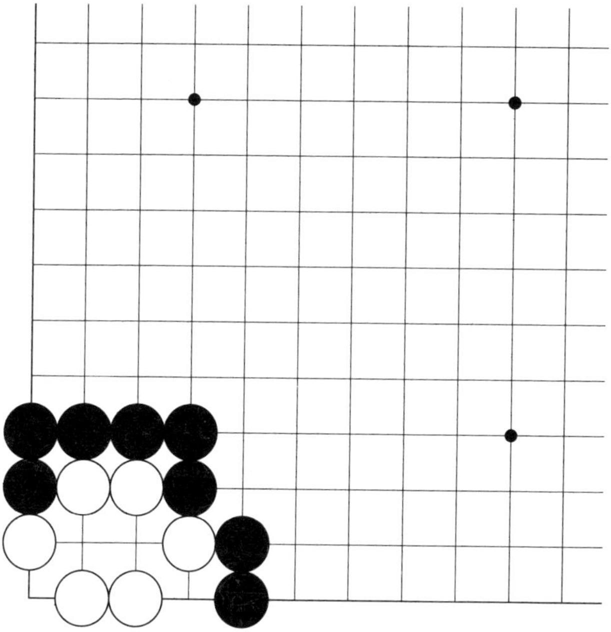

黑棋有专门送出一子破眼的手段。

黑棋应该走哪里呢？

问题 34（解答）　弃子破眼

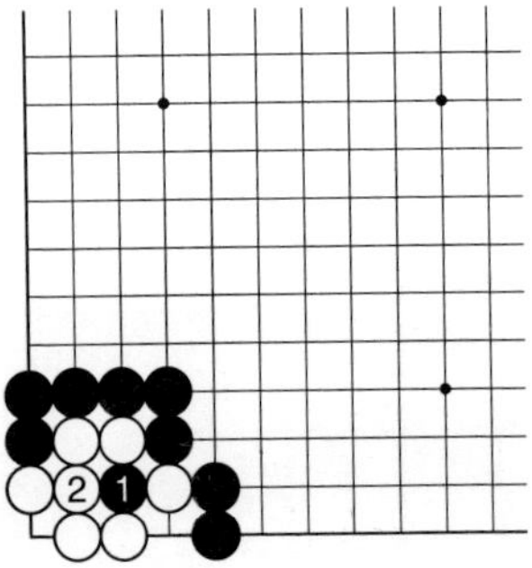

正解

黑 1 扑，专门送一子给白棋是好手。

白 2 提。

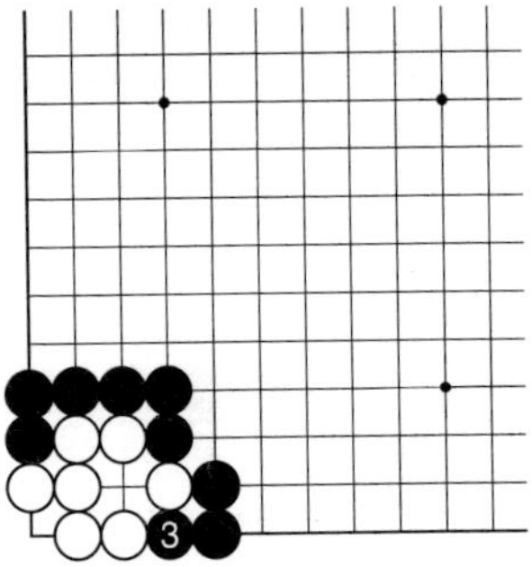

正解（续）

黑 3 破眼。

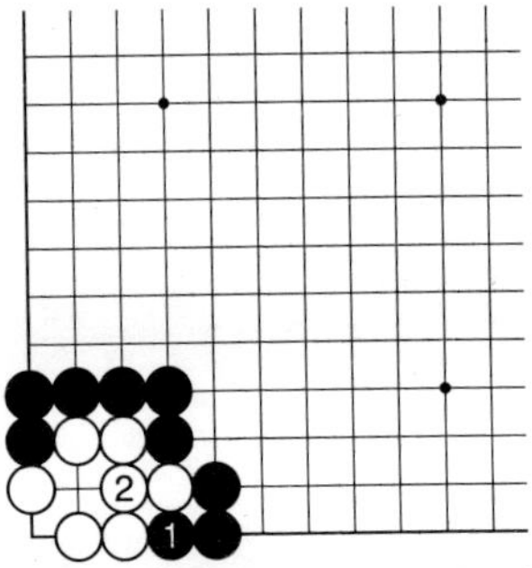

失败

黑 1 打吃的话，白 2 粘住，成功做出两眼，活棋。

问题 35（黑先）

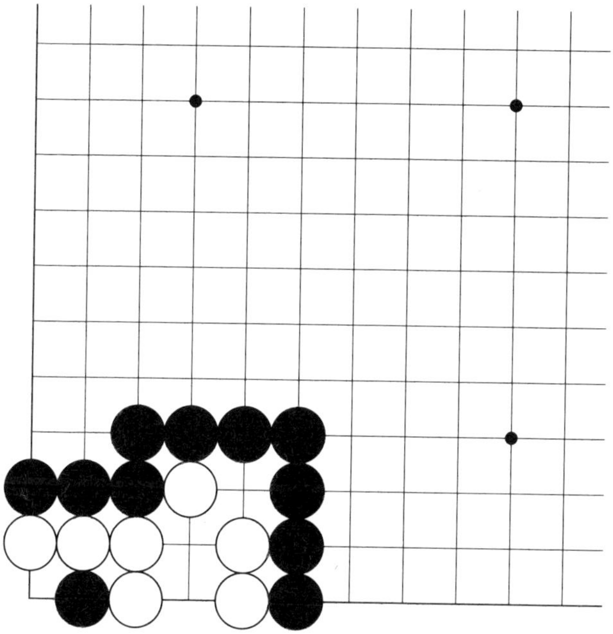

黑棋有使白棋做不出两眼的手段。黑棋应该怎么走？

注意找出白棋形的缺点。

问题 35（解答）　破眼——扑

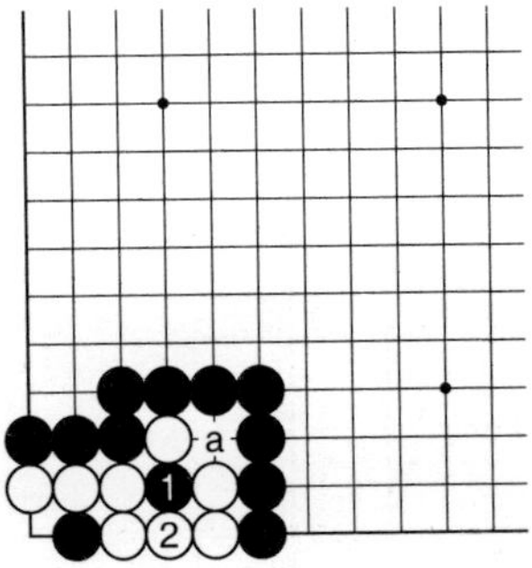

正解

黑 1 扑是好手。

由于 a 位不入气，因此白棋只能于 2 位提。

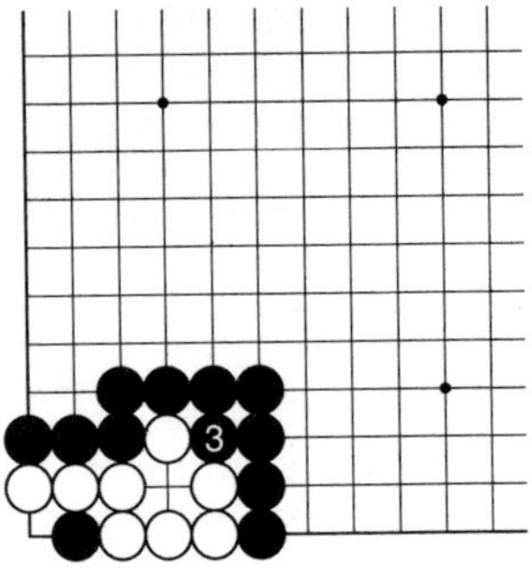

正解（续）

黑 3 破眼。白棋被杀。

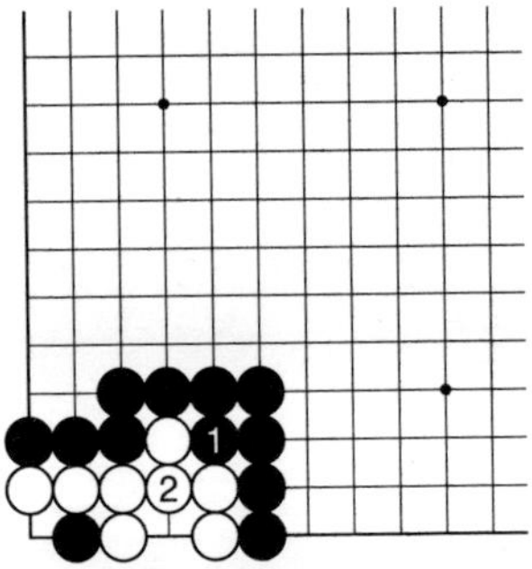

失败

黑 1 打吃的话，白 2 粘。白棋做出两只眼。

白棋活棋。

问题 36（黑先）

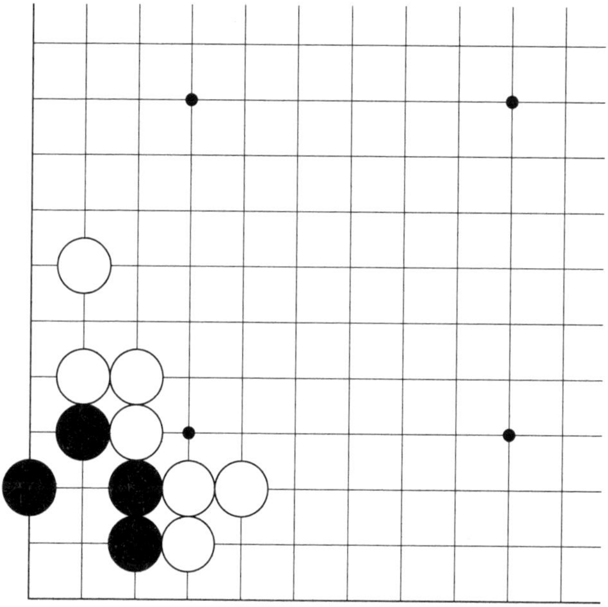

做活一般有两种思路，扩大眼位和走急所。

本题应该选哪种？

问题 36（解答）　走急所做活

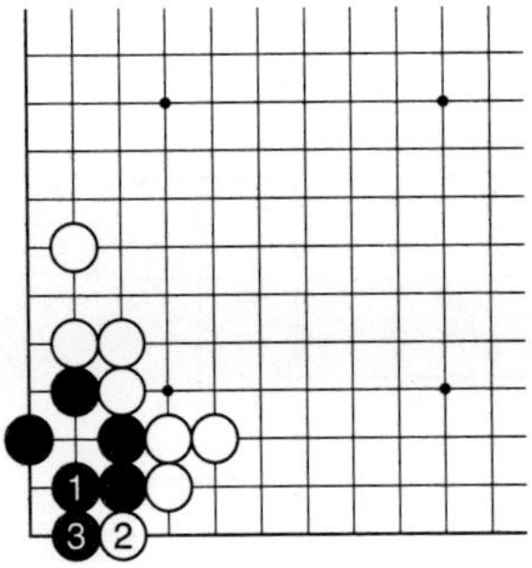

正解

黑 1 做眼。

白 2 扳时，黑 3 挡，黑棋活棋。

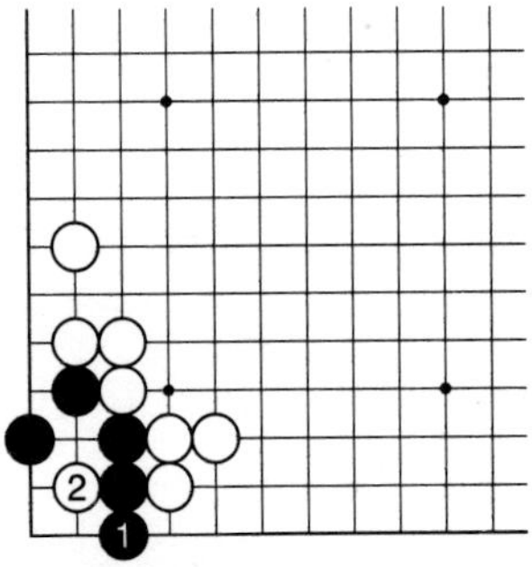

失败

虽然黑 1 扩大眼位，但白 2 点，黑棋被杀。

问题 37（黑先）

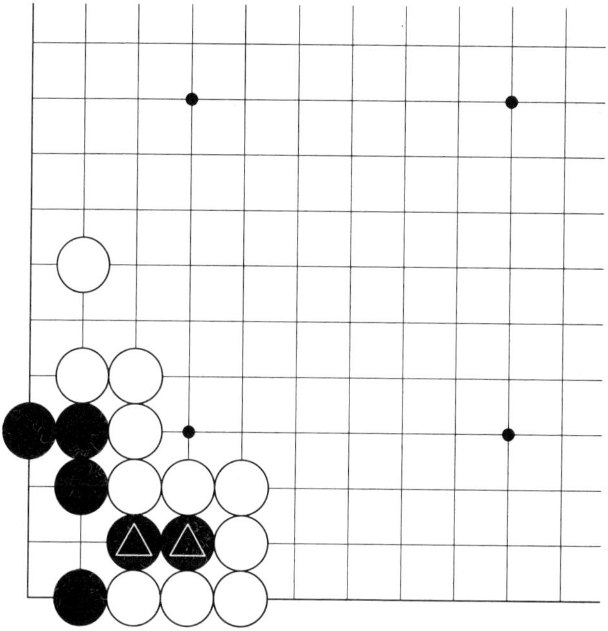

黑▲两子虽被打吃，但此时对于黑棋来说当务之急是做活。黑棋应该如何做活？

问题 37（解答）　打二还一

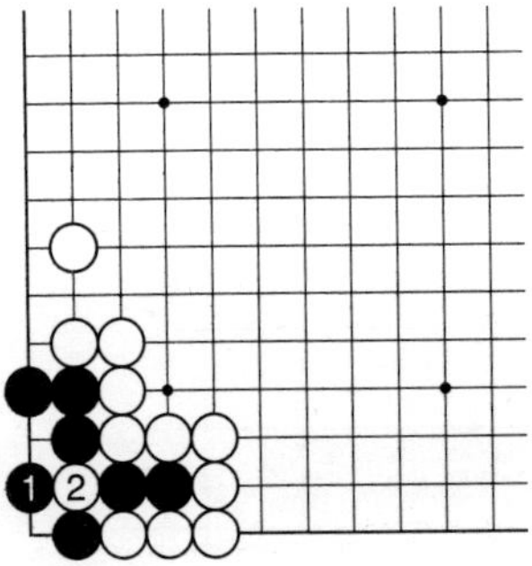

正解

黑棋不管被打吃的黑两子，走 1 位做活。白 2 提。

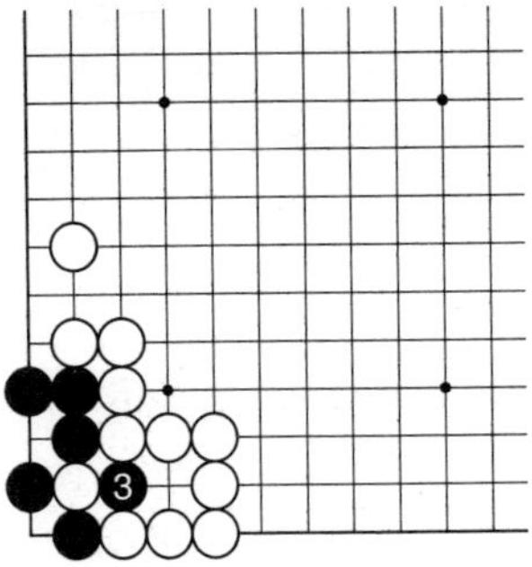

正解（续）

黑 3 反提，黑棋活棋。

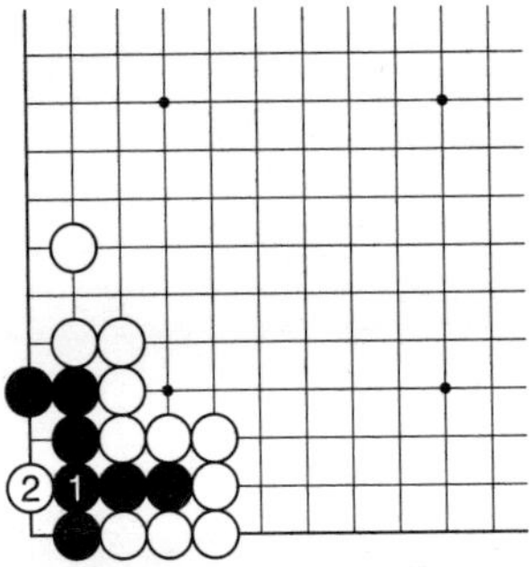

失败

黑棋不能因为有棋被打吃就匆忙走 1 位粘住。这样一来，局部形成“直三”，白 2 点，黑棋被杀。

问题 38（黑先）

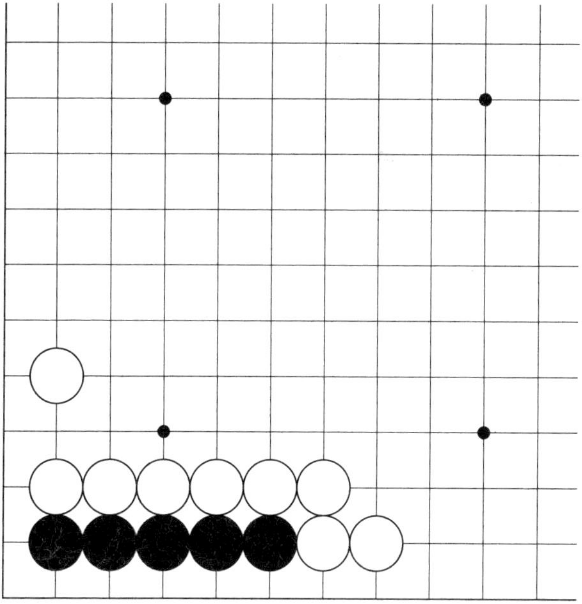

为了做活，黑棋必须扩大眼位。那么该怎么扩大为好呢？

问题 38（解答） 向角部扩展

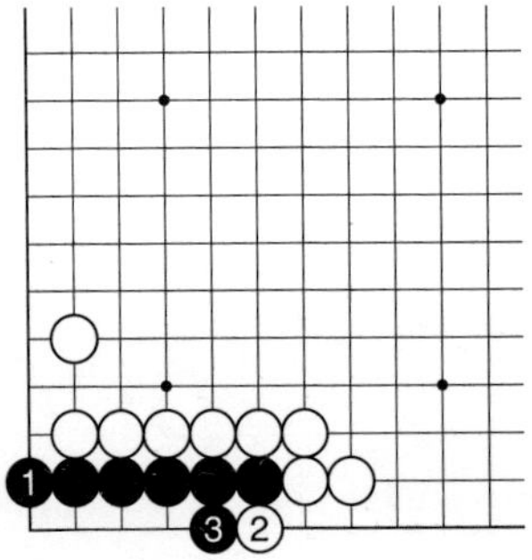

正解

黑 1 立，向角部扩大眼位是正解。白 2 扳时，黑 3 挡，直四活棋。

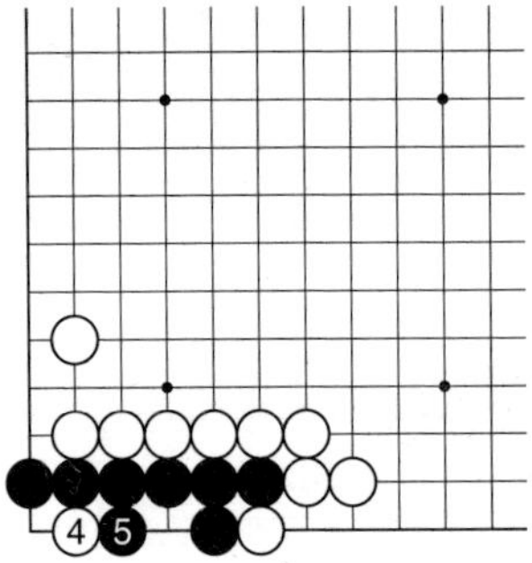

正解（续）

白 4 点也没用，黑 5 挡，成功做出两眼。

同理，白 4 走 5 位，黑走 4 位也是一样。

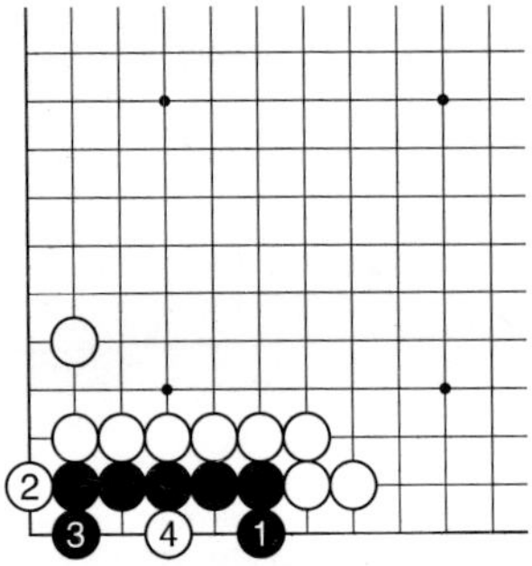

失败

黑 1 立方向有误，白 2 扳，局部形成“直三”的死形。白 4 点，黑棋被杀。

问题 39（黑先）

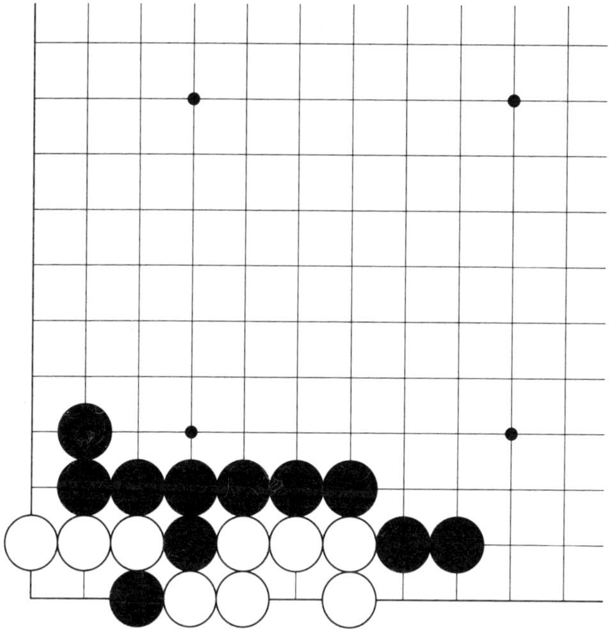

黑棋想要破坏白棋左侧的眼位，应该怎么走？

问题 39（解答） 不入虎穴，焉得虎子

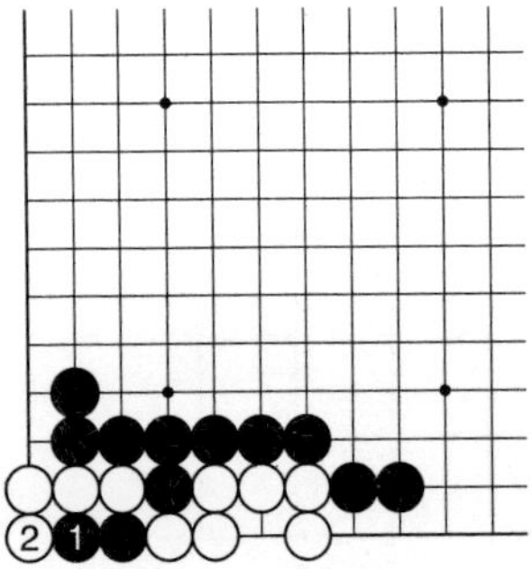

正解

黑 1 送吃绝妙，白 2 提。

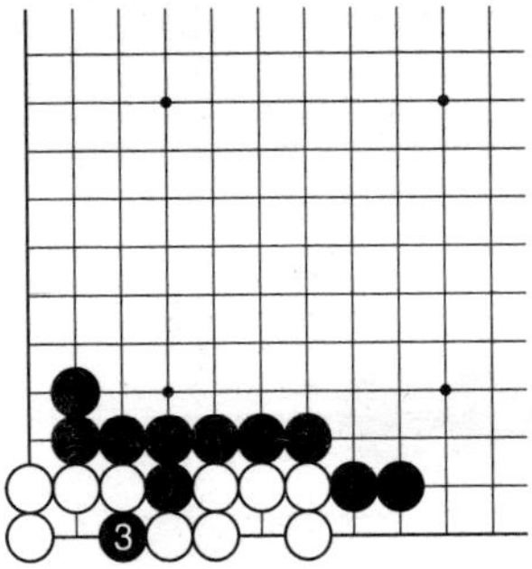

正解（续）

黑 3 扑，再弃一子很关键。这样一来左边的眼就成为假眼了。白棋被杀。

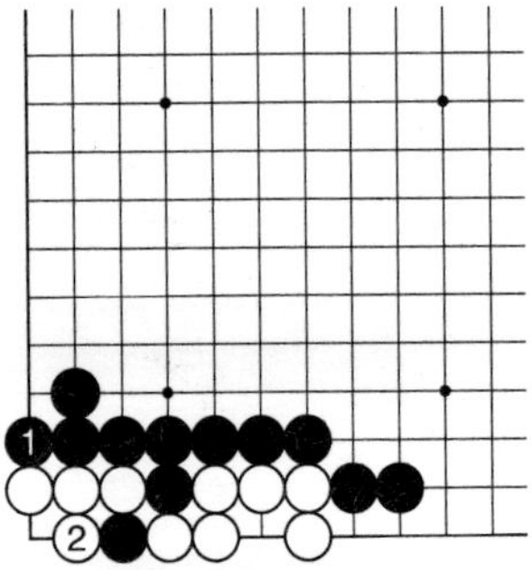

失败

黑 1 紧气，白 2 提，白棋活棋，黑棋逸机。

问题 40（黑先）

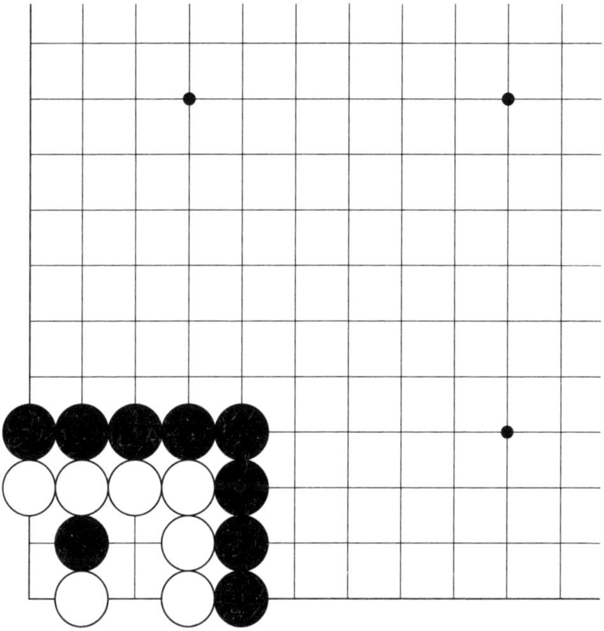

如图，白棋被黑棋围得水泄不通。

黑棋若计算准确的话，是可以杀死白棋的。黑棋应该怎么走？

问题 40（解答） 巧用不入气

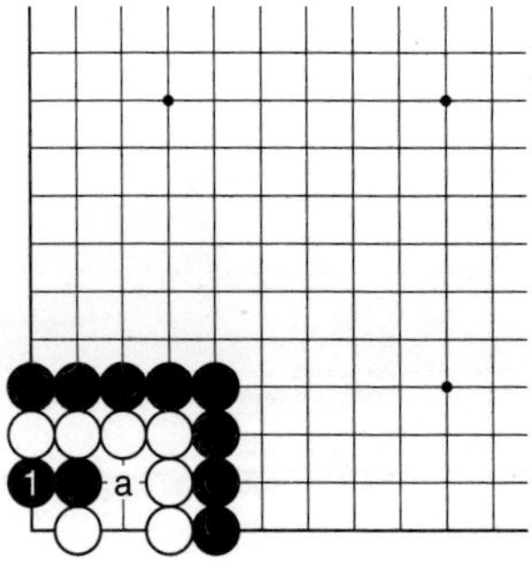

正解

黑 1 好棋。由于 a 位不入气，因此白棋不能走 a 位。

这样一来白棋就死了。

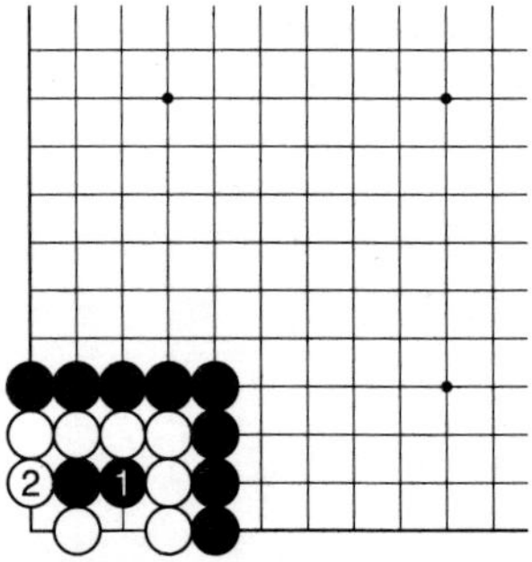

失败

黑走 1 位的话，白 2 打吃，成功做出两眼。黑棋失败。

问题 41（黑先）

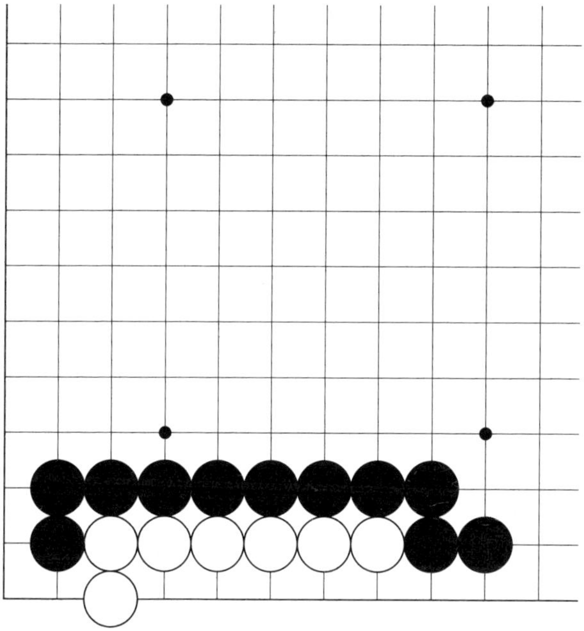

黑棋怎么走才能杀死白棋?

问题 41（解答） 缩小眼位

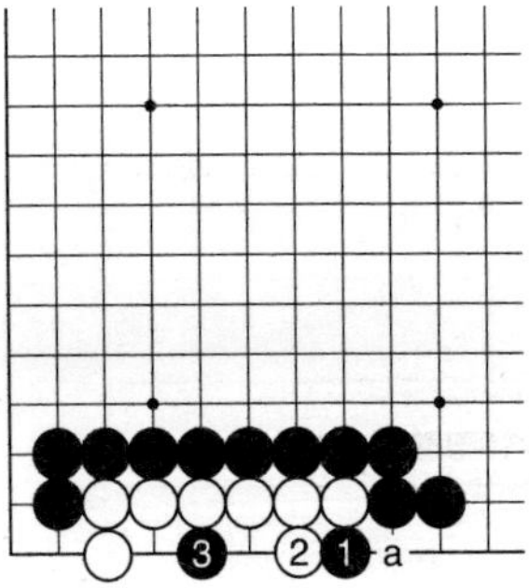

正解

首先，黑 1 扳缩小白棋眼位。白 2 挡时，局部形成“直三”，黑 3 点，白棋被杀。

白棋走 a 位提黑 1 也无济于事，假眼而已。

此外，黑 1 走 3 位一样也能杀死白棋。

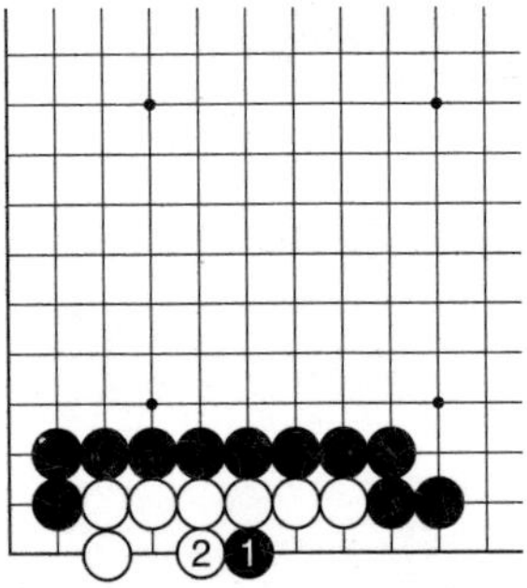

失败

黑 1 立即点在中间的话，白 2 做眼，黑棋失败。

问题 42（黑先）

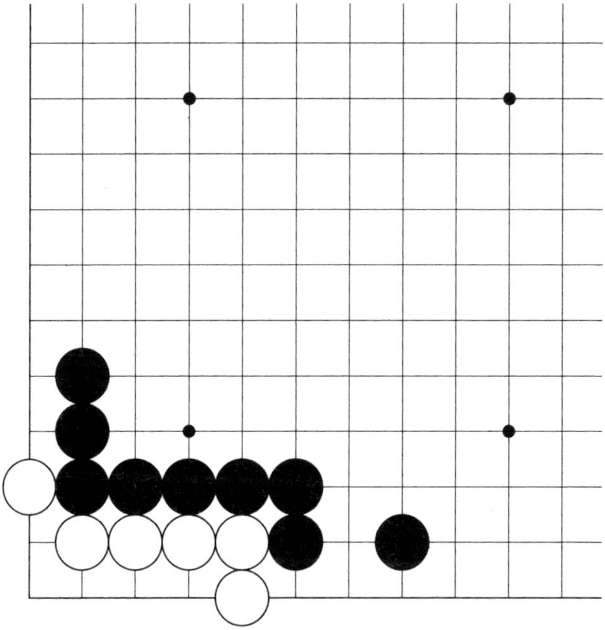

黑棋该如何走才能不让白棋做出两眼？

目标是使对方走出“直三”。

问题 42（解答）

故意送出一子

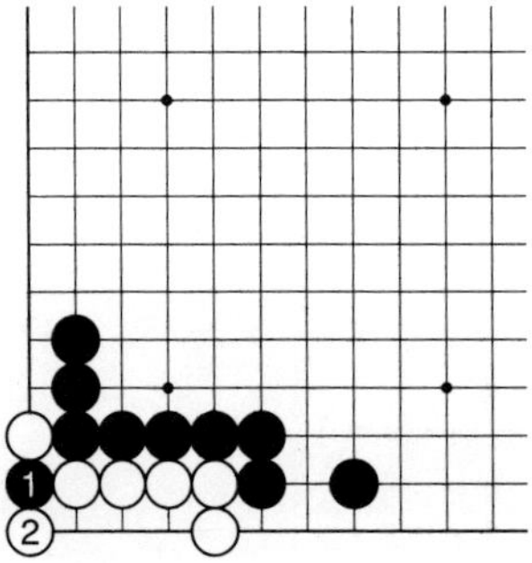

正解

黑 1 扑是好手，白 2 提，由于 1 位是假眼，这样就形成了“直三”的形。

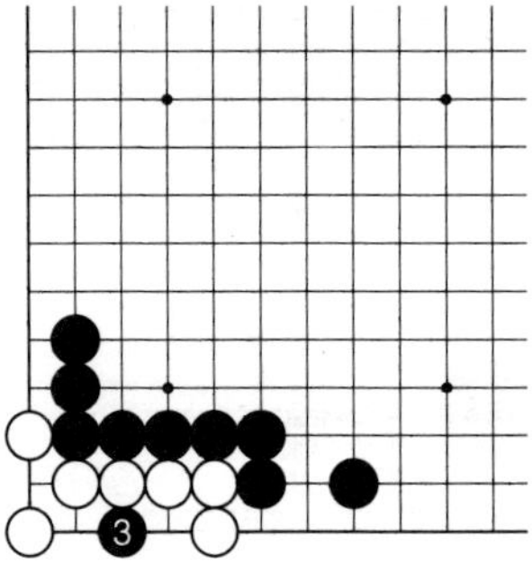

正解（续）

黑 3 点，白棋被杀。此外，黑 1 若先走 3 位一样也可以杀掉白棋。

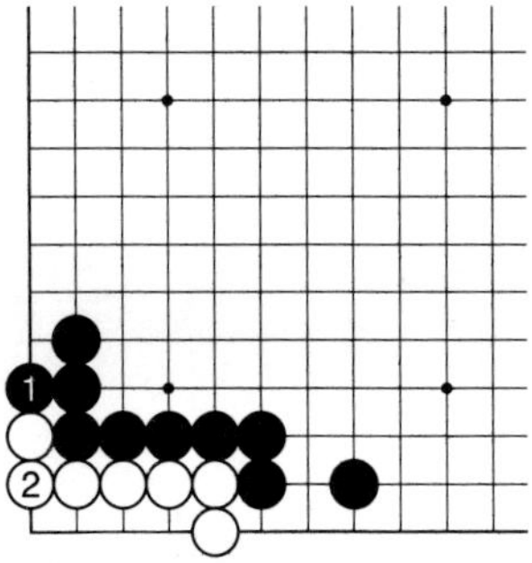

失败

黑 1 打吃，白 2 粘。

这样局部形成“直四”，黑棋杀棋失败。

问题 43（黑先）

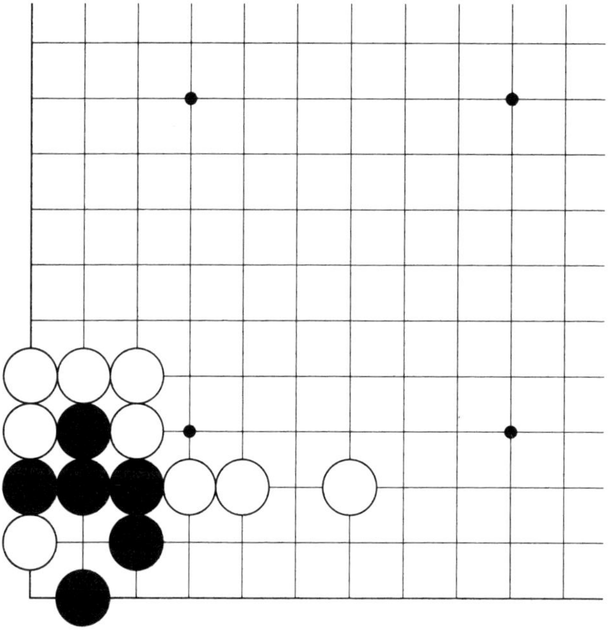

黑棋看起来好像已经被点杀，但实际上仍有起死回生的机会。

黑棋应该怎么走？

问题 43（解答） 扩大眼位

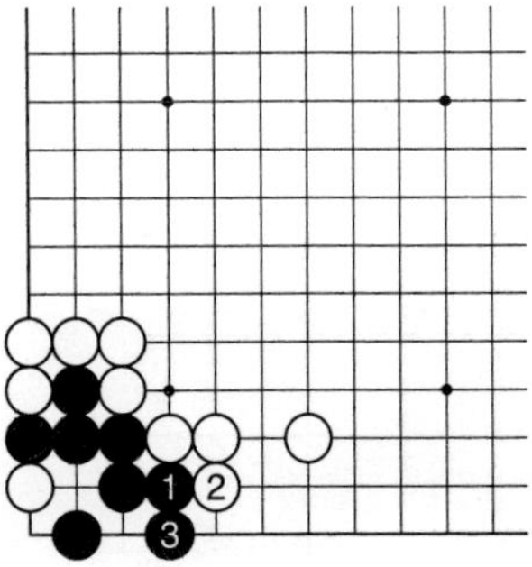

正解 1

黑 1 爬，扩大眼位，白 2 拐，黑 3 做眼。

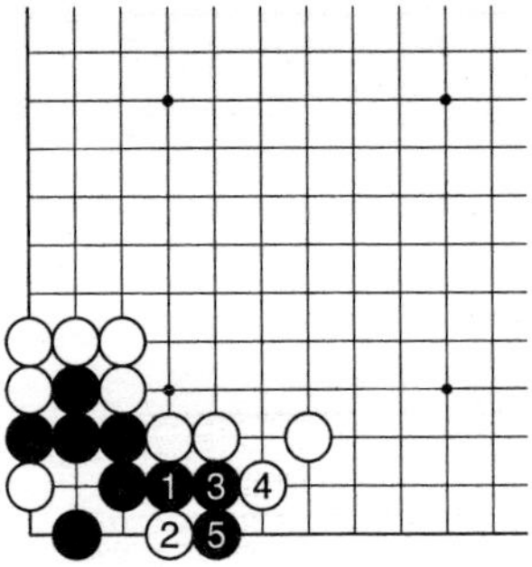

正解 2

黑 1 爬。对于白 2，黑 3 爬冷静，白 4 挡，黑 5 吃住白一子成功做活。

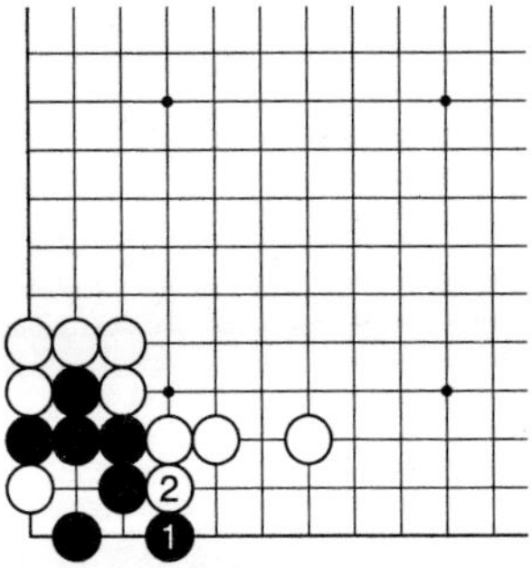

失败

黑 1 小尖扩大眼位的话，白 2 挤，形成假眼。黑棋被杀。

问题 44（黑先）

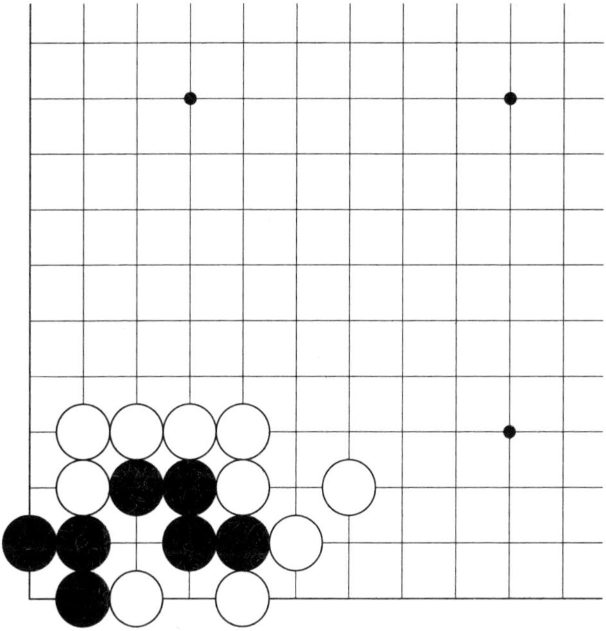

黑棋如何做活？

问题 44（解答）

留心“气”

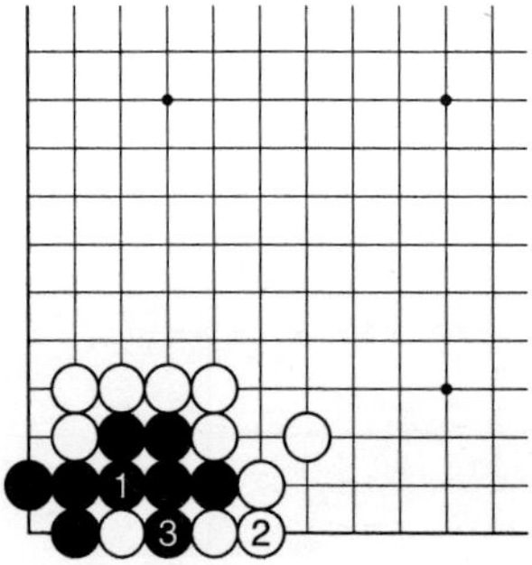

正解 1

黑 1 打吃是好手。白 2 粘，黑 3 提，黑棋成功做活。

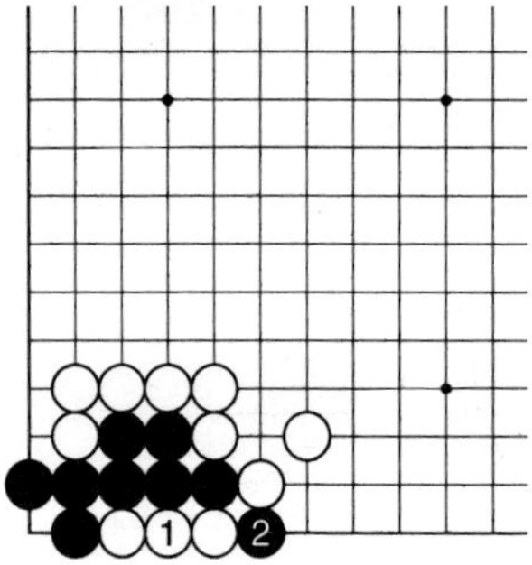

正解 2

上图白 2 若走本图 1 位粘的话，黑 2 直接提掉白三子。黑棋仍然活棋。

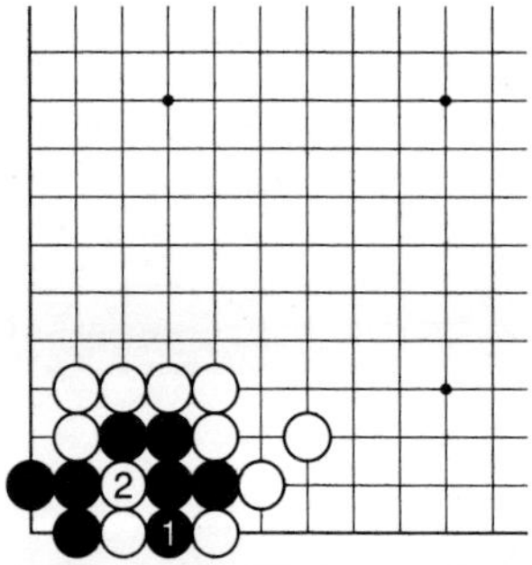

失败

黑 1 若不加思考地打吃白一子的话，黑棋反而紧了自己的气。黑棋处于被打吃的状态，白 2 尽数吃掉黑子，黑棋崩溃。

问题 45（黑先）

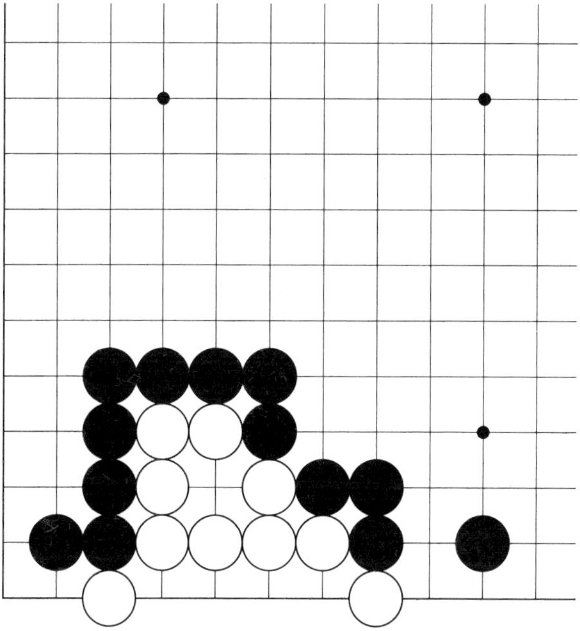

黑棋如何才能杀掉白棋？

问题 45（解答） 重复的妙意

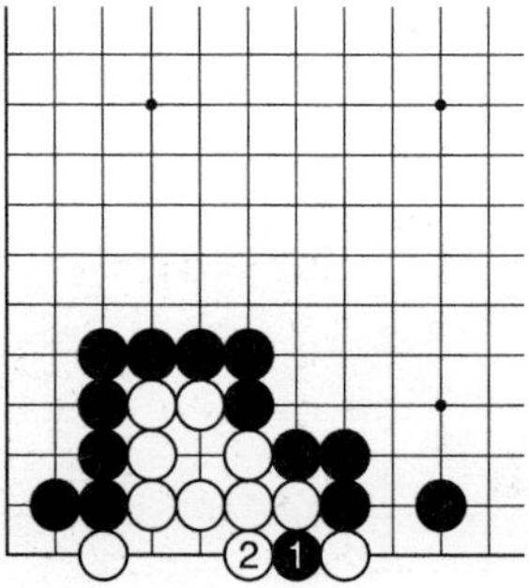

正解

首先，黑 1 扑，使白棋 1 位成为假眼。白 2 提子。

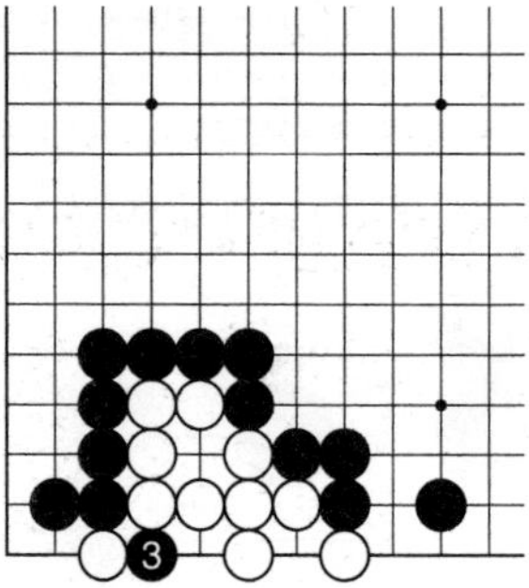

正解（续 1）

黑 3 再扑，使左侧也变成了假眼。

另外，上图黑 1 和本图黑 3 的顺序反过来也一样。

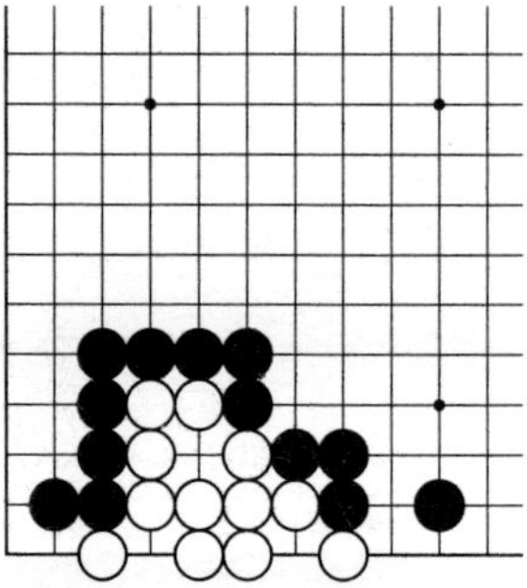

正解（续 2）

这样一来，白棋只有一只真眼。白棋被杀。

2. 基础篇

掌握了基本知识后，本章我们一起来学习一些新的技巧。做“死活题”是有诀窍的，希望读者可以熟练掌握。

为了活棋而造出的空间，在围棋上叫作“眼位”。眼位足够大则易做活，眼位过小则容易被杀死。

做活的方法有：扩大眼位和走急所。

杀棋的方法有：缩小眼位和走急所。

此外，斜着走棋相对来说容易做出眼形，做活也相对容易。

问题 46（黑先）

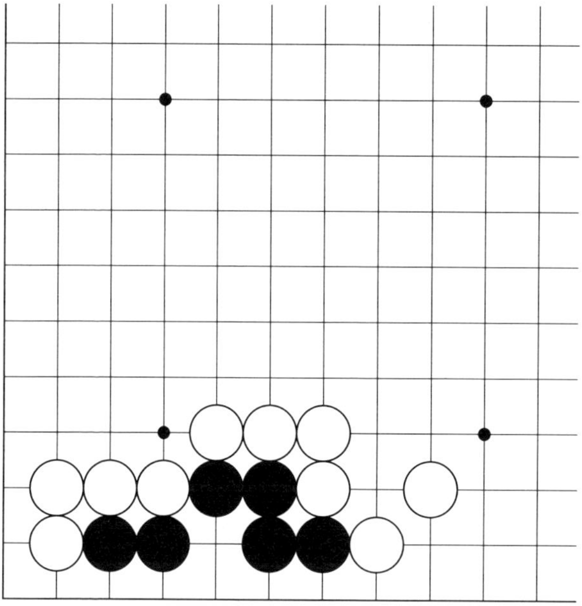

本题的棋形基本上是左右对称的，那么急所是哪里呢？

问题 46（解答） 左右同形走中间

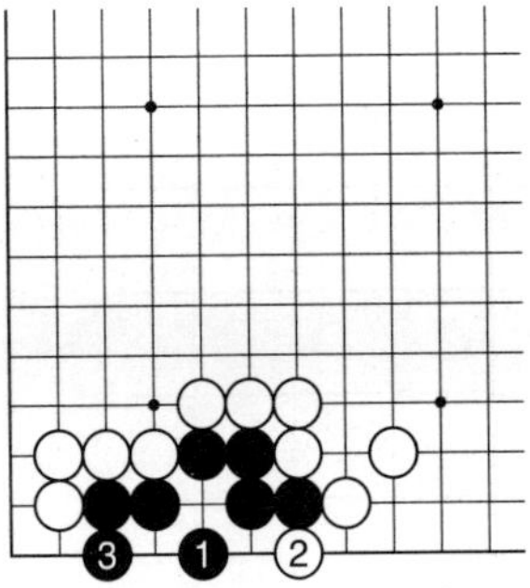

正解

黑 1 做眼，白 2 扳，黑 3 做眼，黑棋活棋。

白 2 走 3 位，黑 3 走 2 位也是一样的。

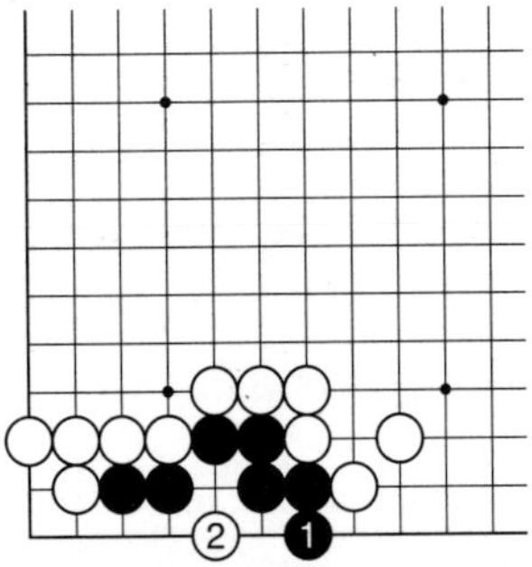

失败

黑 1 立，只是扩大眼位是不行的。白 2 点，黑棋做不出两眼，黑棋失败。

问题 47（黑先）

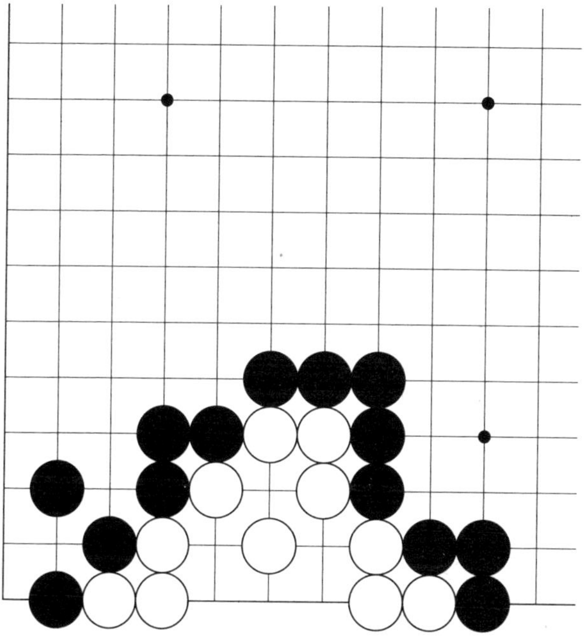

本题的急所在哪里？

问题 47（解答）　左右见合

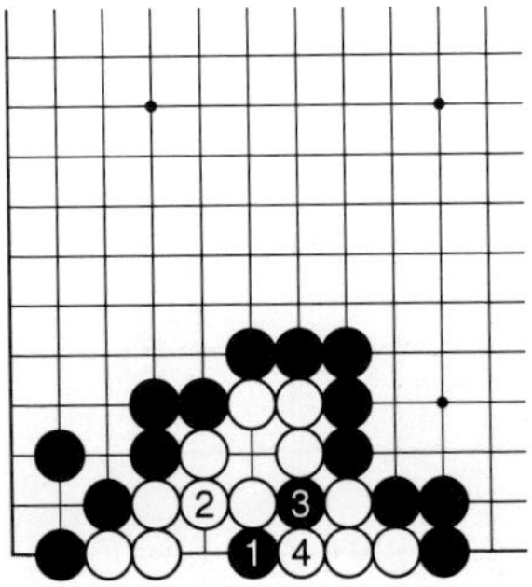

正解

黑 1 是急所。

白 2 粘时，黑 3 扑是手筋，白棋整体处于被打吃的状态。白 4 提。

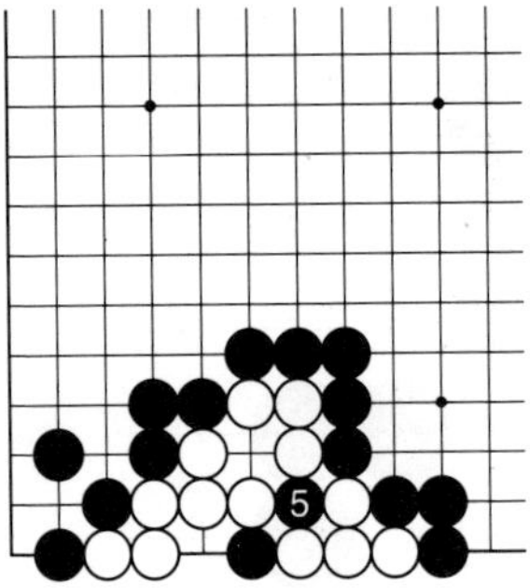

正解（续）

黑 5 提，白棋被杀。

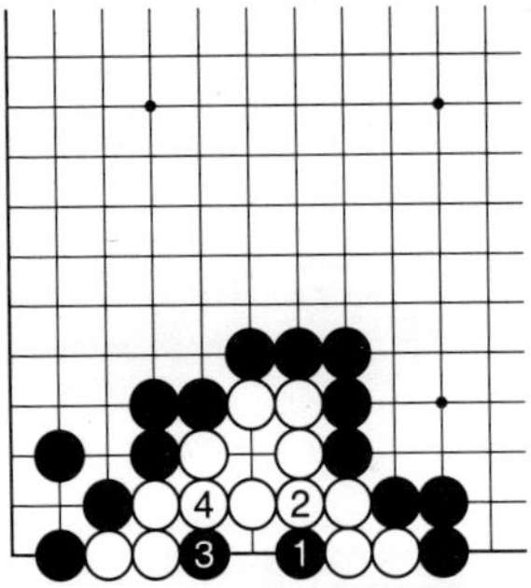

失败

黑 1 打吃，白 2 粘，黑 3 再打吃，白 4 粘住，黑棋竹篮打水一场空。

白棋成功做活。

问题 48（黑先）

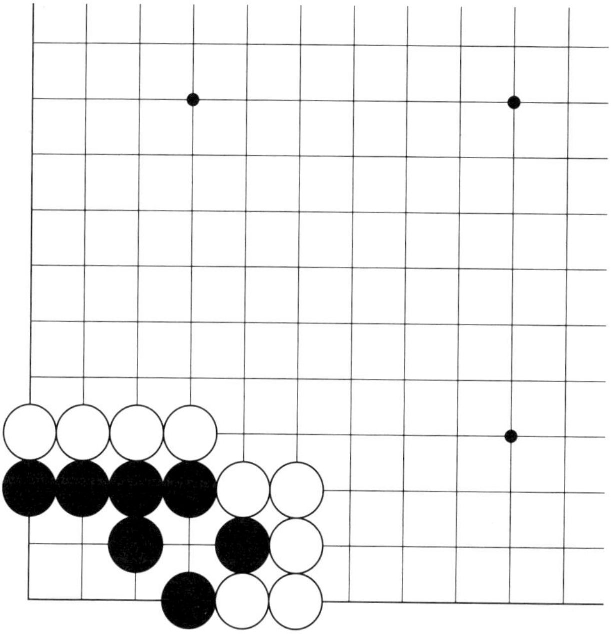

黑棋即使被打吃，也不要急着救回。此时应该放眼全局，思考如何整体做活。

问题 48（解答） 斜着下做眼

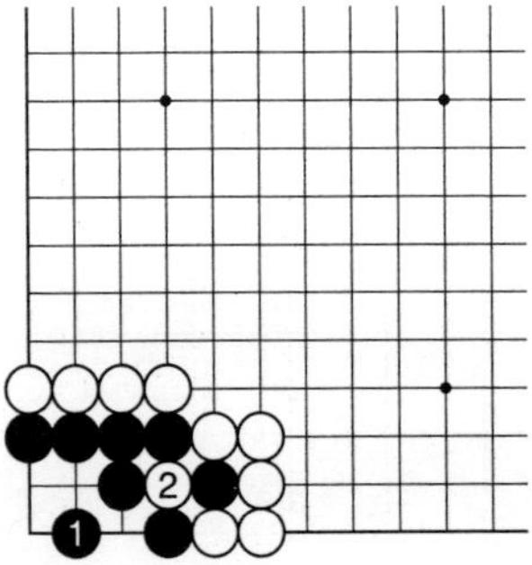

正解

黑 1 尖是好手。

白 2 提。

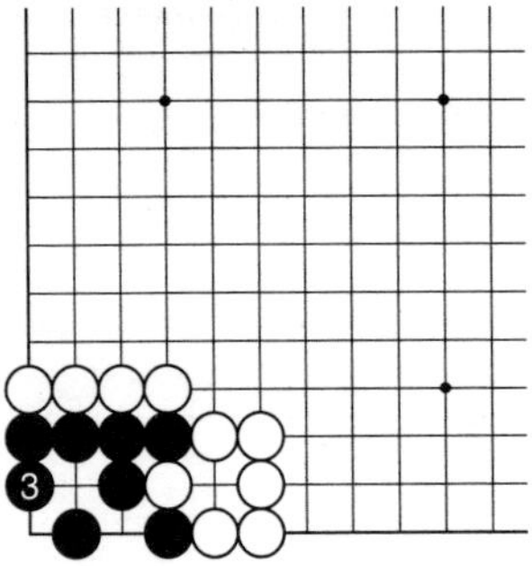

正解（续）

黑 3 做眼，黑棋做活。

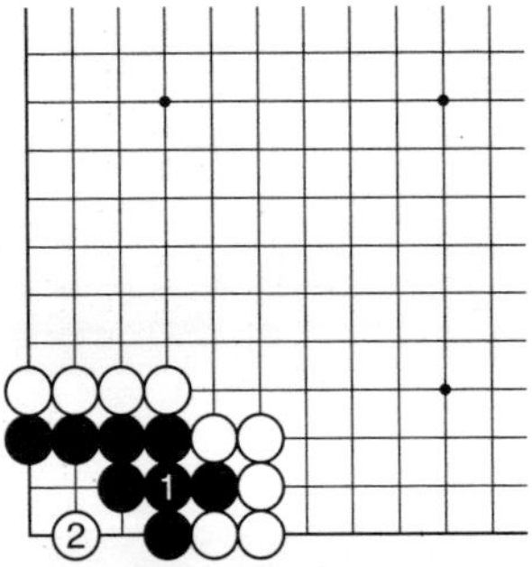

失败

黑棋若只是因为被打吃就于 1 位粘的话，局部形成 “刀把五” 。白 2 点，黑棋被杀。

问题 49（黑先）

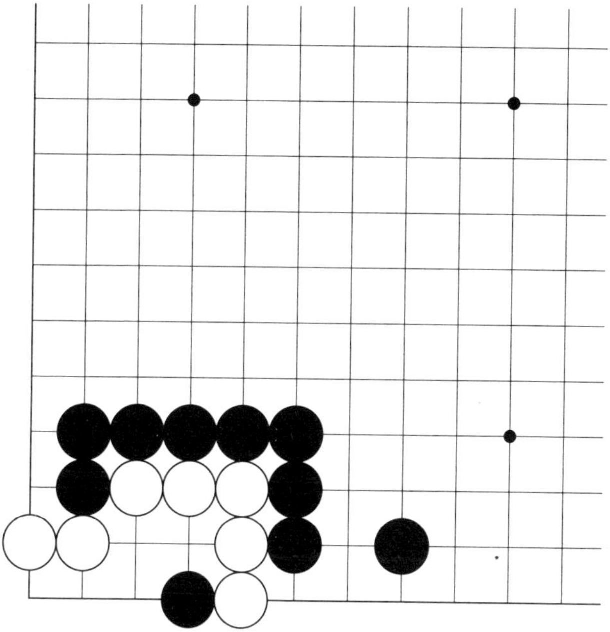

白棋被黑棋围得水泄不通。黑棋有何良策将白棋一举拿下？

问题 49（解答） 巧用“不入气”

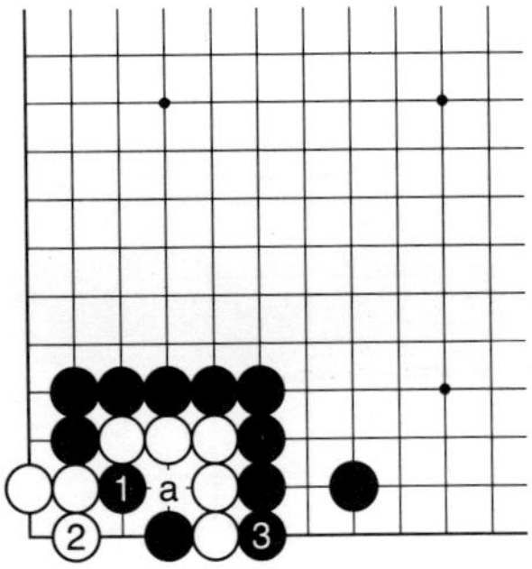

正解

黑 1 断是好手。由于 a 位不入气，因此白棋不会走 a 位。

白 2 做眼，黑 3 打吃，白棋全体阵亡。

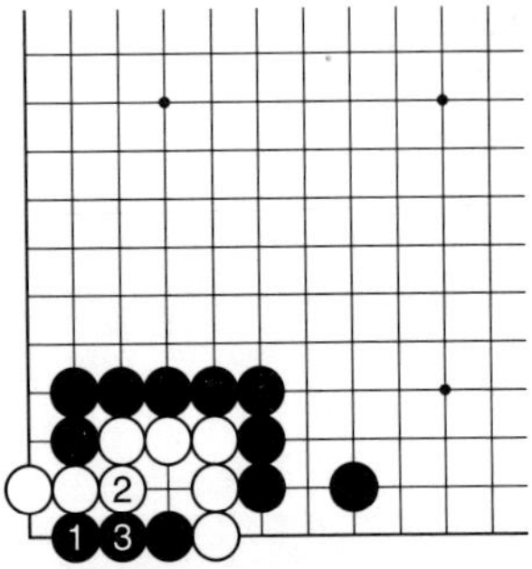

失败

黑 1、3 虽然也能使白棋做不出两眼，但是局部是双活。像这种双方都不能先走的形叫作“双活”。

双活不是死棋。

问题 50（黑先）

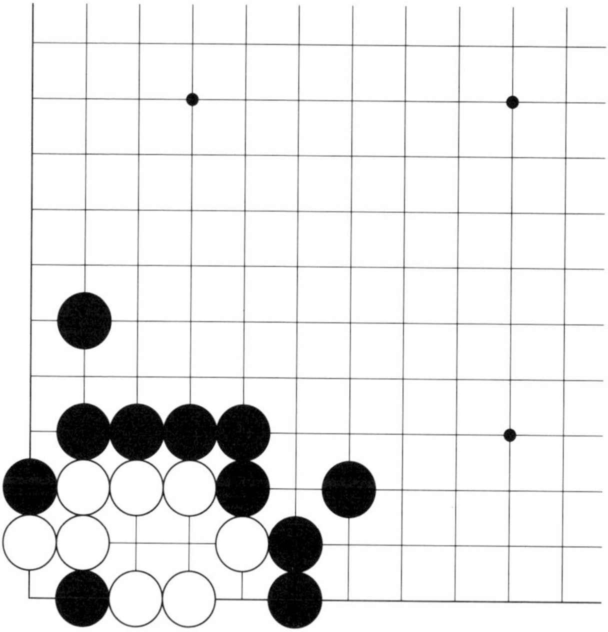

黑棋如何才能杀死白棋？

注意要活用被吃住的黑一子。

问题 50（解答） 扑

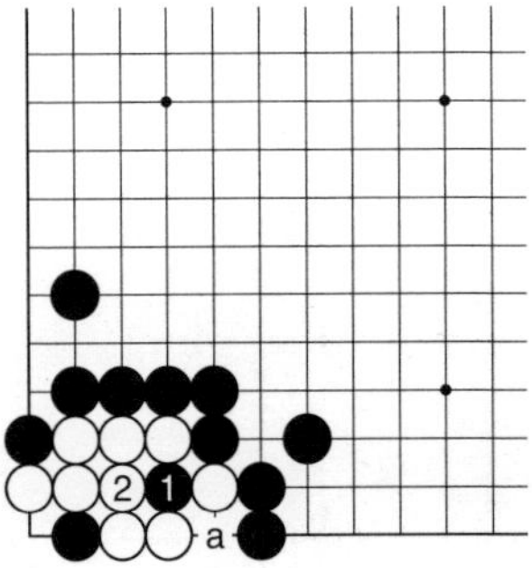

正解

黑 1 扑故意送吃是好手。

由于 a 位不入气，因此白棋不能走 a 位。白 2 提也没用。

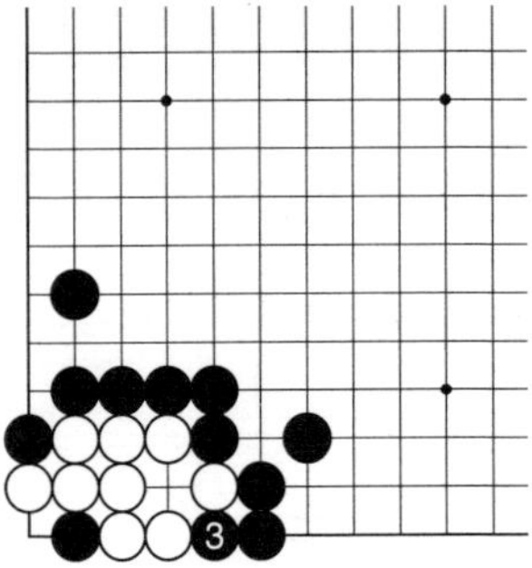

正解（续）

黑 3 打吃破眼，白棋被杀。

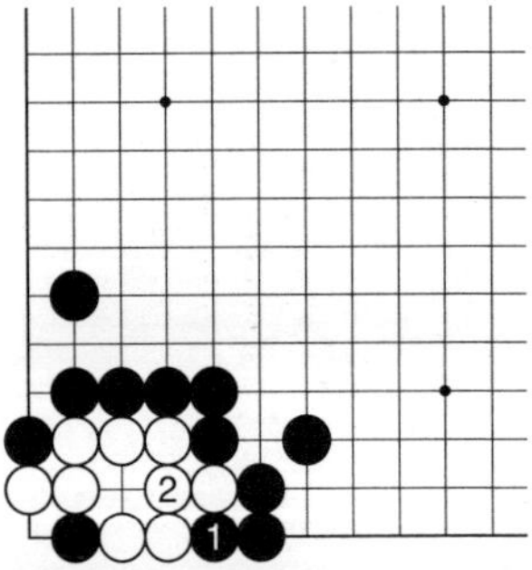

失败

黑 1 打吃，白 2 粘住就活棋了。黑棋逸机。

问题 51（黑先）

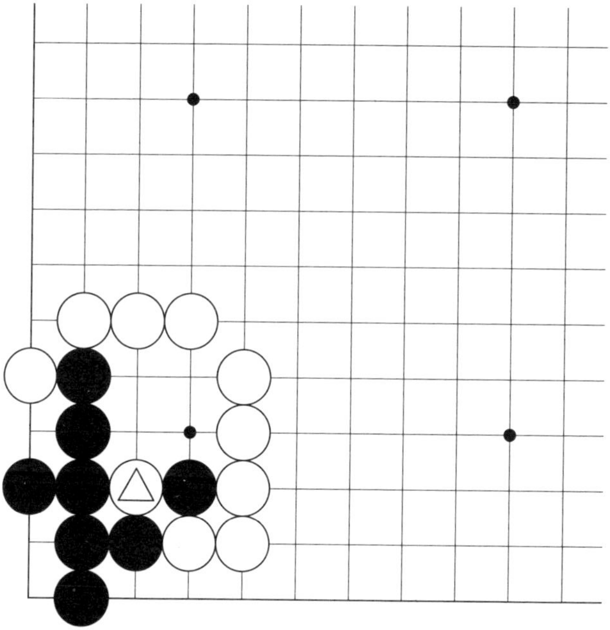

黑棋角上已有一眼，黑棋应如何再做出一眼？如何吃掉白◬是问题关键。

问题 51（解答） 不要做出假眼

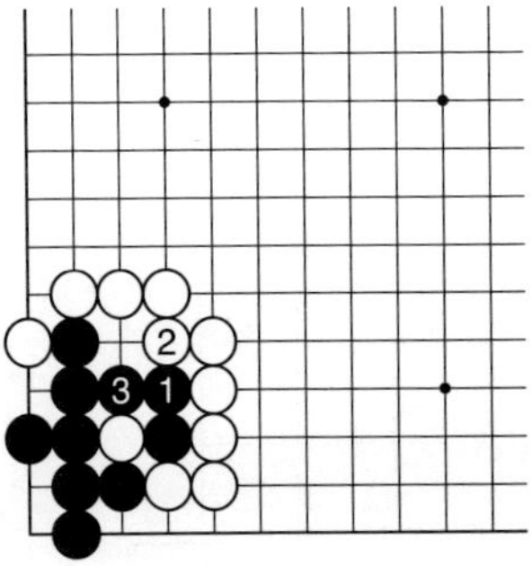

正解

黑 1 长，白棋就跑不掉了。

白 2 打吃，黑 3 提，黑棋做活。

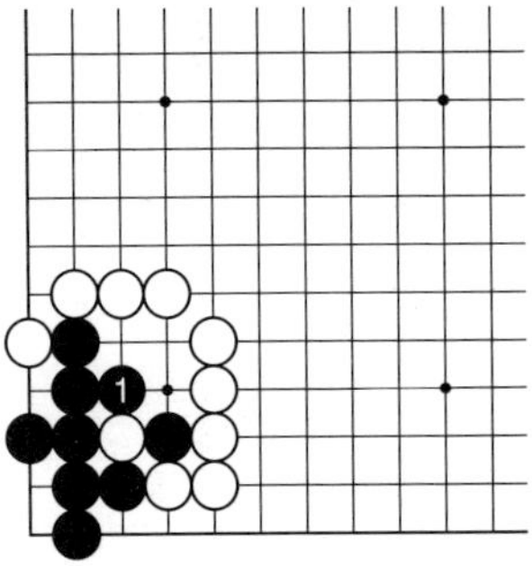

失败

黑棋不能因为白棋被打吃就不加思考地吃掉白一子。

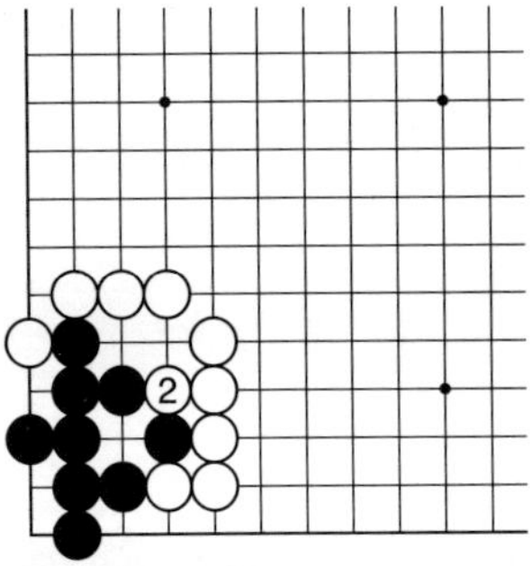

失败（续）

白 2 打吃，使黑棋成为假眼，黑棋被杀。

问题 52（黑先）

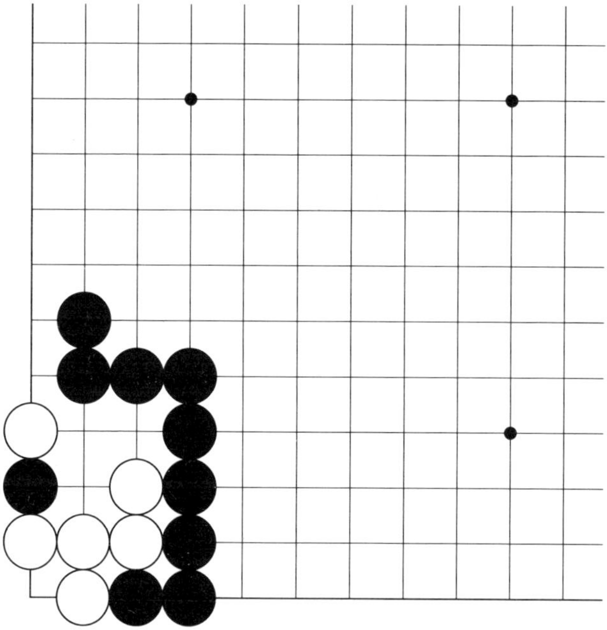

黑棋如何破眼？

问题 52（解答） 假眼的急所

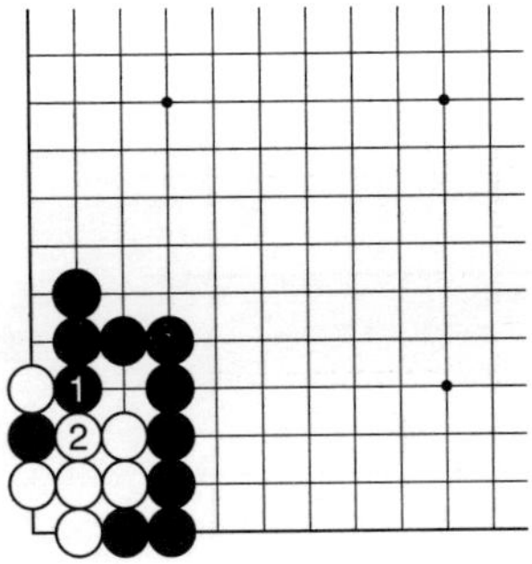

正解

黑 1 打吃是急所，即使白 2 提也是假眼。

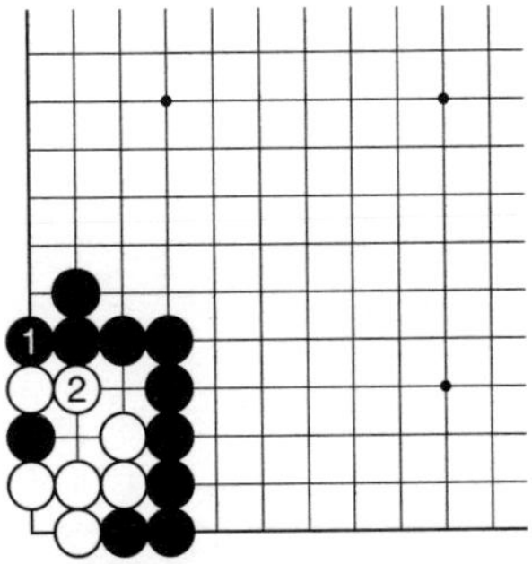

失败

黑 1 打吃的话，白 2 做眼。

问题 53（黑先）

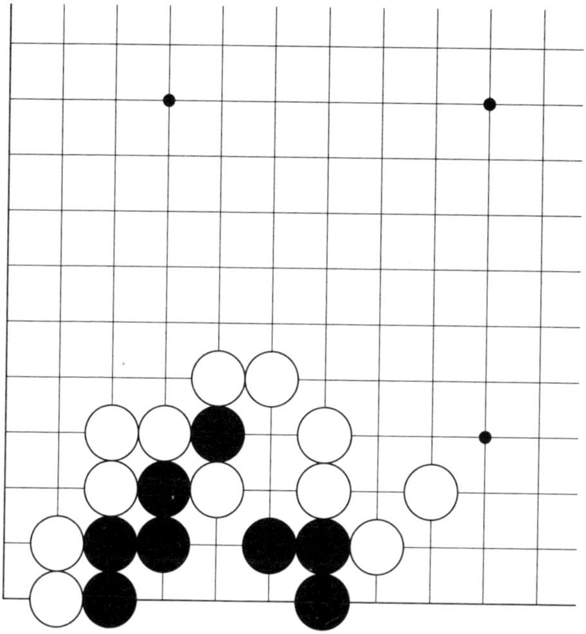

黑棋如何才能活棋？

问题 53（解答） “凹”

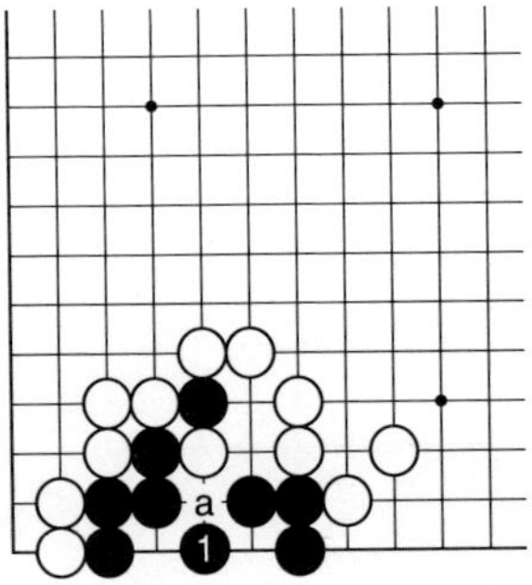

正解

黑 1 是做活的好手。

由于 a 位不入气，因此白棋不能破眼。

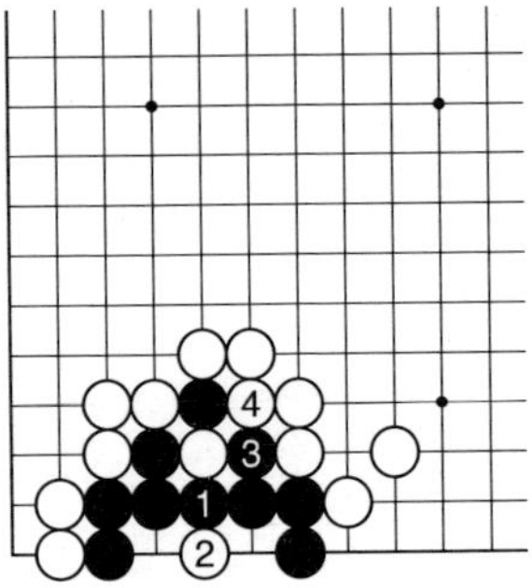

失败 1

黑 1 打吃，白 2 点是急所。黑 3 提，白 4 打吃，黑棋只有一个真眼，做活失败。

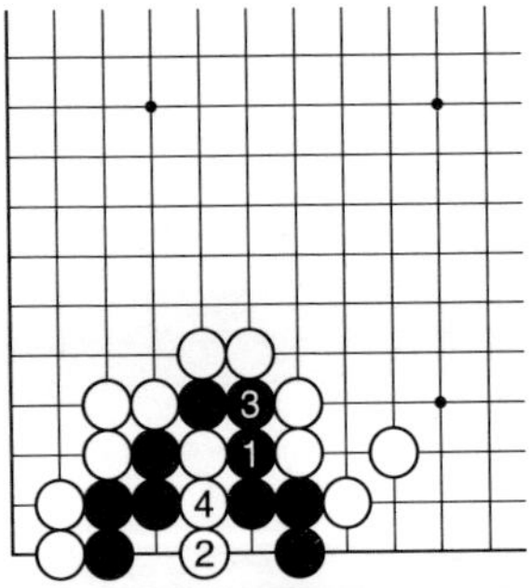

失败 2

黑 1 打吃的话，白棋走 2 位仍然可以杀死黑棋。黑 3 粘，白 4 粘，黑棋不行。

问题 54（黑先）

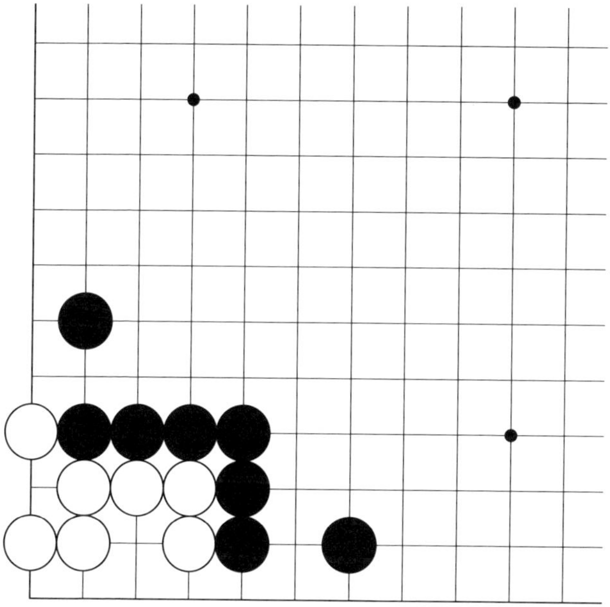

左边白棋的眼是假眼，黑棋如何走才能避免白棋做出两只眼？

问题 54（解答）　正中间是急所

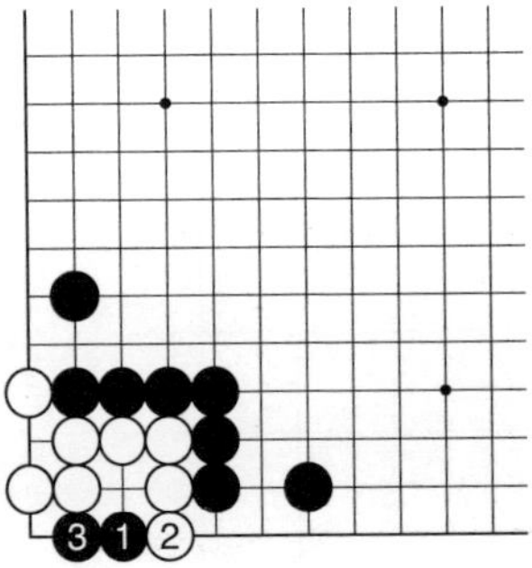

正解 1

黑 1 点是好手。

白 2 阻渡，黑 3 爬，白棋就做不出两只眼了。

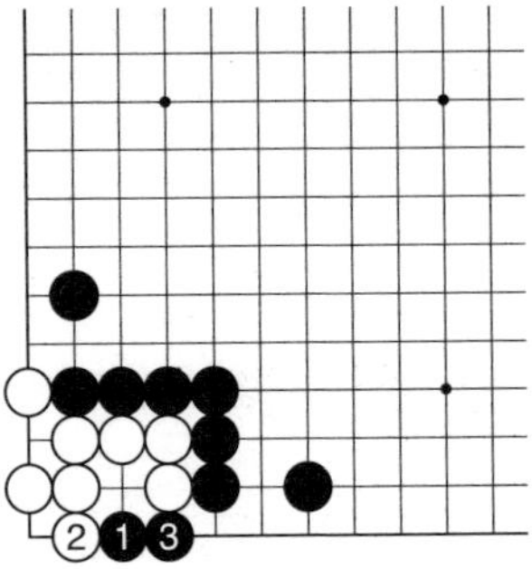

正解 2

黑 1 点时，白 2 做眼的话，黑 3 连回。

这样一来白棋就只有一只眼了。

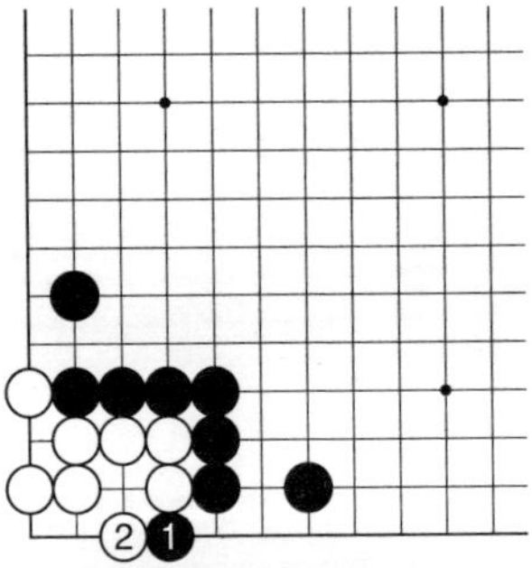

失败

黑 1 扳缩小眼位，思考过于简单，白 2 打吃就活了。

问题 55（黑先）

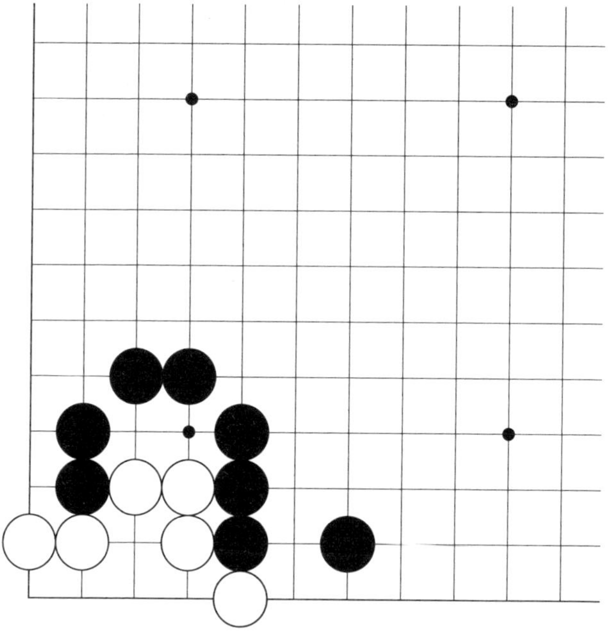

请找出不让白棋做出两只眼的急所。

问题 55（解答） 找出急所

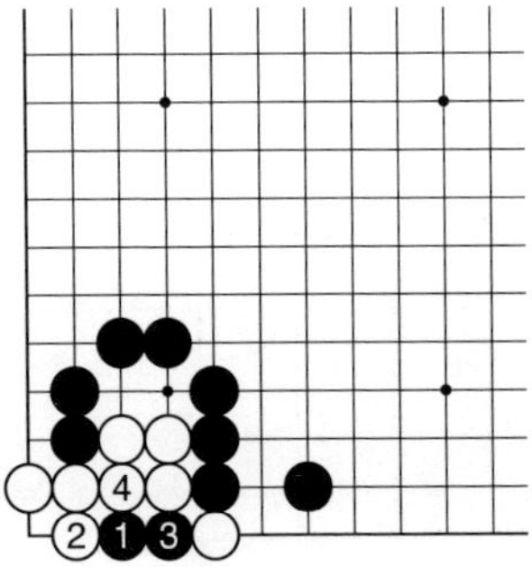

正解

黑 1 点是急所。白 2 做眼，黑 3 弃子是好手。白 4 虽能吃掉黑两子，但对于做眼却毫无用处。

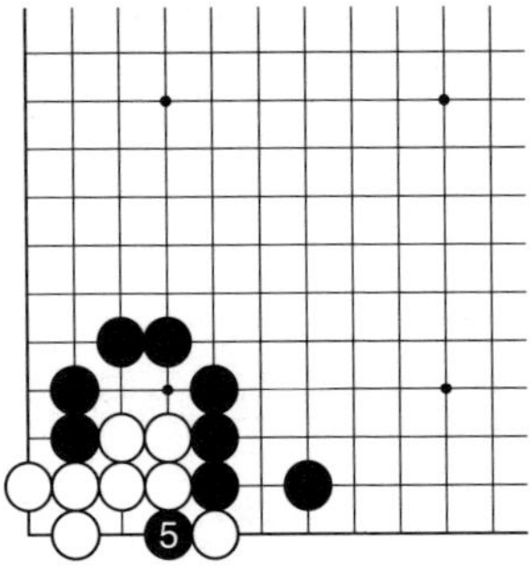

正解（续）

黑 5 扑，破眼。

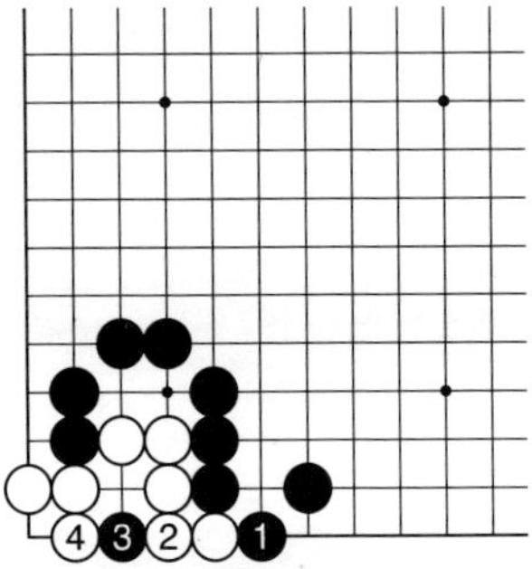

失败

黑 1 打吃，白 2 粘，黑 3 点为时已晚，白 4 打吃，成功做出两眼。

黑 3 若走 4 位也无济于事，白 4 走 3 位依然是活棋。

问题 56（黑先）

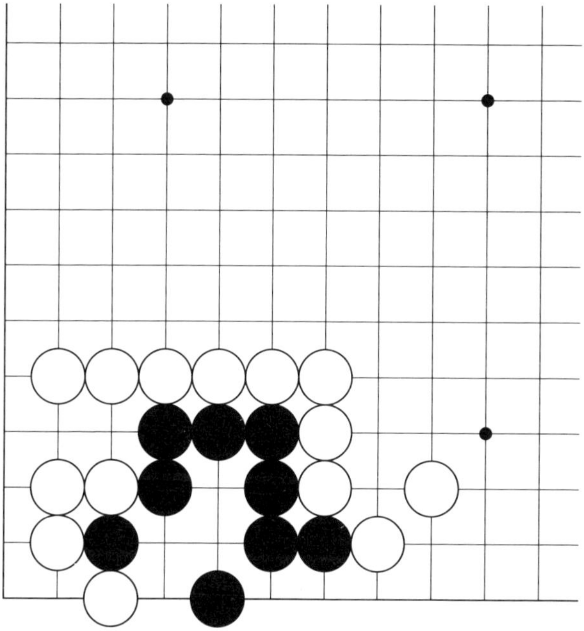

左侧的黑一子处于被打吃的状态。

黑棋应该如何做出两眼呢？

问题 56（解答）　不要在意打吃

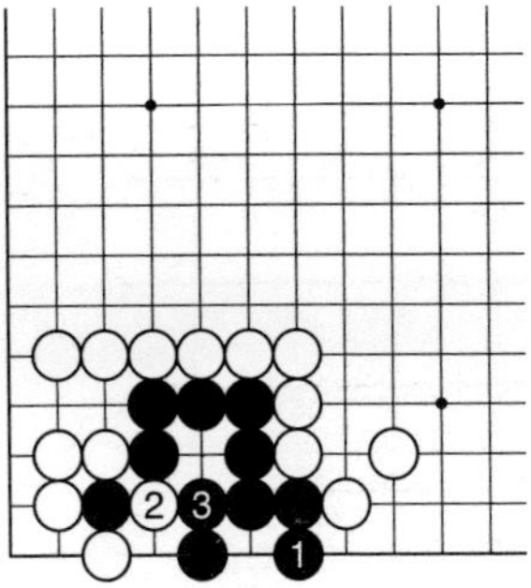

正解

黑 1 先做出一眼很关键。

白 2 提，黑 3 做眼，成功做活。

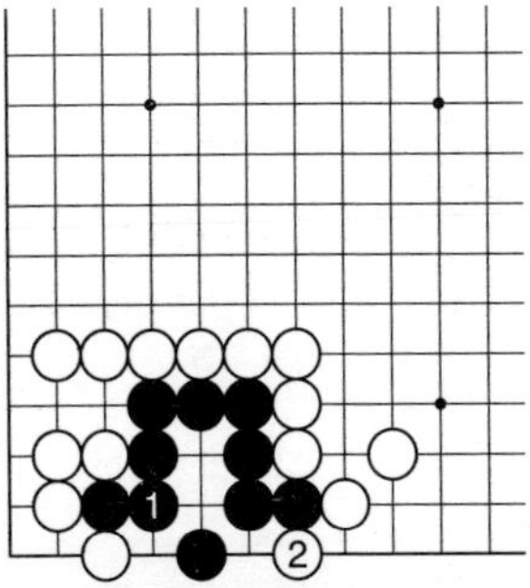

失败

黑 1 若只是因为被打吃就粘的话，白 2 扳，黑棋就只有一只眼了。

黑棋被杀。

问题 57（黑先）

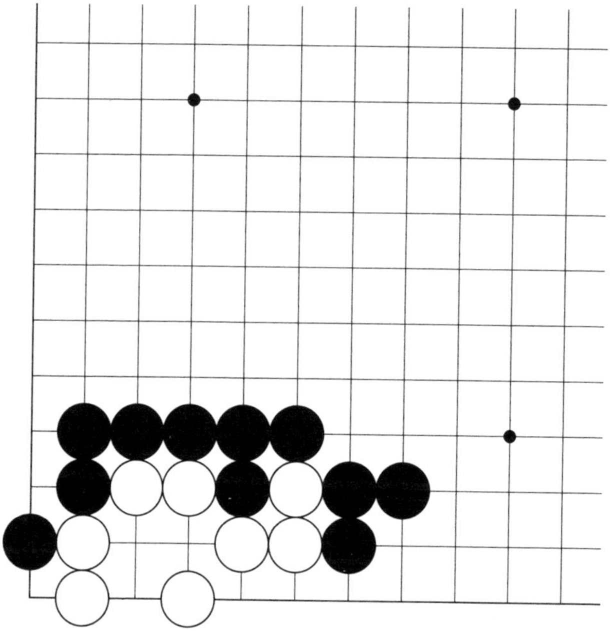

黑棋如何走才能让白棋只有一只眼？当关键点有两处时，次序就显得尤为重要了。

问题 57（解答）　次序不同，结果不同

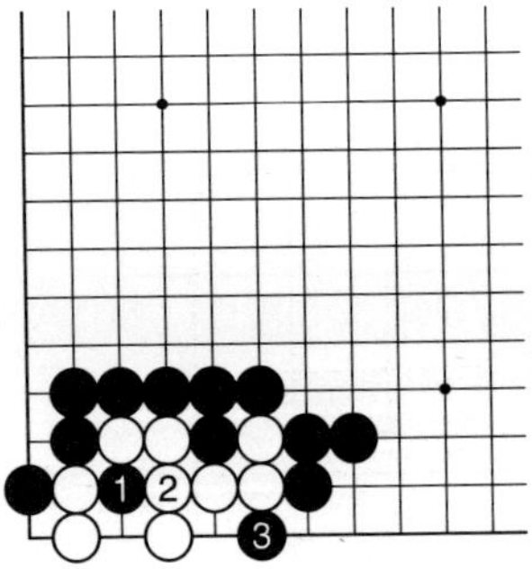

正解

黑 1 打吃，白 2 不得不粘。

黑 3 扳缩小眼位，这样一来白棋就只剩一只眼了。

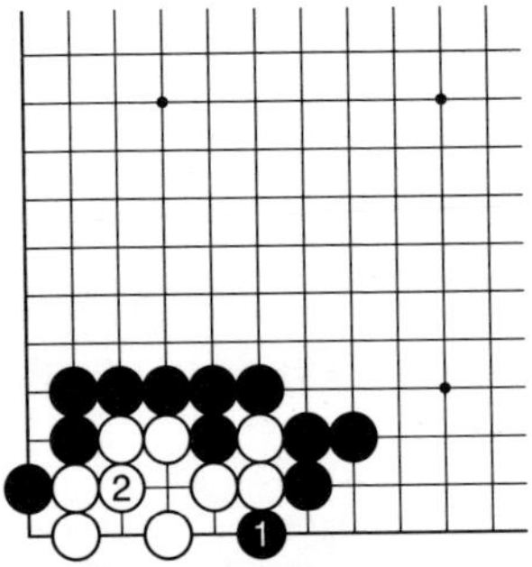

失败

黑 1 扳，只是破了右边白棋的一个眼位而已。白 2 粘，成功在左边做出两眼。

黑棋先扳是杀不了白棋的。

问题 58（黑先）

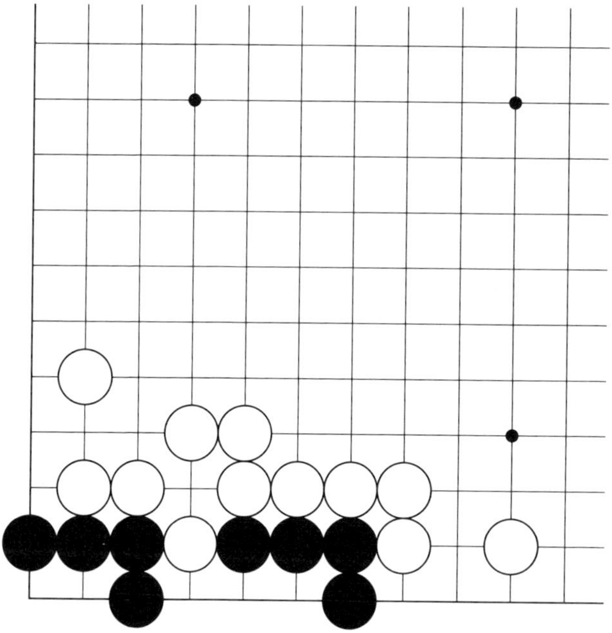

黑棋左右两边还没有获得联络。

黑棋如何在获取联络的同时活棋呢？

问题 58（解答） 老实地做眼

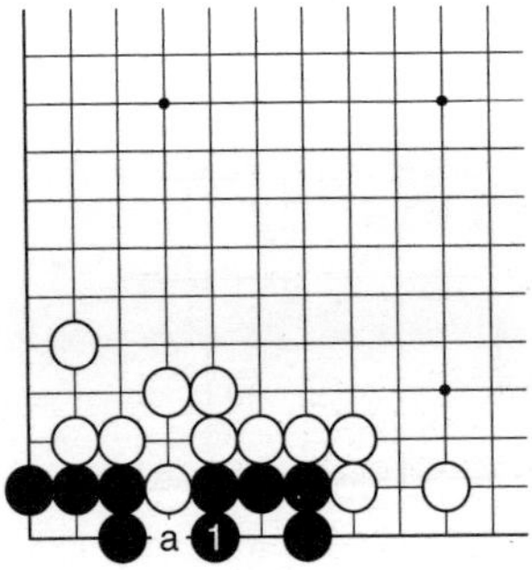

正解

黑 1 做眼。

由于 a 位不入气，白棋不能走 a 位。

这样一来，黑棋不仅获得了联络，还成功做出两只眼。

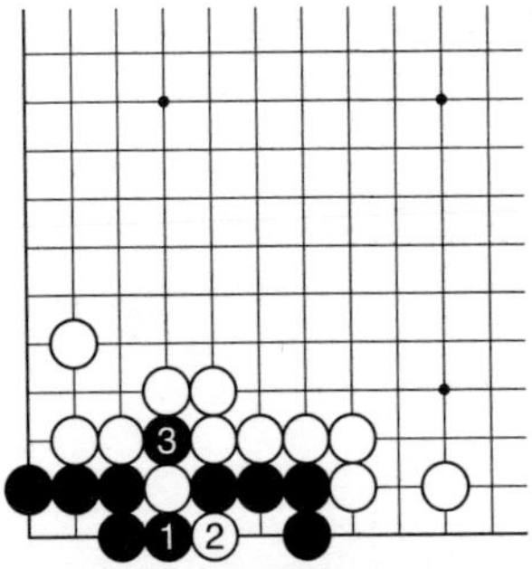

失败

黑 1 打吃，白 2 扑，黑 3 提。局部形成打劫。

本题打劫活不算正解。

问题 59（黑先）

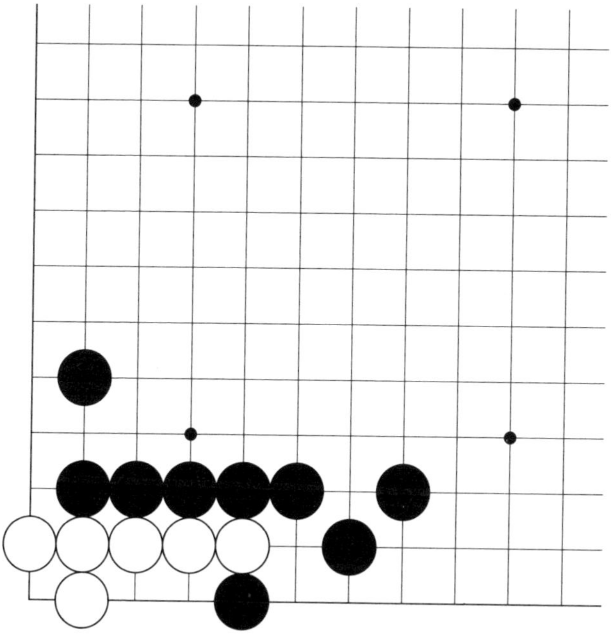

黑棋如何破眼？

问题 59（解答）

破眼——送吃两子

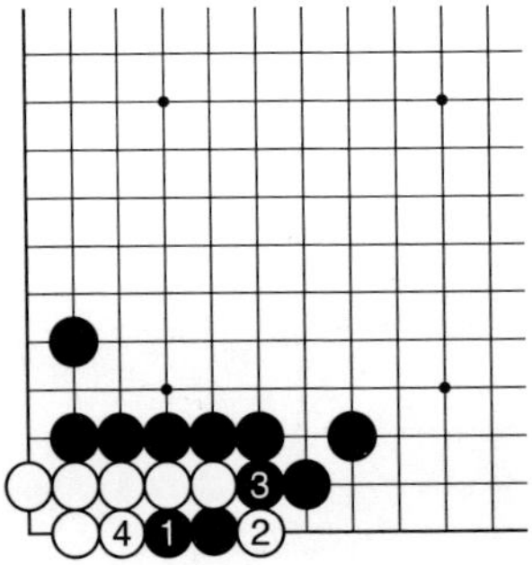

正解

黑 1 爬好棋。白 2 打吃，黑 3 反打急所。白 4 不得不提。

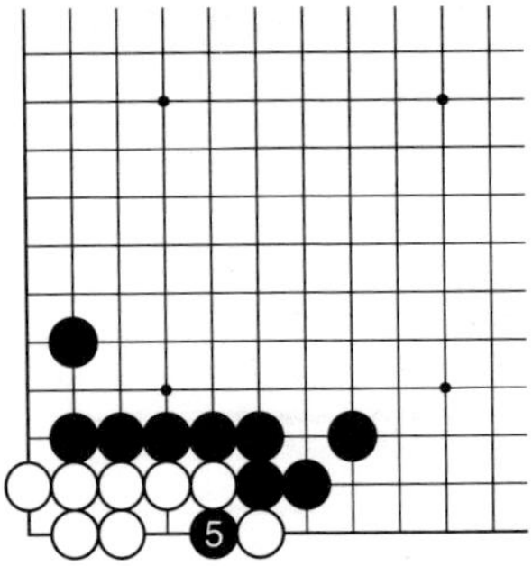

正解（续）

黑 5 乘胜追击，白棋做不出真眼，这样一来白棋就死了。

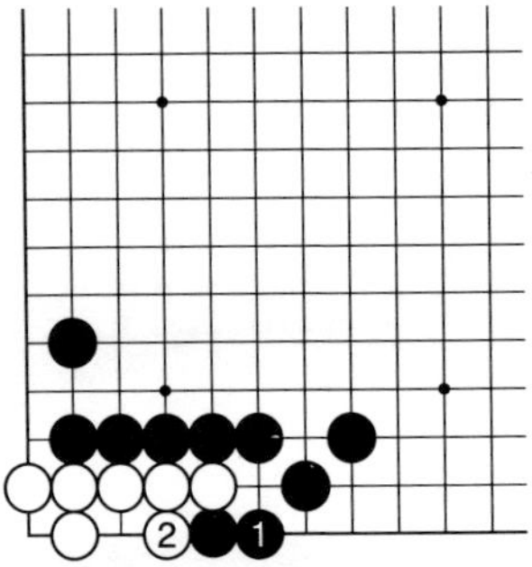

失败

黑 1 连回，白 2 做眼。白棋成功做活。

将正解图和失败图对比，能看出急所是本图 2 位。

问题 60（黑先）

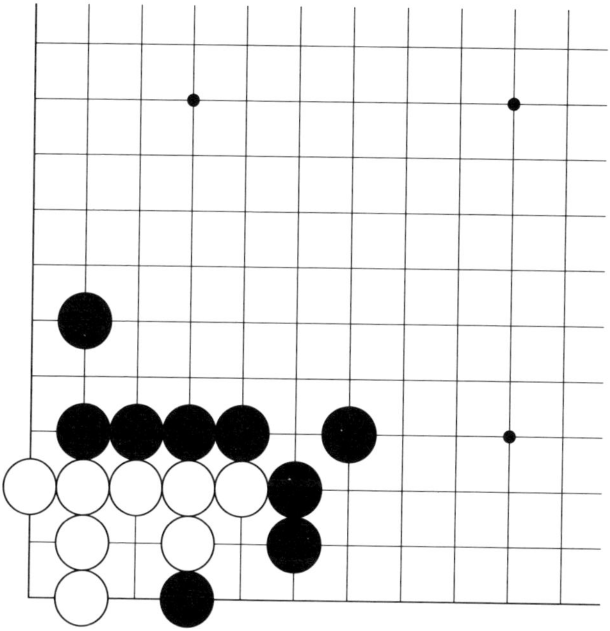

黑棋如何破眼?

问题 60（解答） 扑——弃子破眼

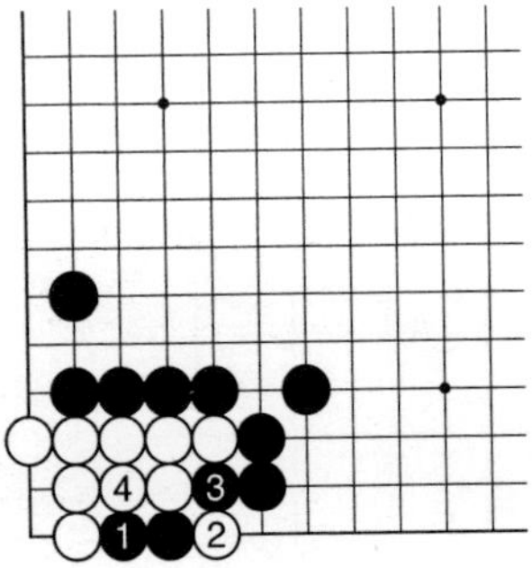

正解

黑 1 爬是好手。

白 2 虽可打吃黑两子，但这两子原本就是黑棋故意舍弃的。

黑 3 破眼给白棋致命一击。白 4 提也无济于事。

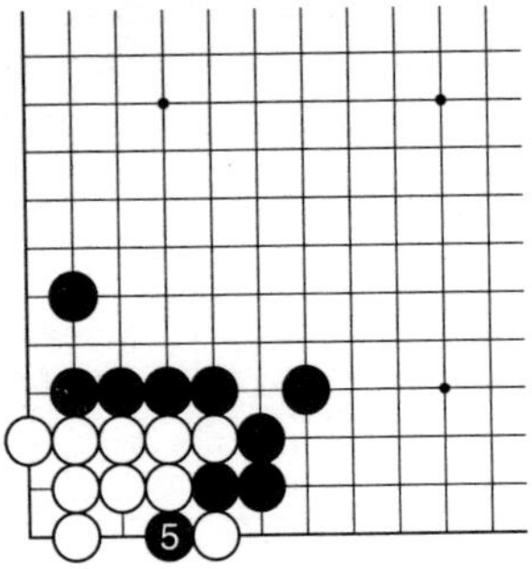

正解（续）

黑 5 扑，此处就变成假眼了。白棋被杀。

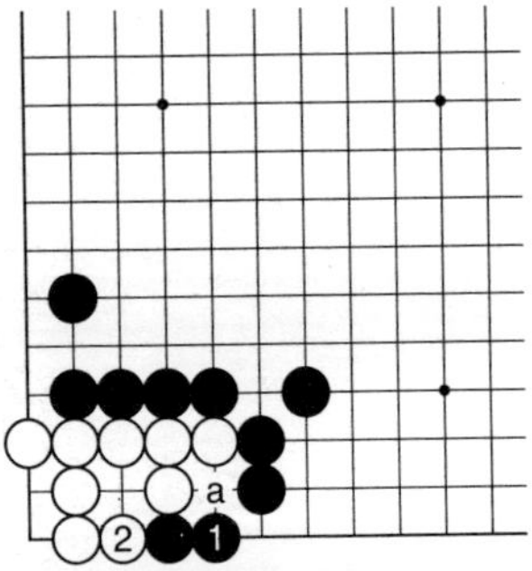

失败

黑 1 连回的话，白走 2 位就活棋了。

黑 1 若走 a 位，白棋还是走 2 位做活，结果也是一样的。

问题 61（黑先）

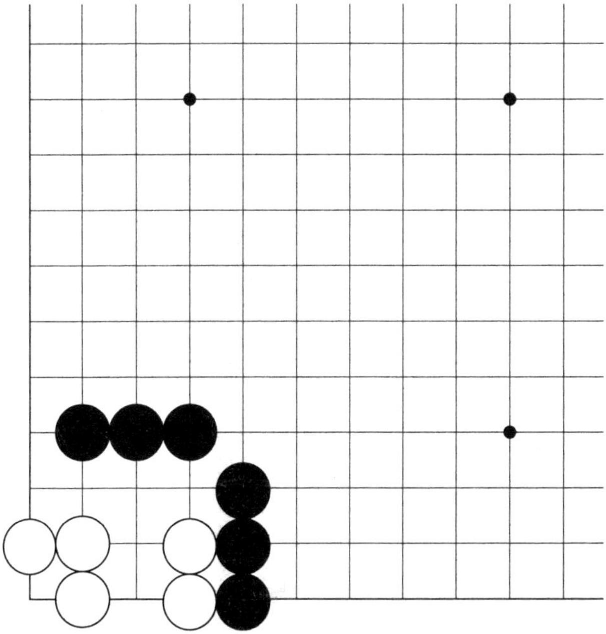

黑棋如何杀死白棋？

问题 61（解答） 敌之急所，我之急所

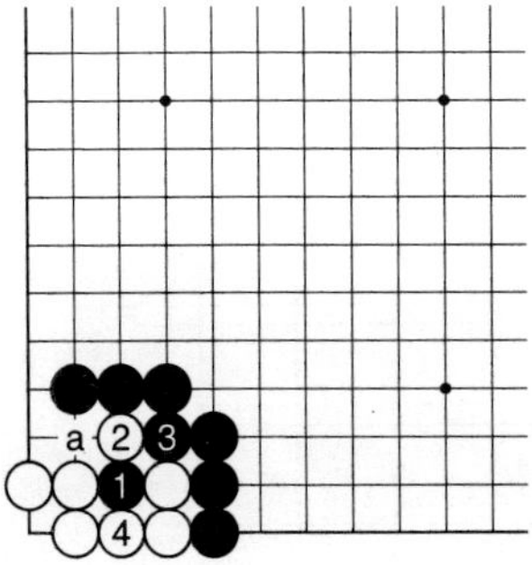

正解

黑 1 挖。白 2 打吃，黑 3 打吃。白 4 提。

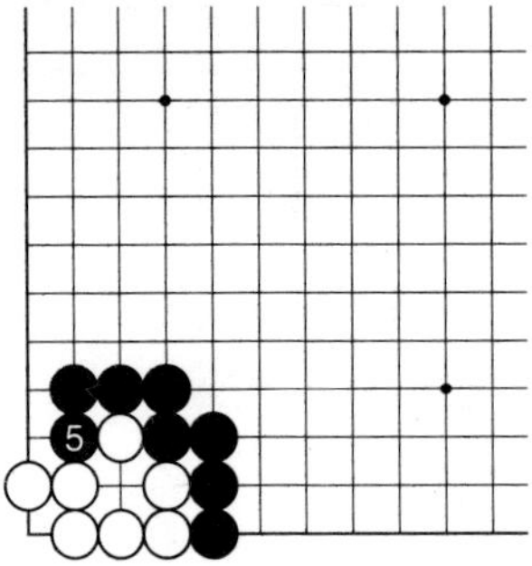

正解（续）

黑 5 打吃破眼。

这样一来白棋就死了。

另外，若上图黑 3 走 a 位也可以杀死白棋。

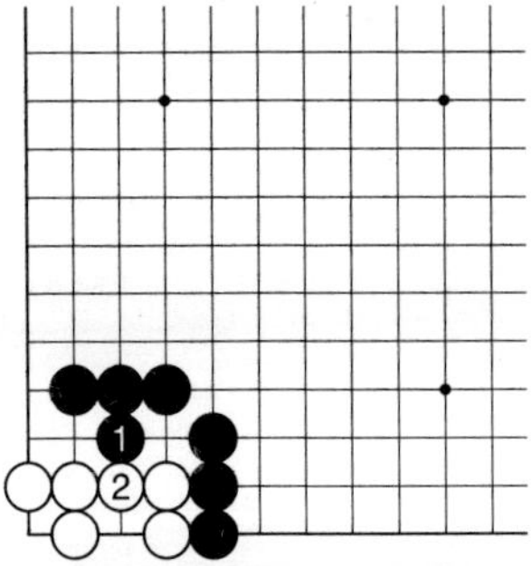

失败

黑 1 不行。白 2 挡，成功做出两眼。由此可知 2 位是急所。

问题 62（黑先）

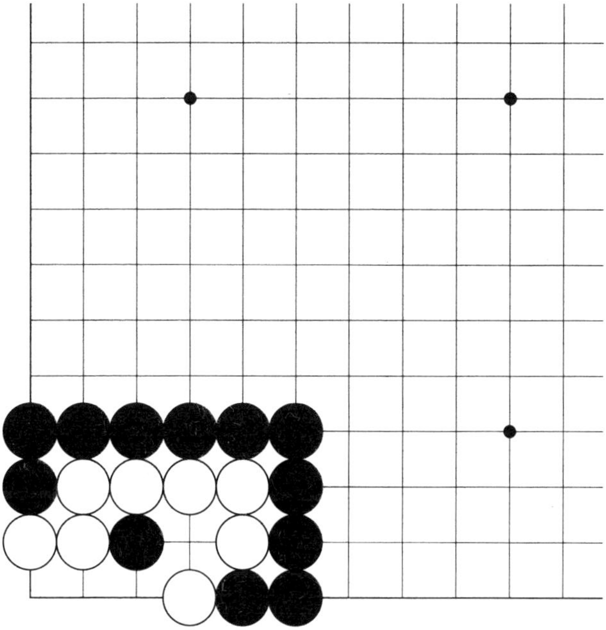

黑棋如何杀死白棋?

要巧妙利用白棋不入气的软肋。

问题 62（解答）

软肋——不入气

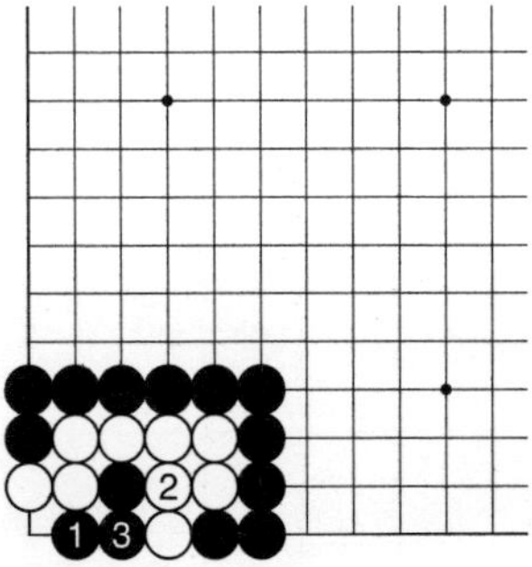

正解

黑 1 扳是好手。由于 3 位不入气，因此白棋只能走 2 位。

黑 3 粘，局部是弯三，白棋做不出两只眼。白棋被杀。

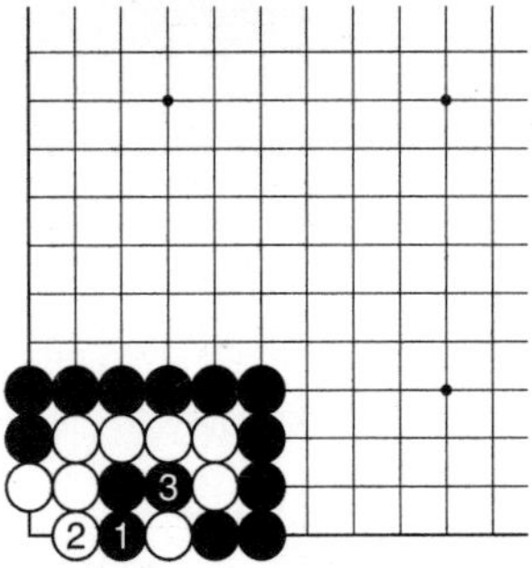

失败

黑 1 打吃的话，白 2 打吃好棋。

黑 3 如果提白一子，自身的三子就处于被打吃状态了。

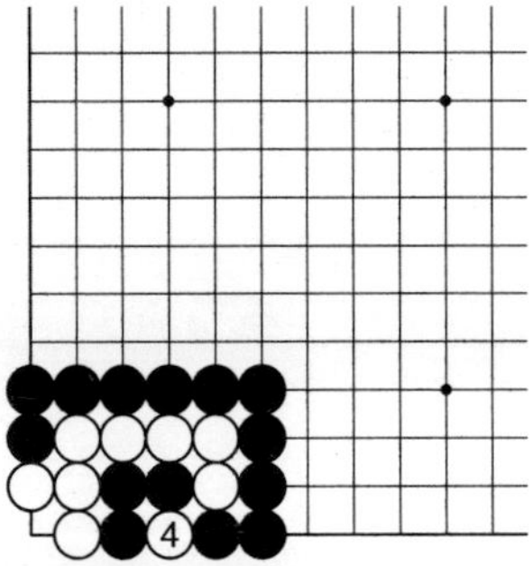

失败（续）

白 4 吃掉黑三子，成功做活。

问题 63（黑先）

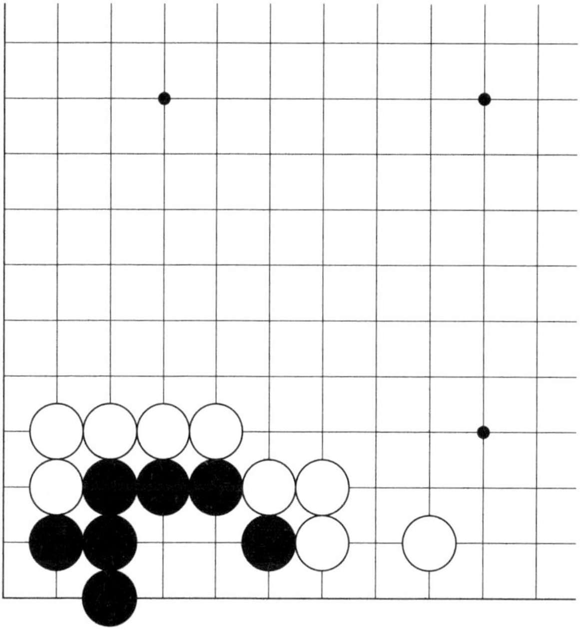

黑棋如何做活?

问题 63（解答） 斜着做眼

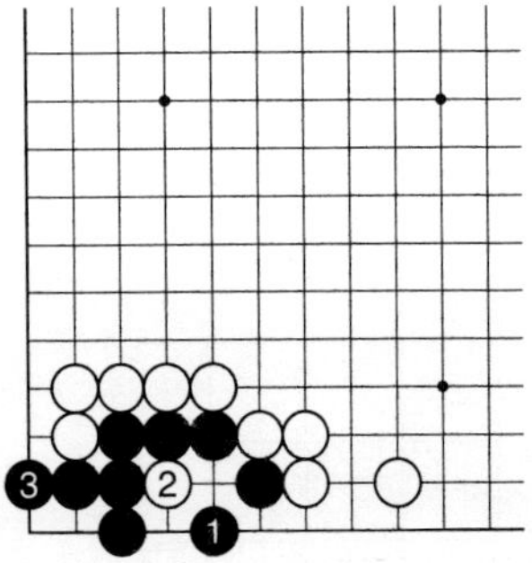

正解

黑 1 尖，补断点。

白 2 点的话，黑 3 立就活棋了。

白 2 若走 3 位扳的话，黑 2 团，成功做出两眼。

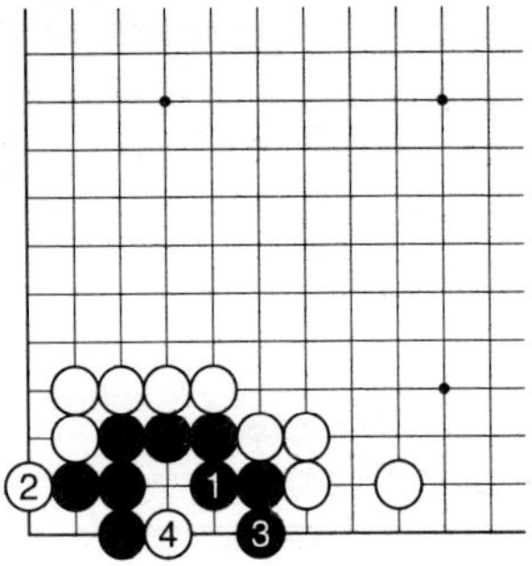

失败 1

黑 1 粘的话，白 2 左侧扳缩小眼位。黑 3 立，局部形成“弯三”，白 4 点，黑棋被杀。

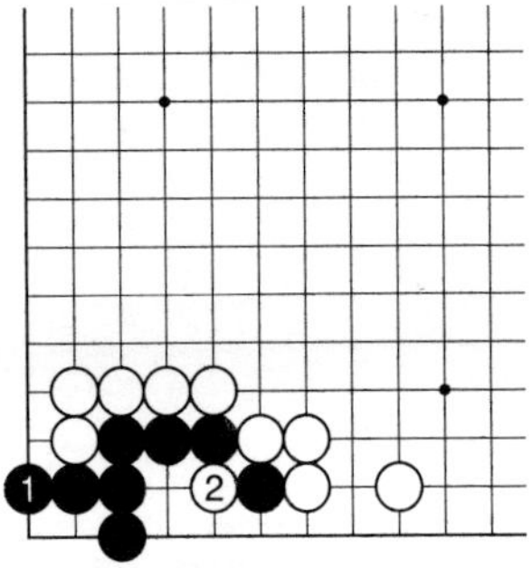

失败 2

黑 1 立，虽确保了左侧的一只眼，但白 2 断打，黑棋右侧被破眼。

问题 64（黑先）

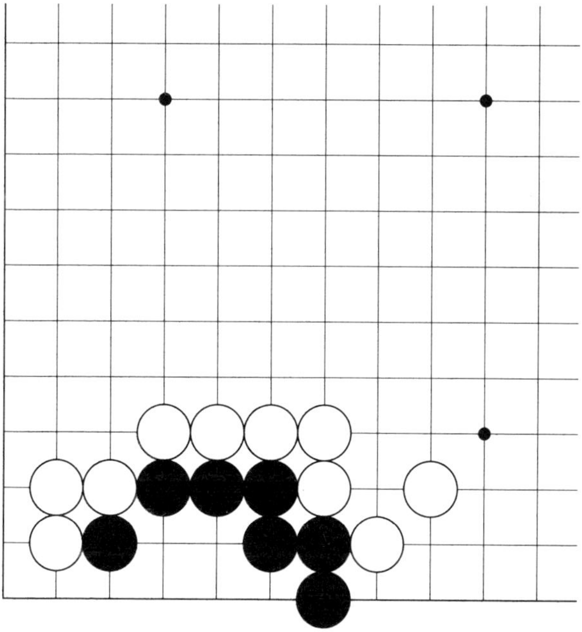

黑棋如何做活?

问题 64（解答）　一石二鸟——尖

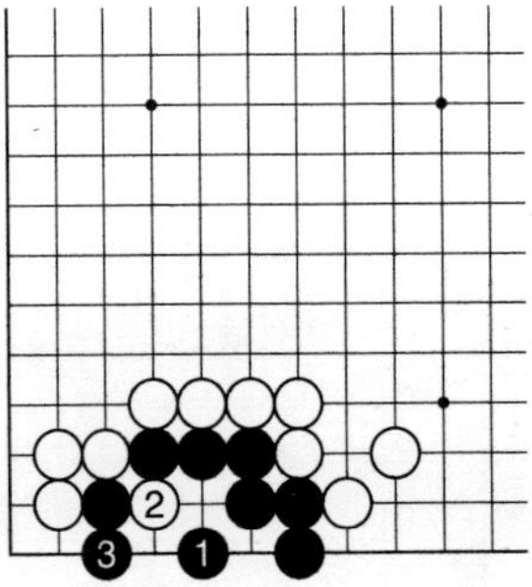

正解

黑 1 尖是做眼的急所。白 2 断，黑 3 立。黑 1 一石二鸟，不仅补住了断点，自身也成功做活。

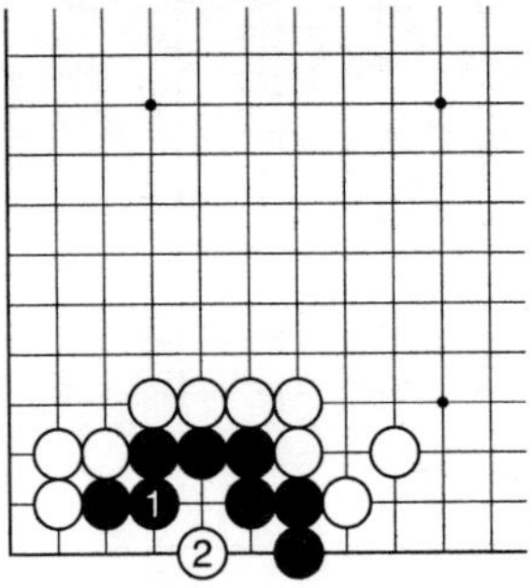

失败 1

黑 1 粘，白 2 点是急所。黑棋被杀。

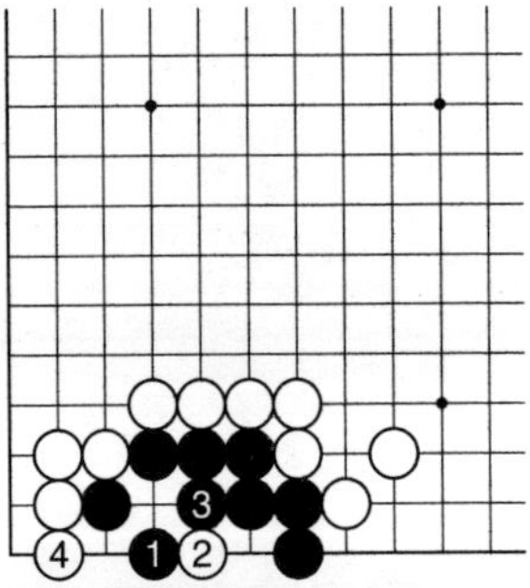

失败 2

黑 1 虎，白 2 点，黑棋就不好办了。黑 3 团，白 4 立，黑棋只有一只真眼。黑棋不行。

问题 65（黑先）

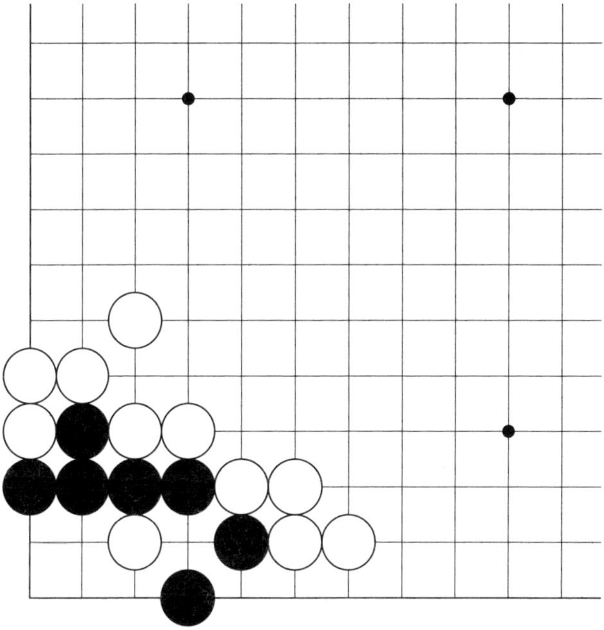

黑棋想要通过封锁白棋的行动从而做出两眼。黑棋应该怎么走？

问题 65（解答） 背后封锁

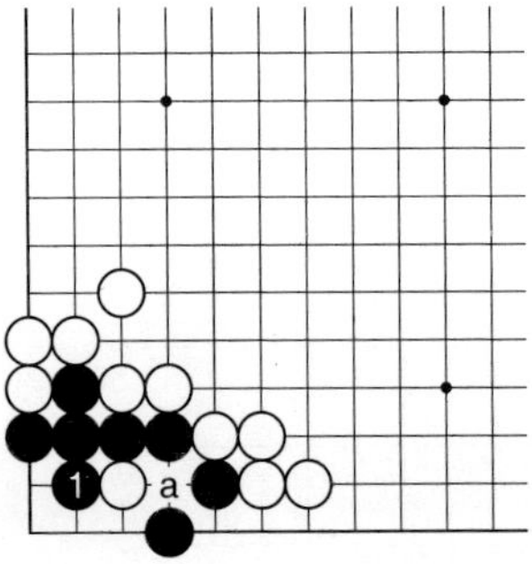

正解

黑 1 从后面挡是控制白棋的好手。由于 a 位不入气，因此白棋不会于 a 位断。

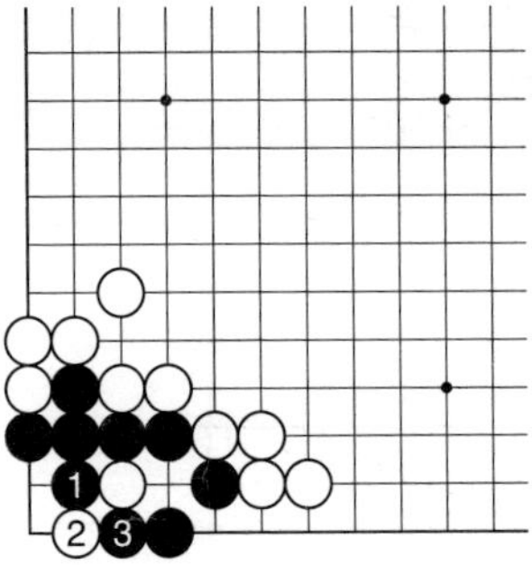

正解（续）

若白 2 从下边扳时，黑 3 断吃，成功做活。

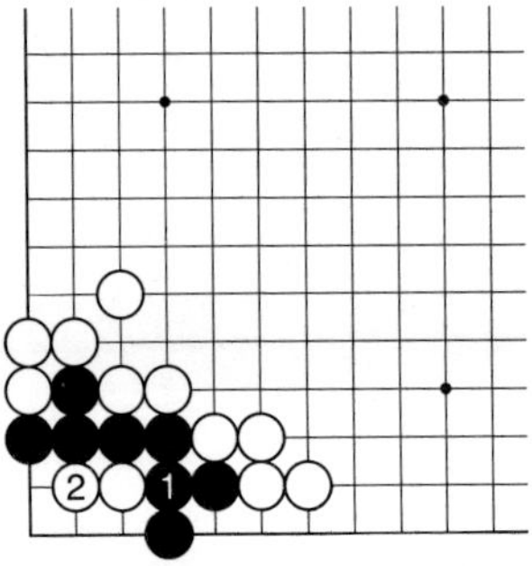

失败

黑 1 若只是因为害怕白棋断而随手走 1 位粘的话，白 2 破眼，黑棋被杀。

问题 66（黑先）

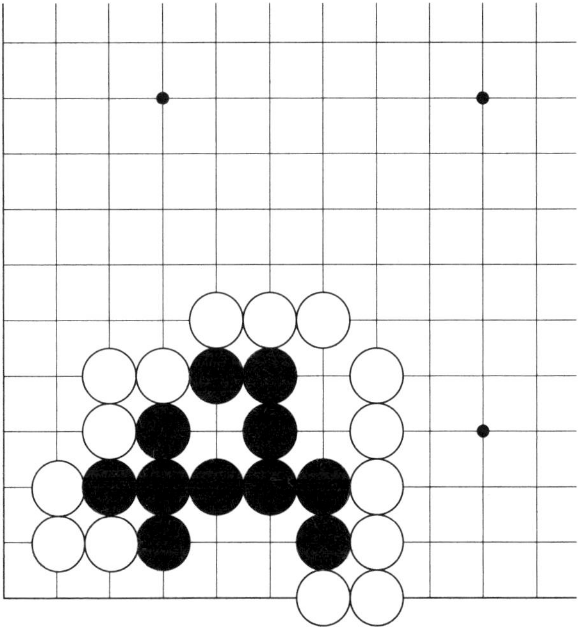

黑棋必须在边上做出一眼才能做活。应该怎么走呢?

问题 66（解答） 斜着做眼

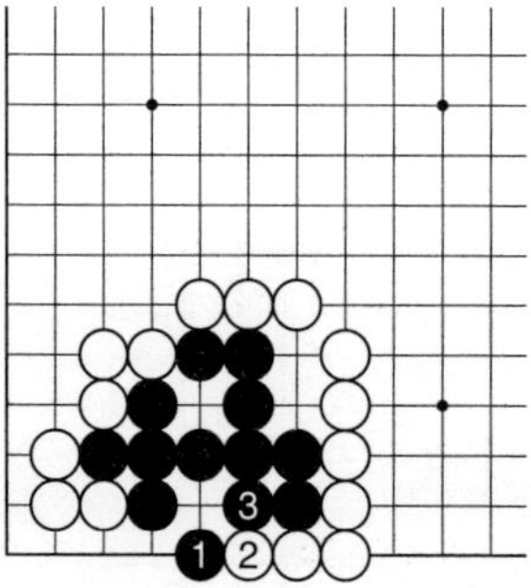

正解

黑 1 虎做眼。白 2 长，黑 3 团住，成功做出一只眼。

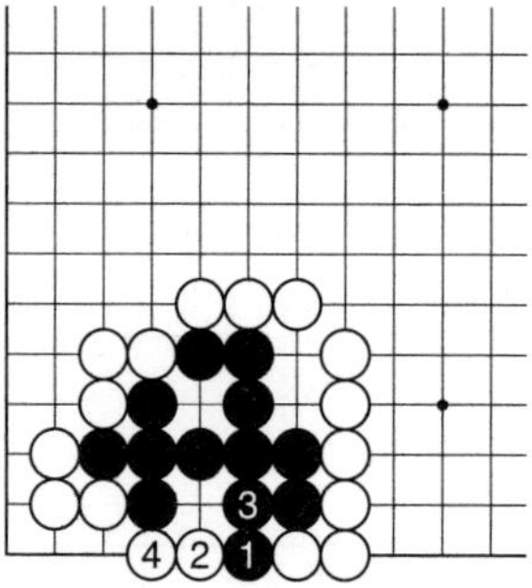

失败 1

黑 1 挡的话，白 2 打吃。黑 3 粘，至白 4 连回，黑棋被杀。

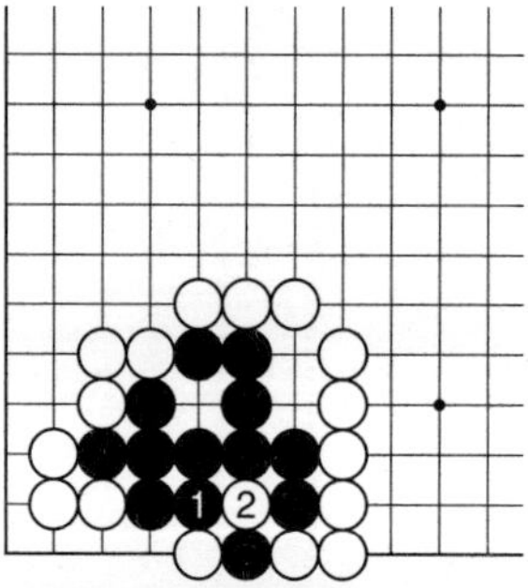

失败 2

上图的黑 3 若走本图 1 位的话，白 2 提，局部形成打劫。本题打劫活不算正解。

问题 67（黑先）

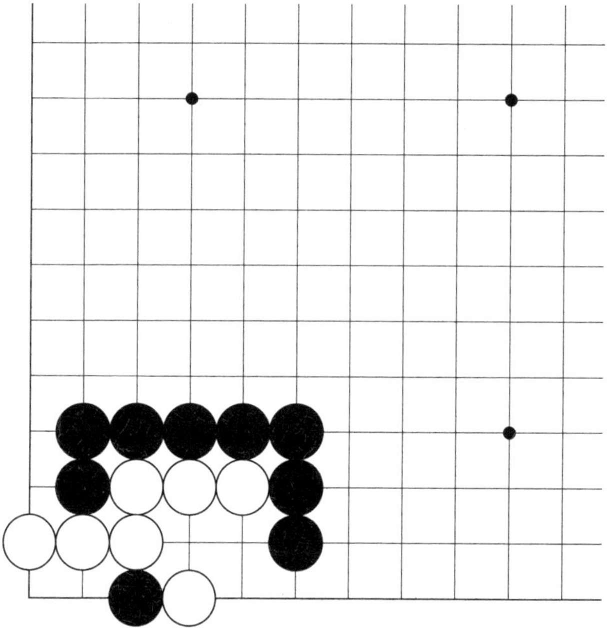

黑棋如何走才能让白棋在右侧做不出眼？

问题 67（解答） 破眼

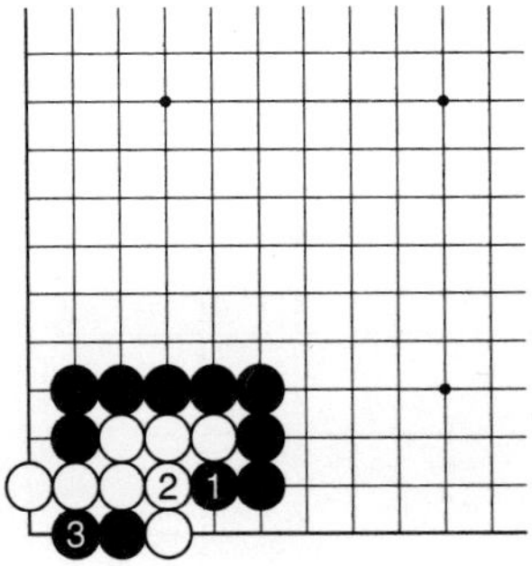

正解 1

黑 1 拐是破眼的好手。白 2 粘，黑 3 破眼，白棋就只有一只眼了。

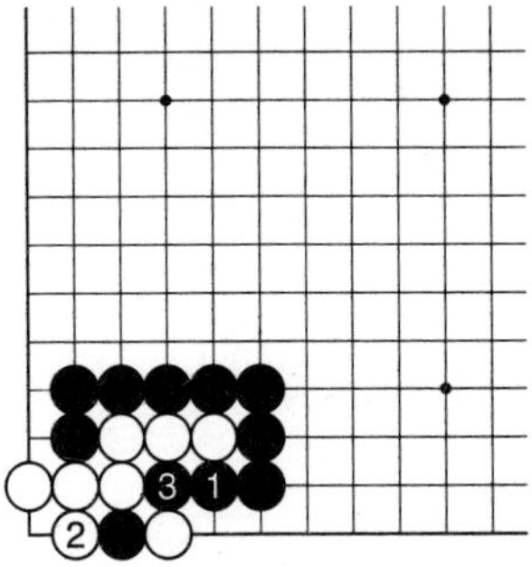

正解 2

黑 1 拐时，白 2 提，黑 3 挤破眼，白棋被杀。

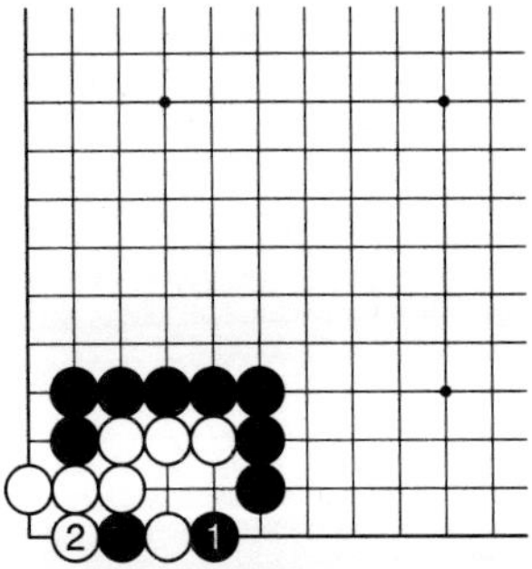

失败

黑 1 打吃的话，白 2 提就活了。黑棋毫无办法。

问题 68（黑先）

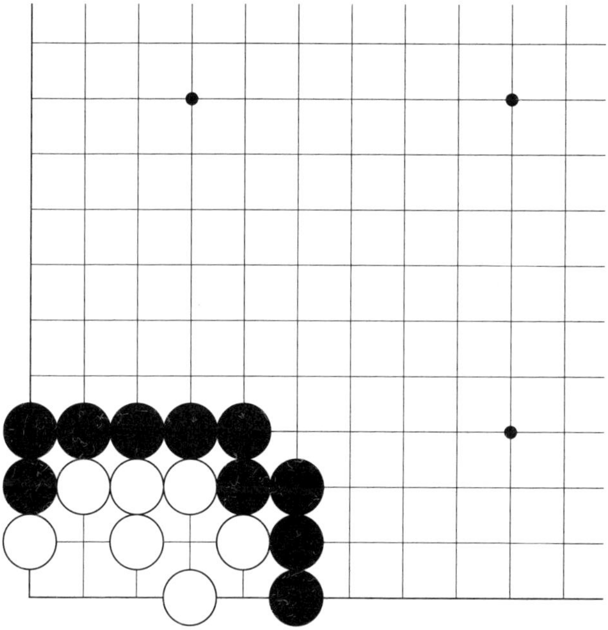

黑棋如何才能杀死白棋?

找出白棋的弱点是黑棋杀棋的关键。

问题 68（解答）　一子两用

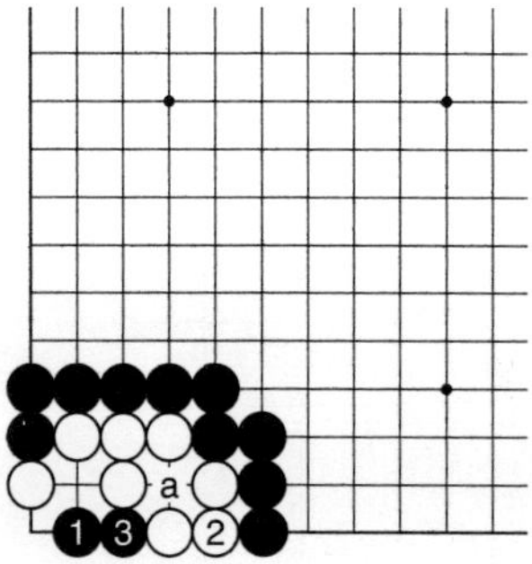

正解 1

黑 1 点急所。白 2 团，意图做眼。但黑 3 打吃白三子，a 位成了假眼。白棋被杀。

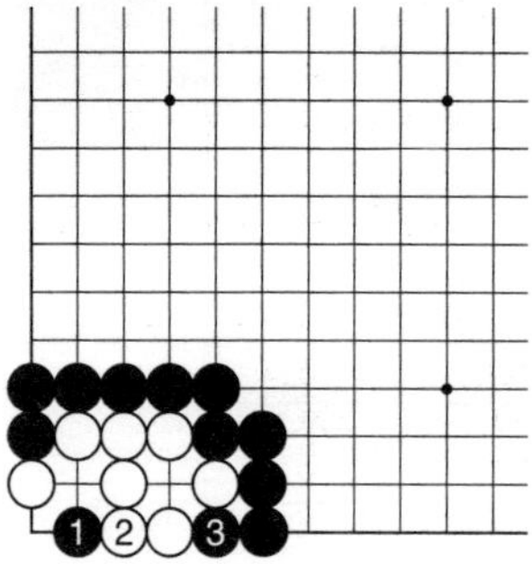

正解 2

白 2 粘时，黑 3 打吃破眼。黑 1 此时点在“弯三”的形上，白棋被杀。

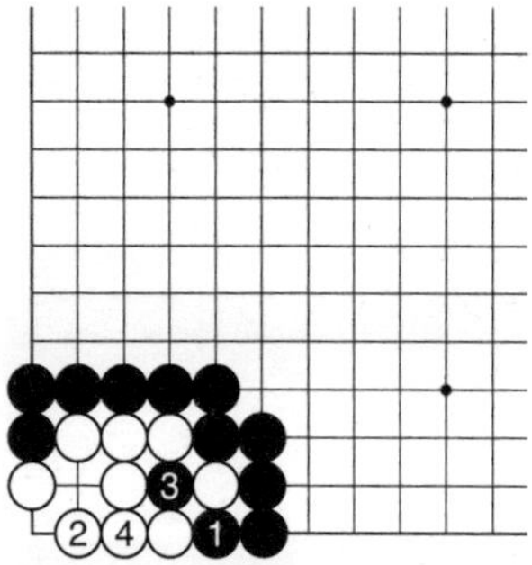

失败

黑 1 打吃，虽然使 3 位变成假眼，但白 2 走急所，左边做出两眼。

黑 3 提也没用，白 4 粘住后成功做活。

问题 69（黑先）

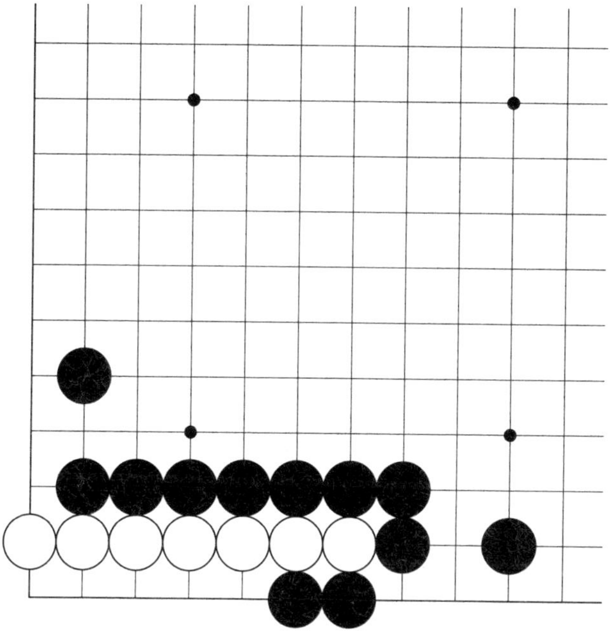

杀棋的技巧不外乎缩小眼位和走在急所上。两种方法也可以组合起来使用。

至于要先缩小眼位还是先走急所，需要视情况而定。

本题黑棋应该怎么走？

问题 69（解答） 先走急所

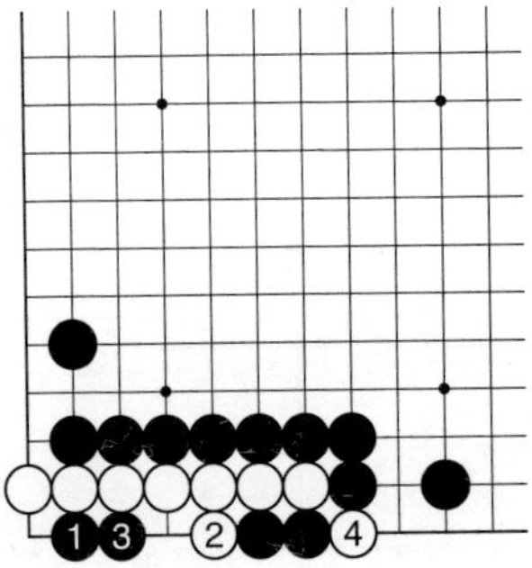

正解

黑 1 先点是好手。

白 2 打吃时，黑棋不选择于 4 位粘，而是于 3 位破眼是正解。白 4 提黑两子也没关系。

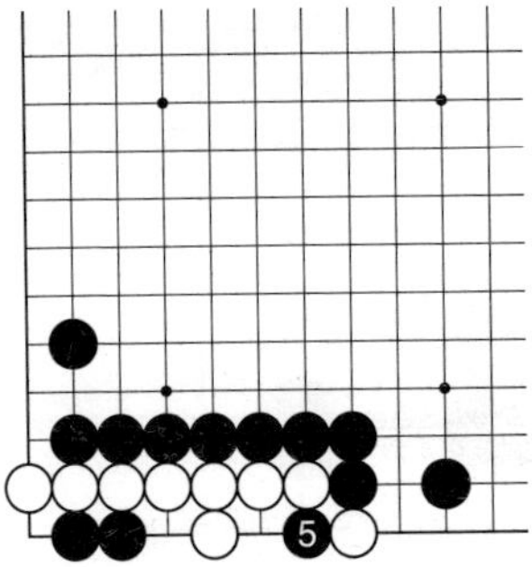

正解（续）

黑 5 扑破眼，白棋被杀。

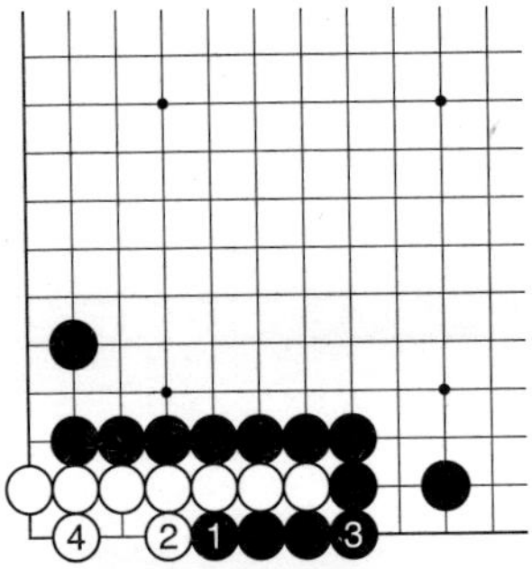

失败

黑 1 若先缩小眼位的话，白 2 打吃，黑 3 必须粘。白 4 成功做出两眼。

问题 70（黑先）

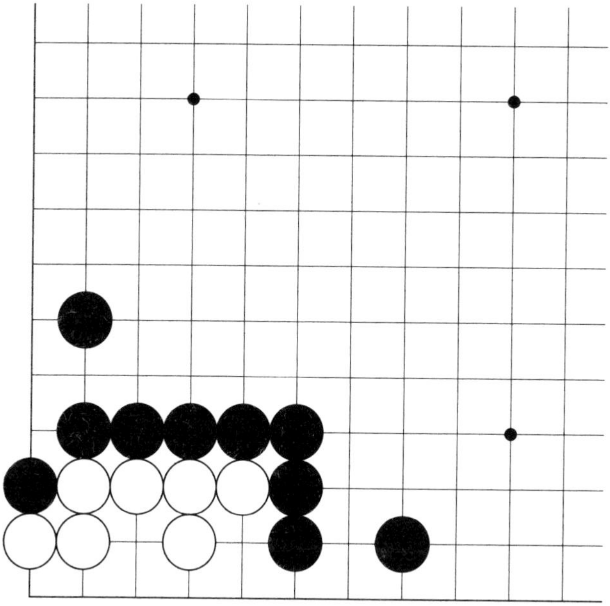

本题的急所在哪里?

问题 70（解答） 中间的急所

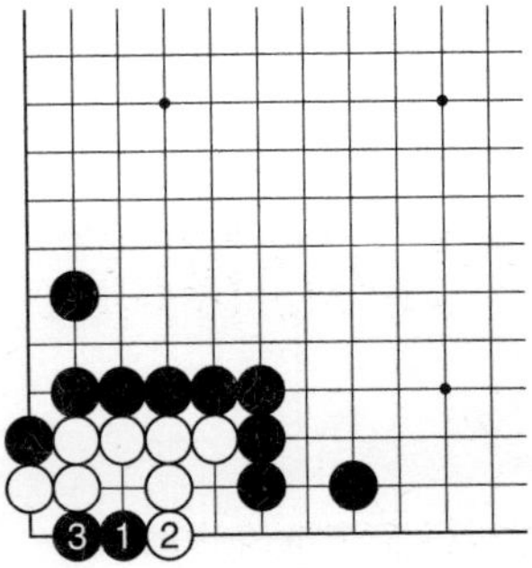

正解 1

黑 1 点是急所。

白 2 挡，黑 3 破眼。

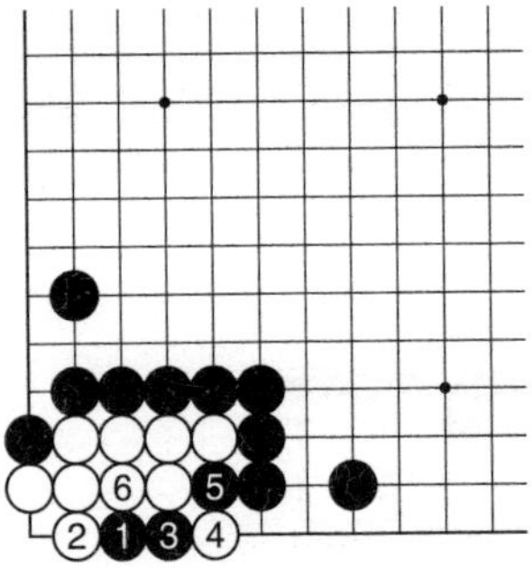

正解 2

黑 1 点后，白 2 挡，在左边做一眼，黑 3 爬是关键。

白 4 打吃，黑 5 断很重要。白 6 提。

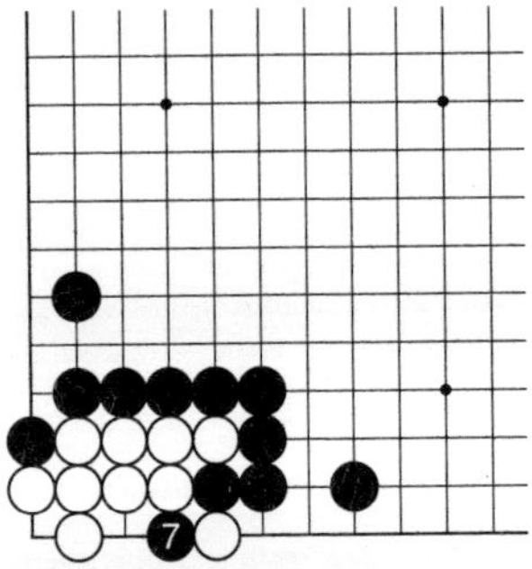

正解 2（续）

黑 7 扑，白棋被杀。

3. 进阶篇

本章的题型，要求读者能算到变化后 2 到 3 手。除了单纯地做眼，还要学习如何通过吃子来做眼。

当遇到需要使用弃子或利用被打吃的子才能解决的题型时，通常解题的次序会有些长。但只要充分利用至今为止学到的技巧，做出正解自然也是不在话下。

接不归和扑这两种吃子技巧需要用到“弃子”。本章也会有一些通过这两种技巧做活的题型。

在杀棋时，冲击对手的弱点是关键。而断点处多生弱点。

问题 71（黑先）

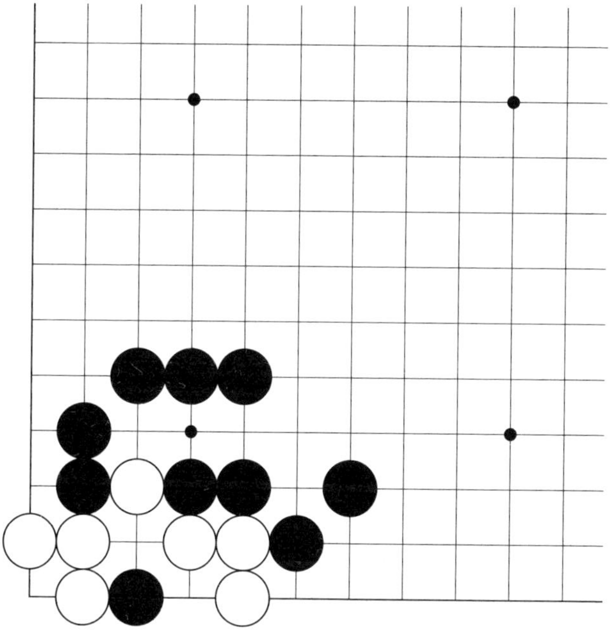

黑棋如何破眼？

问题 71（解答）

弃子！再弃子！

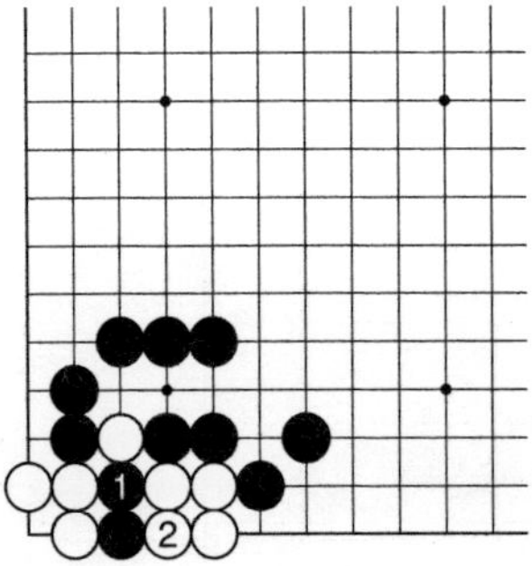

正解

黑 1 扑是好手。白 2 提。

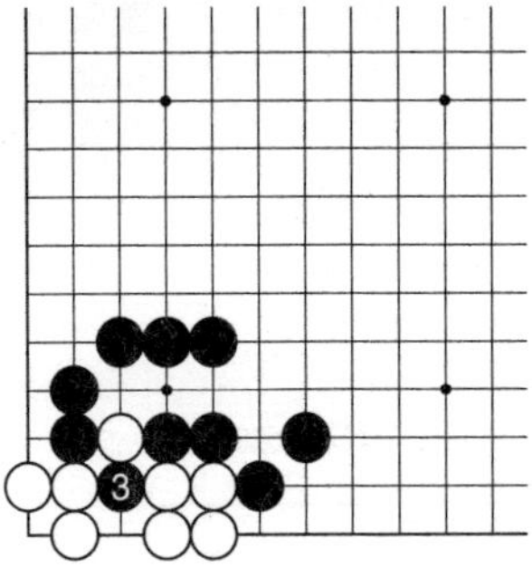

正解（续）

黑 3 再扑是破眼的关键。

实战中，有时为了杀棋，要不断地弃子。

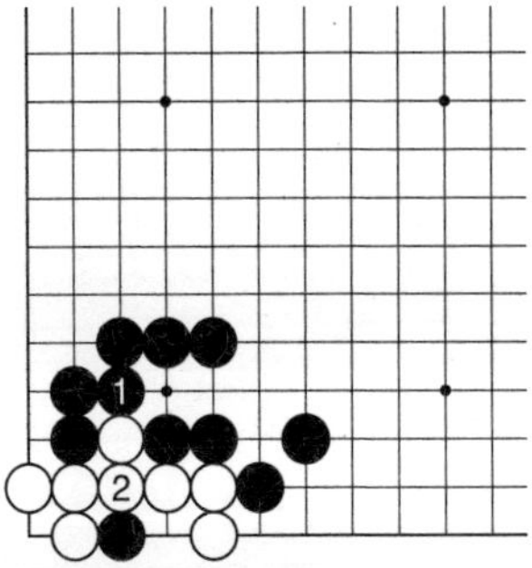

失败

黑 1 打吃的话，白 2 粘，白棋简单成活。

问题 72（黑先）

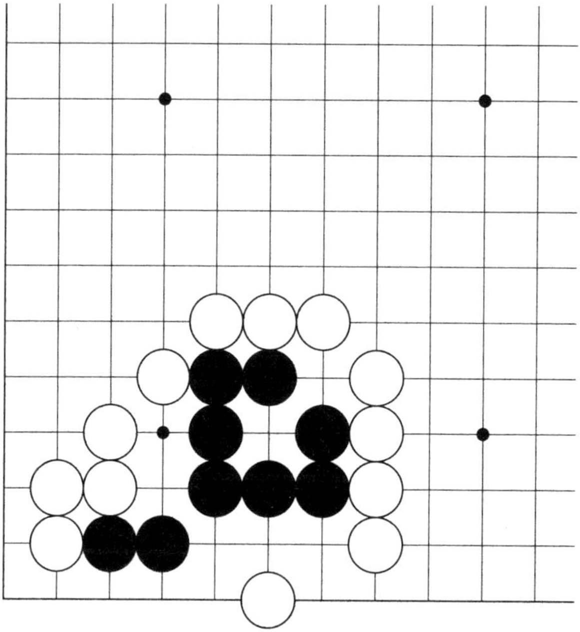

黑棋若想在边上做出一眼的话，需要找出白棋的弱点。

问题 72（解答）

斜着下是做眼的关键

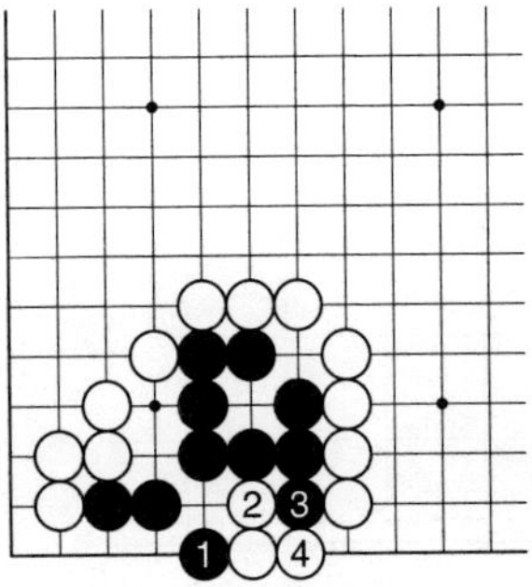

正解

黑 1 尖好棋。

白 2 顶，黑 3 冲。

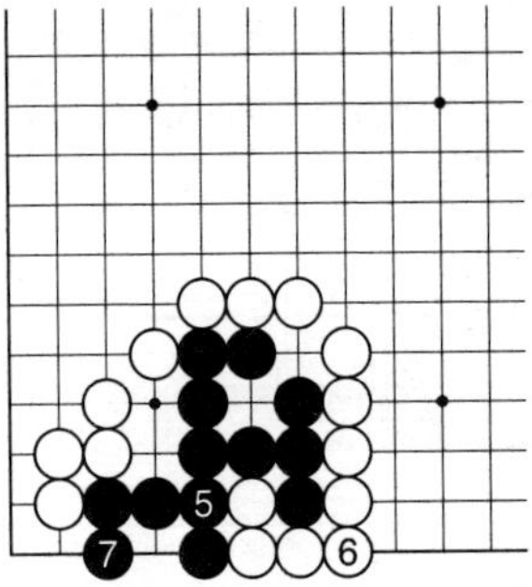

正解（续）

黑 5 打吃，白 6 粘，黑 7 做眼。

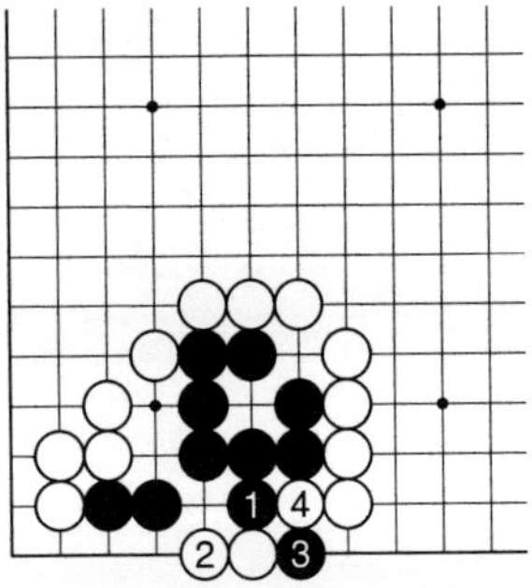

失败

黑 1 顶时，白 2 长破眼。

黑 3 扳，白 4 断吃。这样白棋就连起来了。黑棋不行。

问题 73（黑先）

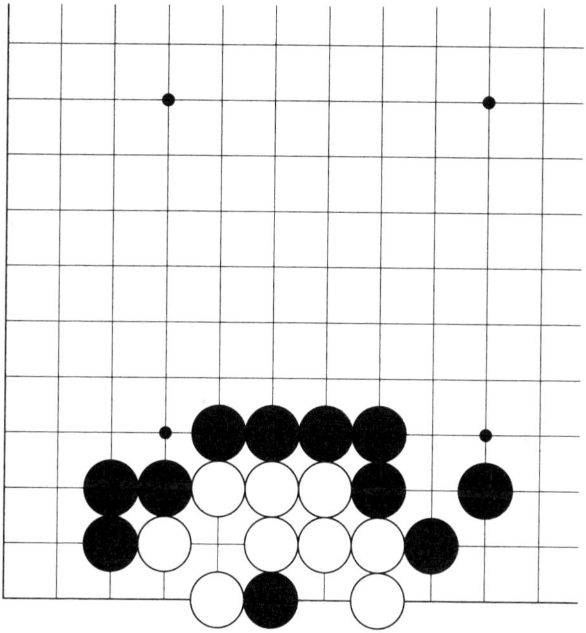

好好利用白棋腹中的黑一子，诱使白棋形成假眼。

请冷静地思考，好手在哪里？

问题 73（解答） 冷静地立

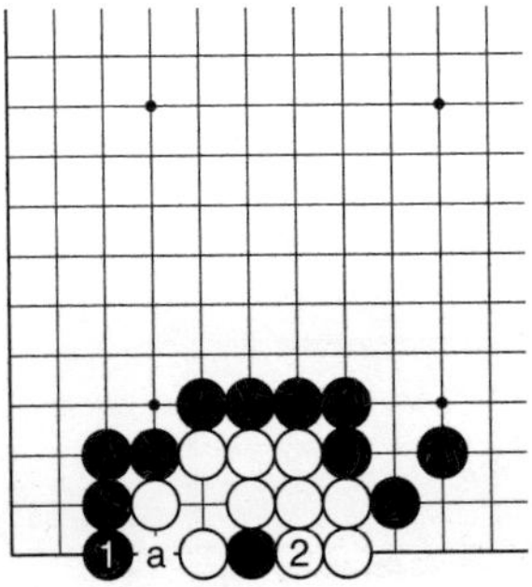

正解

黑 1 立，是经过计算的好手。由于 a 位不入气，因此白棋只能走 2 位提。

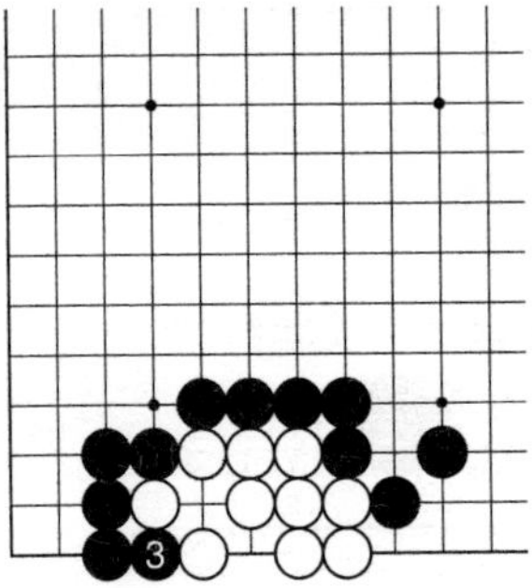

正解（续）

黑 3 破眼，白棋被杀。

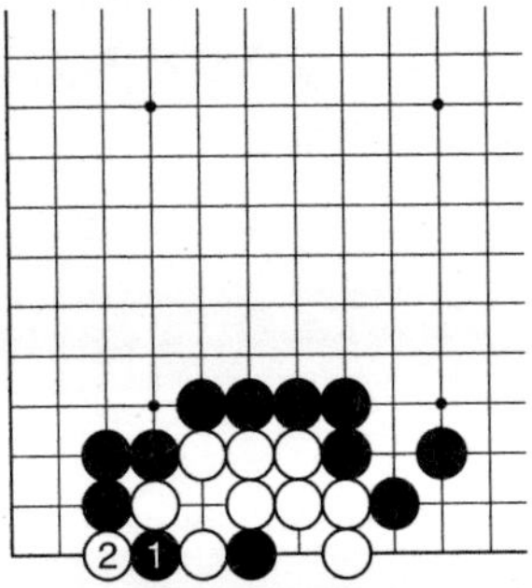

失败

黑 1 打吃是送死，白 2 提，黑棋不行。

问题 74（黑先）

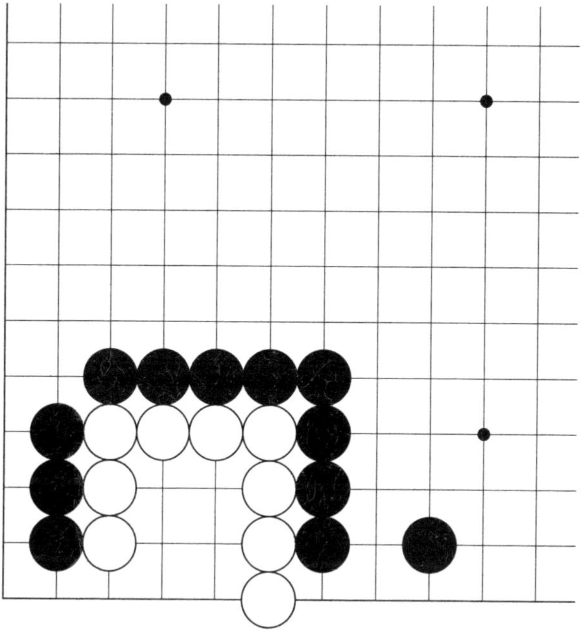

扳是缩小眼位时常用的手段。

请思考黑棋如何杀死白棋。

问题 74（解答） 杀棋用扳

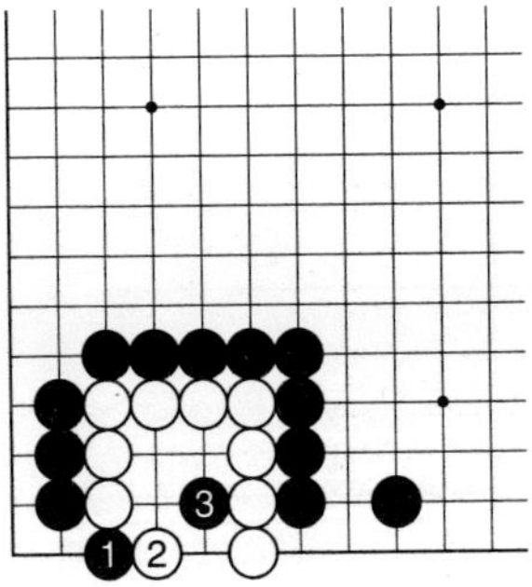

正解

黑 1 扳，缩小眼位。白 2 挡。

此时白棋局部形成“刀把五”。黑 3 点，白棋被杀。

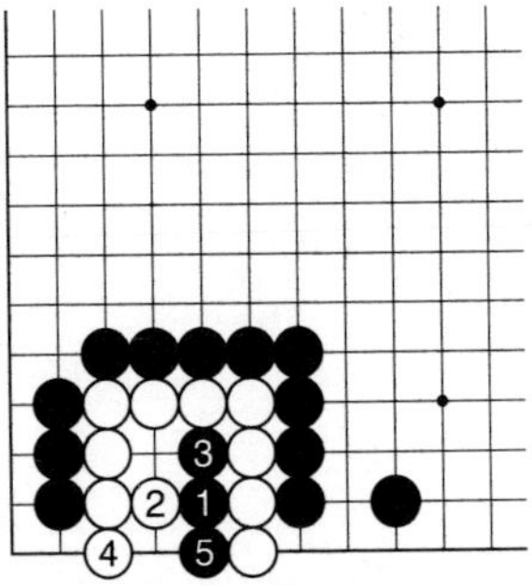

失败

黑 1 点的话，白 2 顶。黑 3、5 后白棋无法做出两眼，但局部形成双活。双活不算死棋，黑棋失败。

问题 75（黑先）

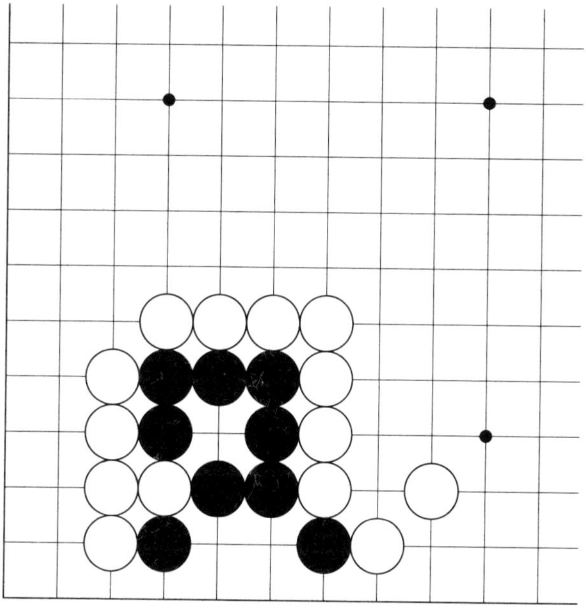

黑棋上方已做出一眼，此时应该怎么在边上再做出一眼？

问题 75（解答） 虎是好手

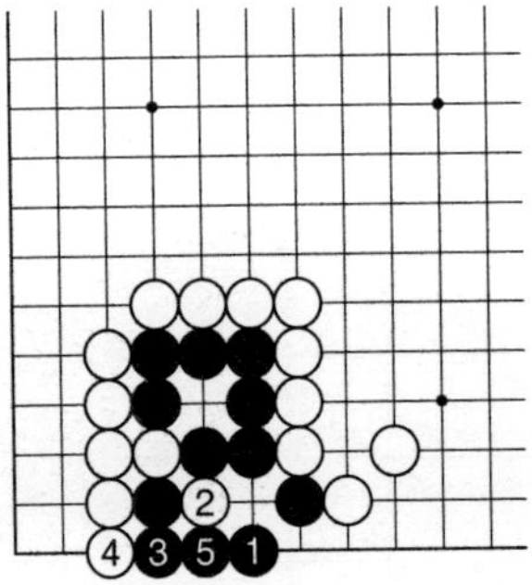

正解 1

黑 1 虎是好手。在空间不足的情况下斜着走通常是做活要诀。

白 2 打吃，由于有黑 1 的接应，黑 3 立是成立的。至黑 5，黑棋活棋。

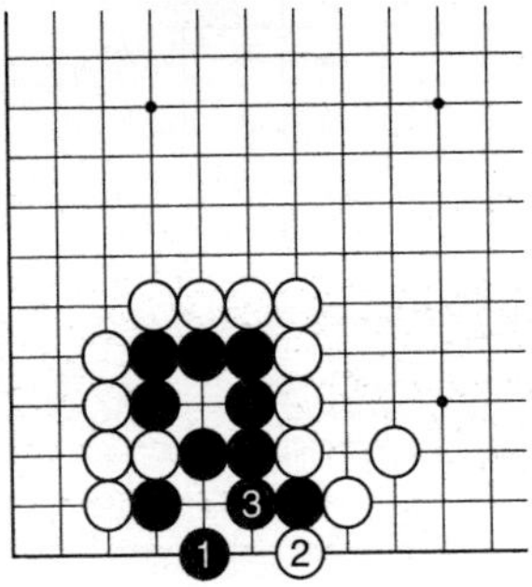

正解 2

黑 1 虎另一边也是正解。白 2 打，黑 3 粘。

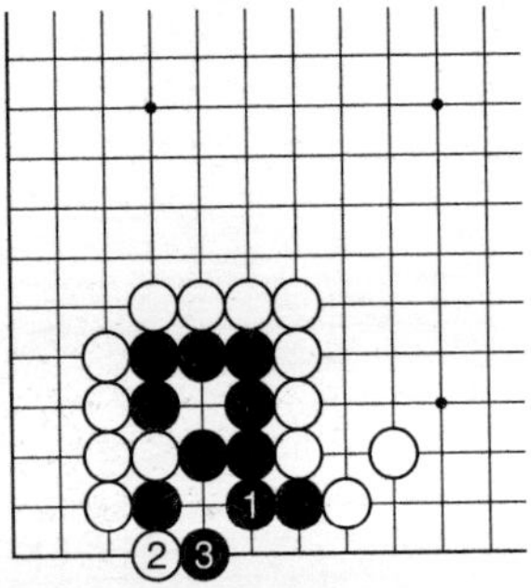

失败

黑 1 粘的话，白 2 打吃，黑 3 挡，局部形成打劫。本题打劫不算正解。

问题 76（黑先）

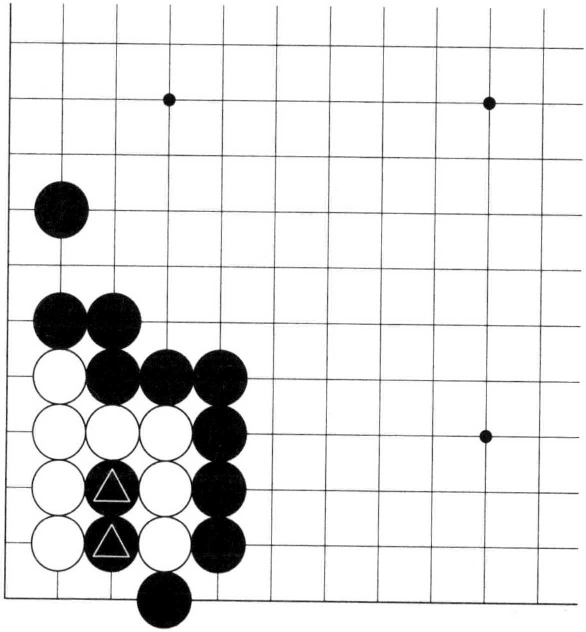

黑◭虽被打吃，但对黑棋来说重要的是如何将白棋一网打尽。

问题 76（解答） 破眼——打二还一

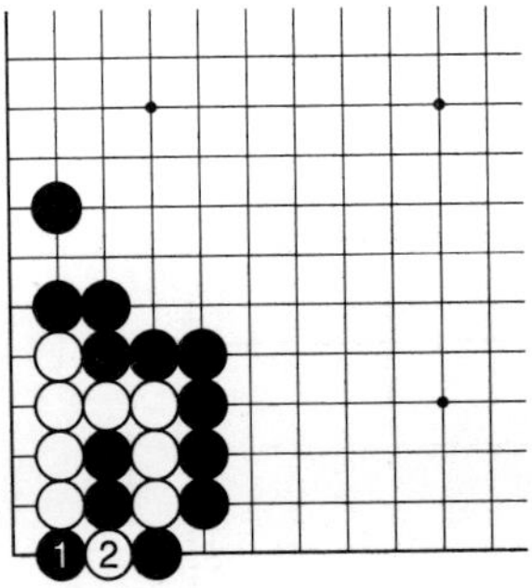

正解

黑棋不去救被打吃的黑△，而是于 1 位扳是好手。

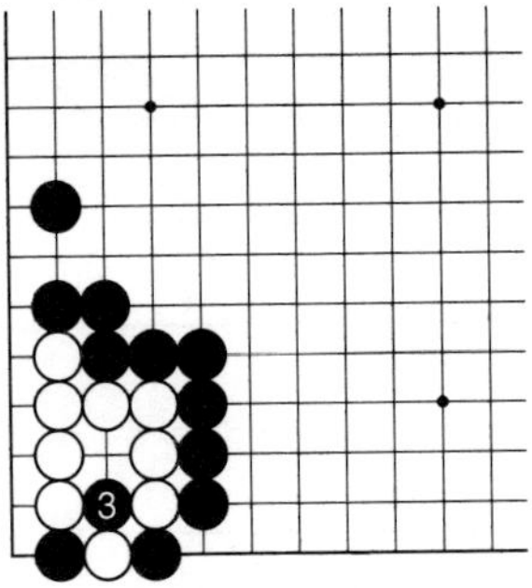

正解（续）

黑 3 反提即可。

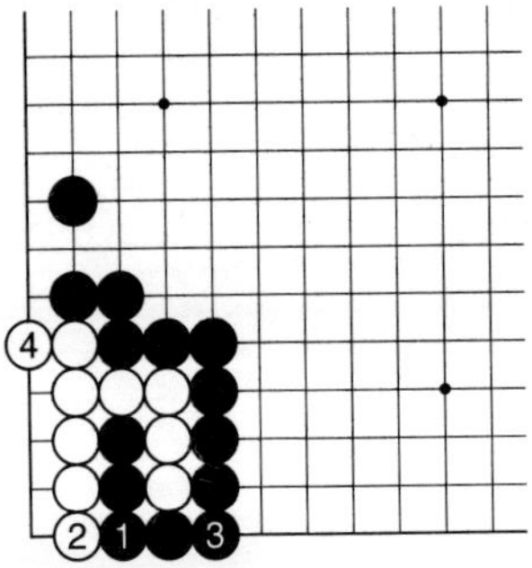

失败

黑 1 若只是因为被打吃就不假思索地粘的话，白 2 再打吃，黑 3 粘。

白 4 立，局部形成“直四”，白棋做活。

问题 77（黑先）

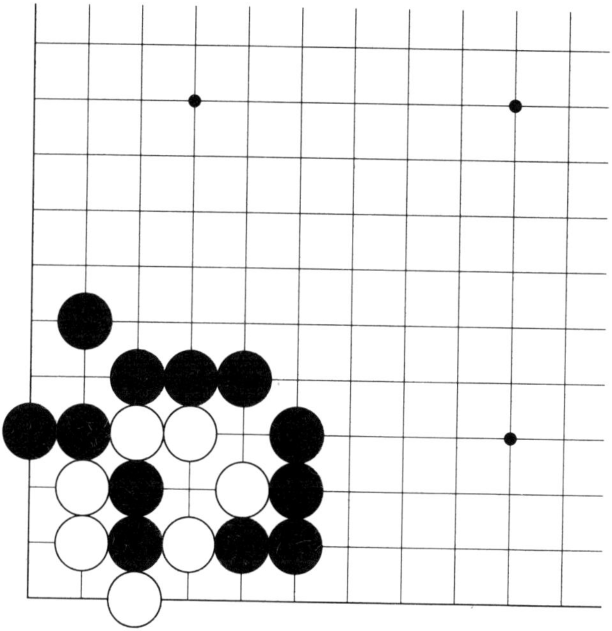

黑棋该如何充分利用已死的黑两子杀死白棋呢？

问题 77（解答）　深入敌军中心——夹

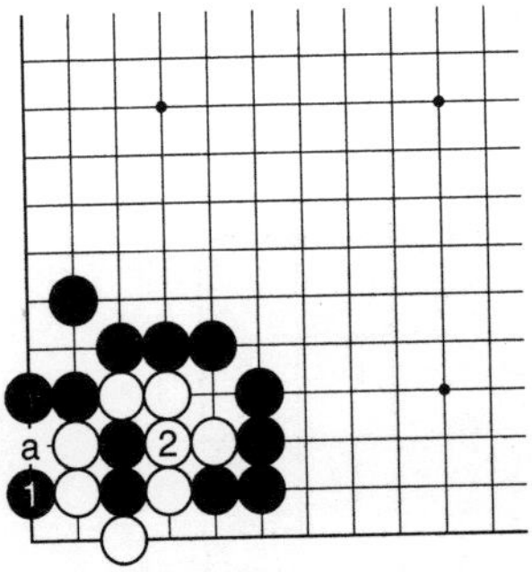

正解

黑 1 夹好棋。由于 a 位不入气，因此白 2 只能提掉黑两子。

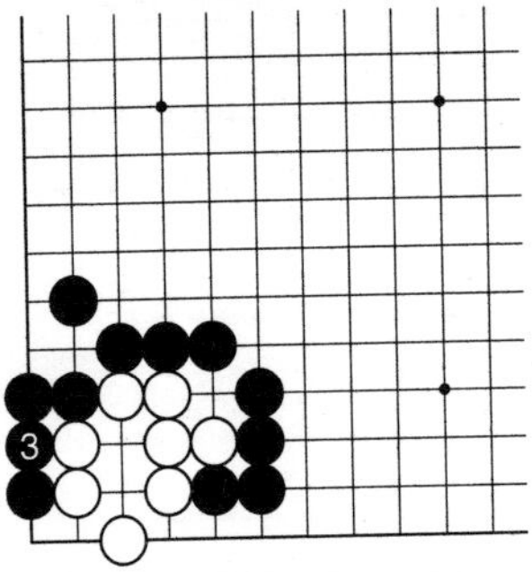

正解（续）

黑 3 粘，白棋只有一只眼了。

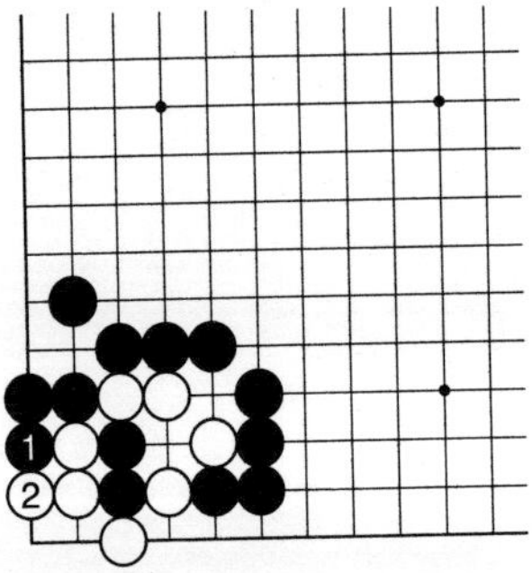

失败

黑 1 想缩小眼位，白 2 挡，黑棋无计可施了。

白棋活棋。

问题 78（黑先）

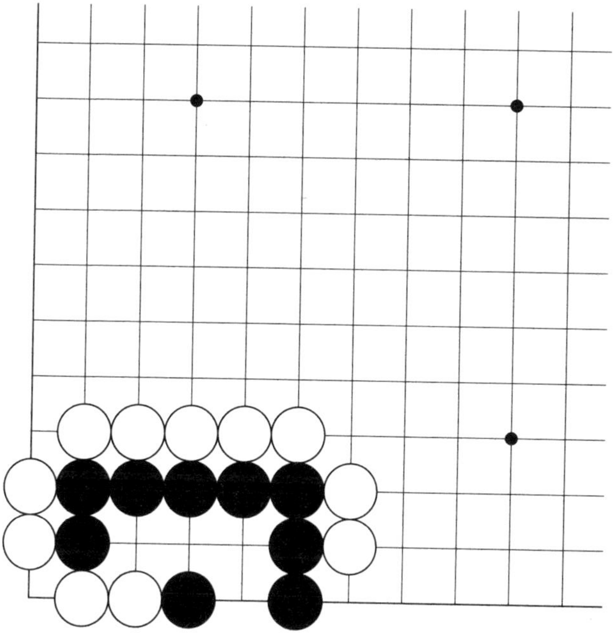

虽然黑棋眼位看似很小，但只要找出白棋的弱点即可做活。黑棋应该怎么走？

问题 78（解答）

不要走出弯三形

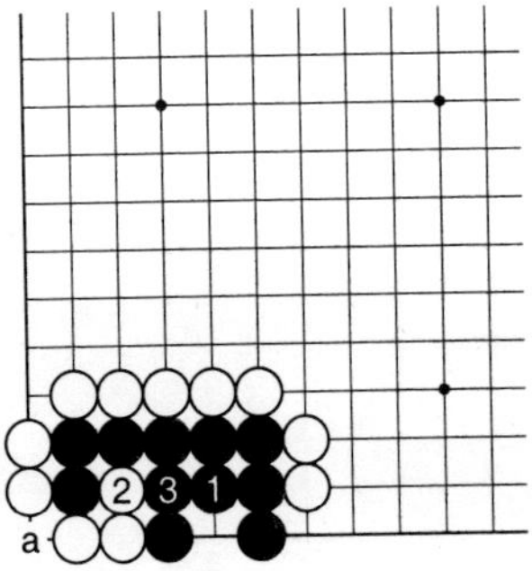

正解

黑 1 团做眼。白 2 缩小眼位的话，黑 3 打吃，由于 a 位不入气，因此白棋不会走 a 位。白三子已在黑棋股掌之上。

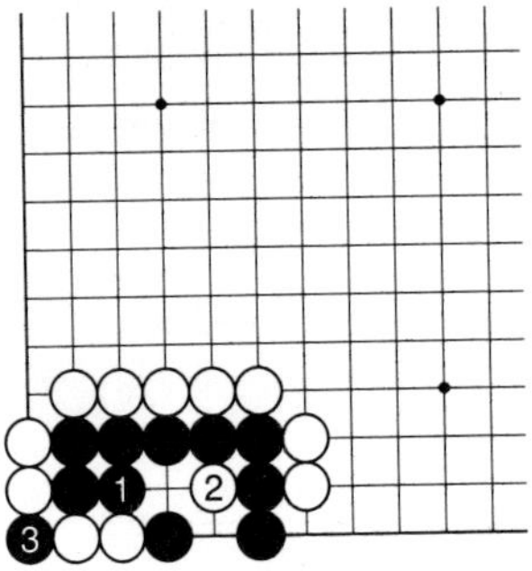

失败

黑 1 打吃，局部形成“弯三”，白 2 点，黑 3 吃掉白两子。

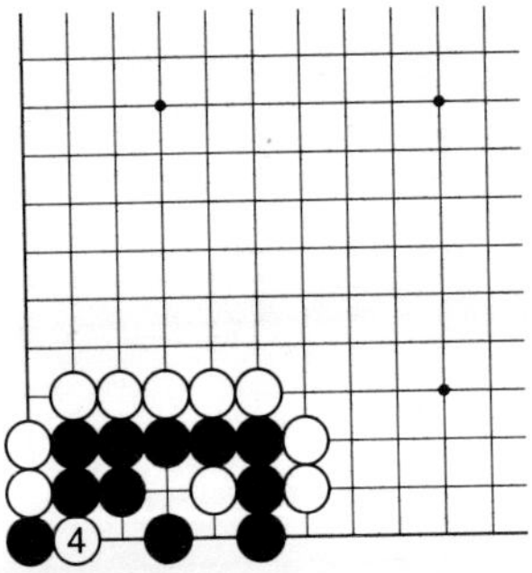

失败（续）

白 4 反提一子，黑棋被杀。

问题 79（黑先）

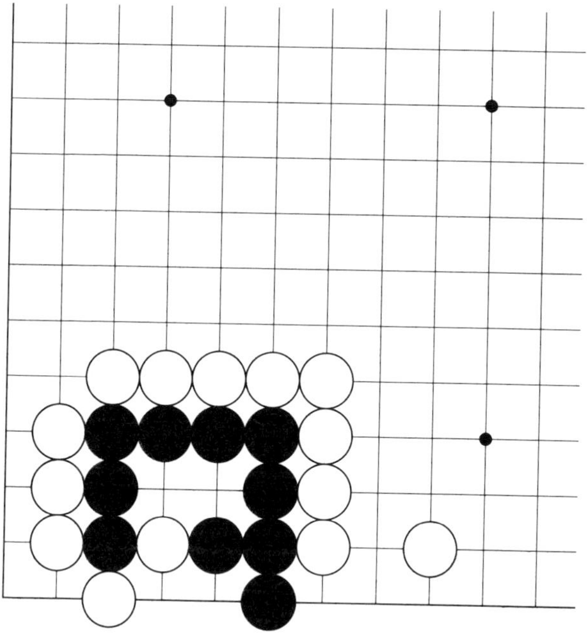

黑棋该如何做出两眼？

问题 79（解答） 接不归

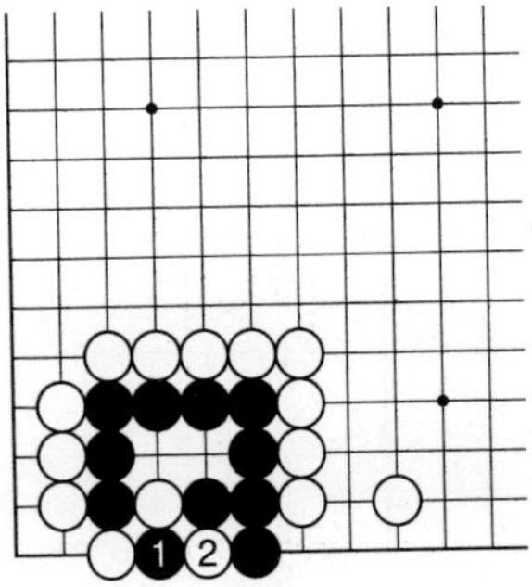

正解

黑 1 扑是好手，白 2 提。

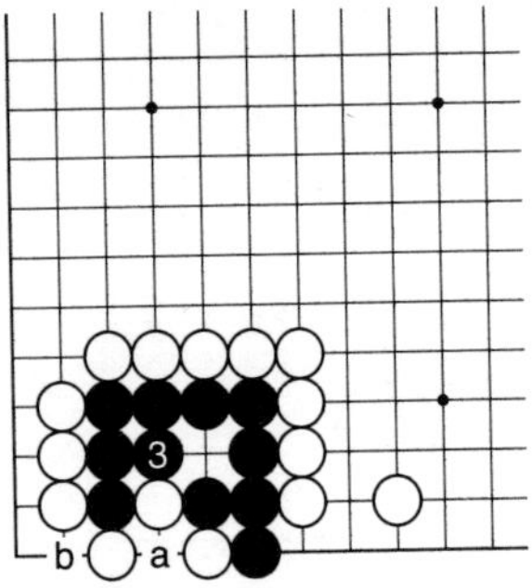

正解（续）

黑 3 打吃。故意送出一子后打吃，使对方无法连回的手段叫作“接不归”。

白 a 粘的话，黑走 b 位吃掉白三子。

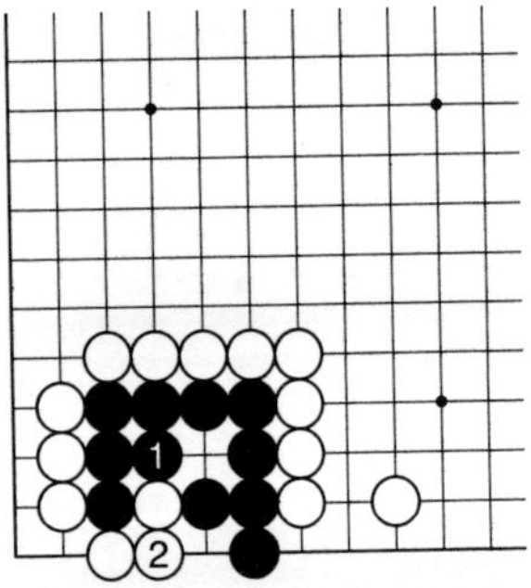

失败

黑 1 打吃的话，白 2 粘，黑棋束手无策。此时黑棋只剩一只眼，黑棋被杀。

问题 80（黑先）

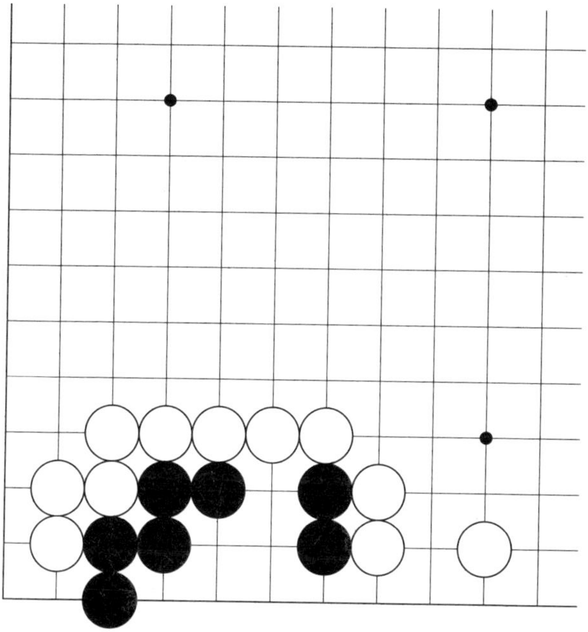

黑棋若想要做活，是应该扩大眼位，还是应该走急所？

问题 80（解答） 斜着下是急所

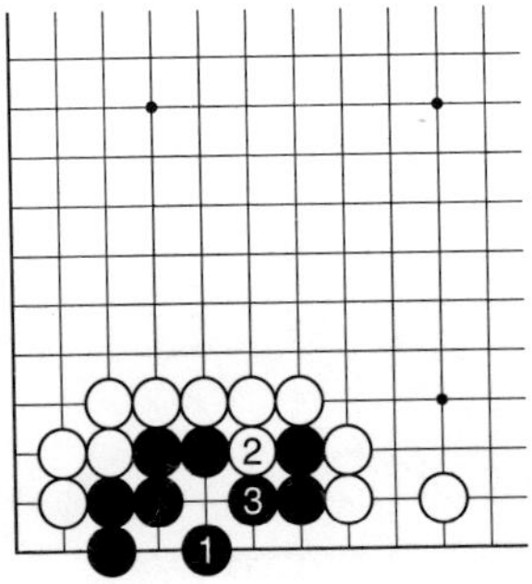

正解 1

黑 1 是做眼的急所。

白 2 冲，黑 3 挡即可。

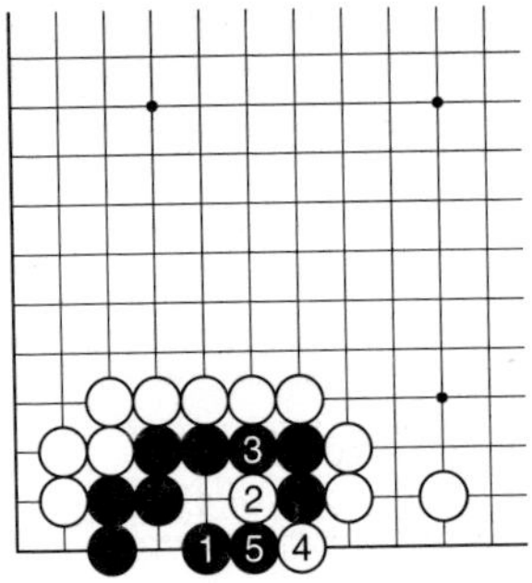

正解 2

黑 1 虎，白 2 夹严厉。但黑 3 粘，白棋还是不行。

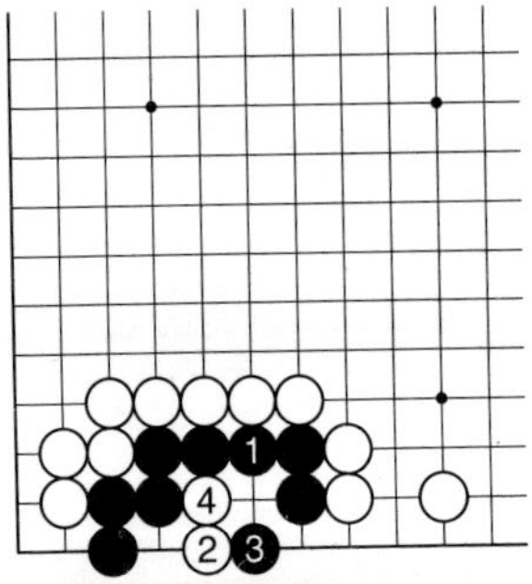

失败

黑 1 粘扩大眼位的话，局部形成“刀把五”。白 2 点，黑棋被杀。

问题 81（黑先）

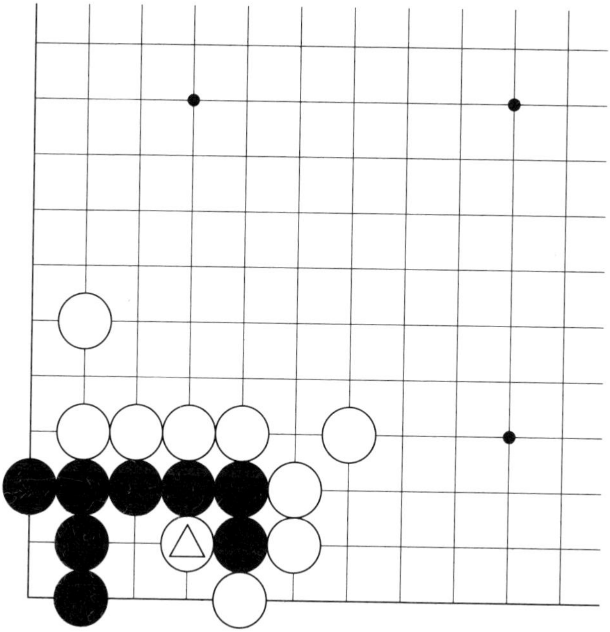

黑棋若想活棋，需要吃掉白◬。黑棋应该怎么走？

问题 81（解答）　接不归

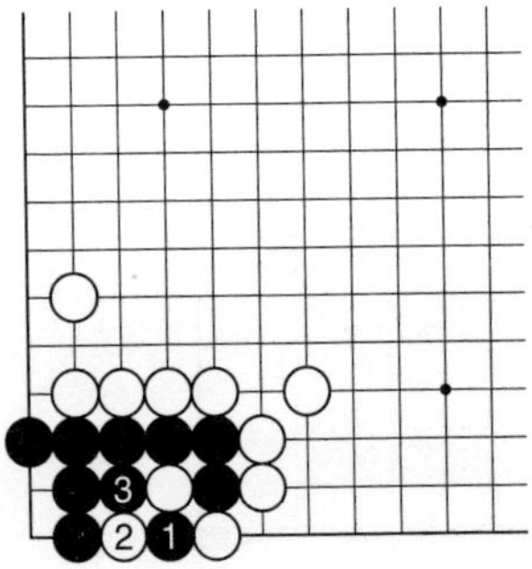

正解

黑 1 扑是好手。

白 2 提，黑 3 打吃。

这样一来是接不归。

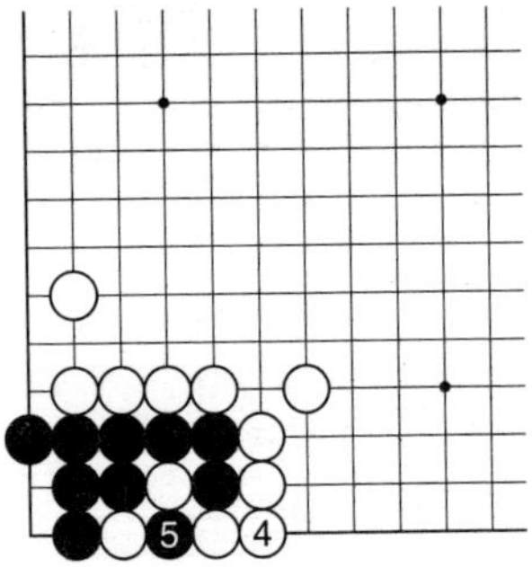

正解（续）

白棋若于 5 位粘，则黑棋可以将白棋一网打尽，若白棋于 4 位粘，则黑 5 可吃白两子。无论怎么下，都是黑棋活棋。

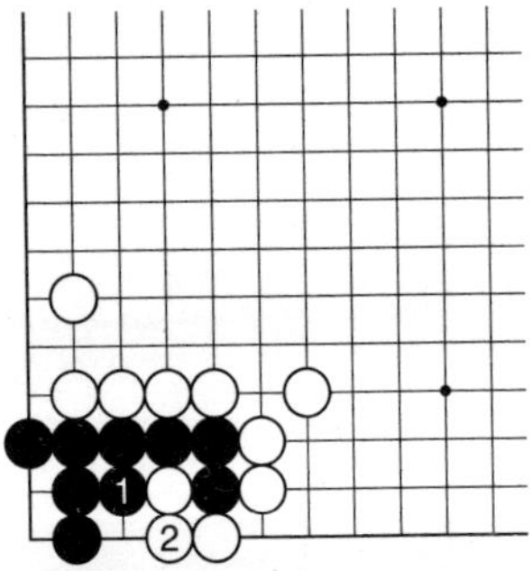

失败

黑 1 打吃的话，白 2 粘，黑棋只能坐以待毙。

问题 82（黑先）

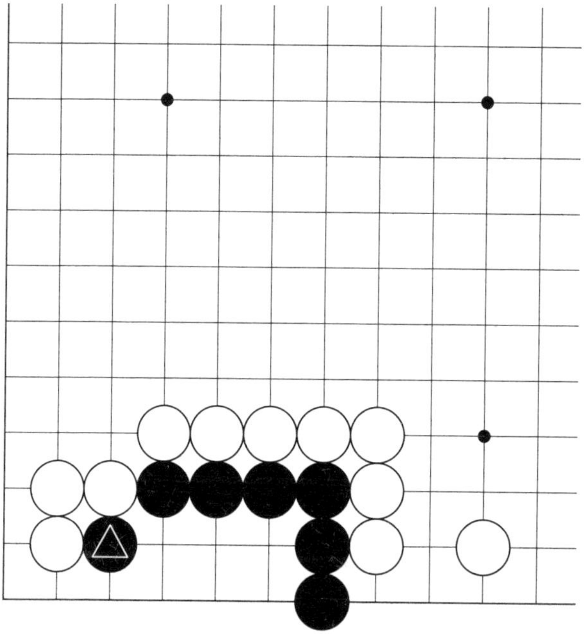

黑棋要想活棋，首先要确保黑▲不能被吃，黑棋应该走哪里呢？

问题 82（解答） 扩大眼位

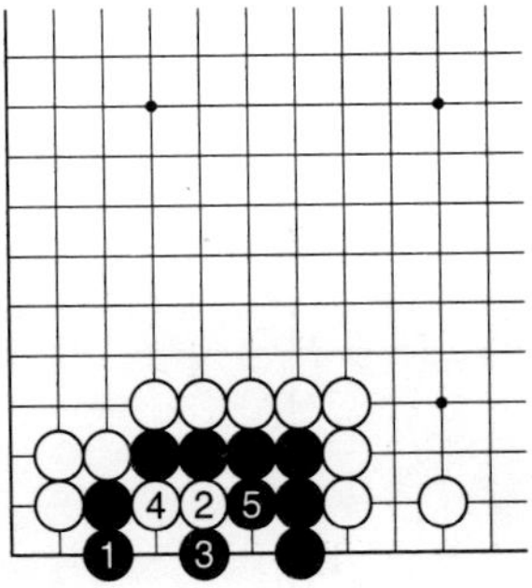

正解

黑 1 立扩大眼位，局部是板六的活形。白 2 点，黑 3 夹，是“左右同形走中间”。白 4 破眼，黑 5 打吃。若白 4 走 5 位，则黑 5 走 4 位，两者必得其一。

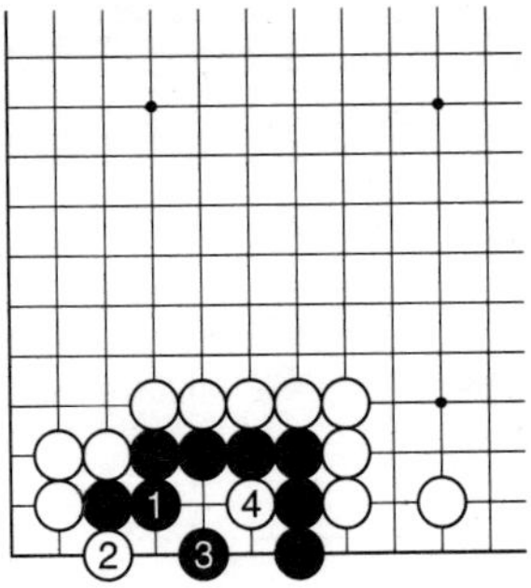

失败 1

黑 1 粘，白 2 扳，这样黑棋无论如何都做不出两眼，黑棋被杀。

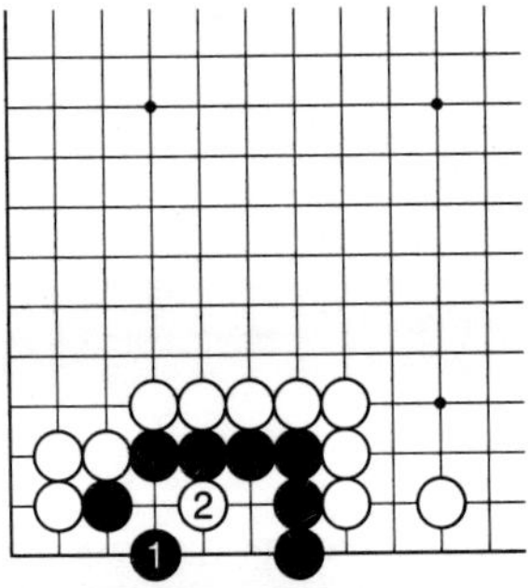

失败 2

黑 1 虎的话，局部形成“刀把五”，白 2 点，黑棋被杀。

问题 83（黑先）

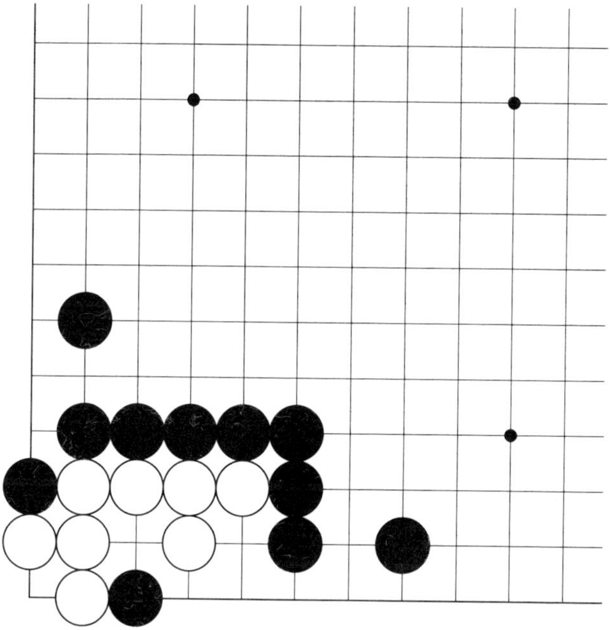

黑棋一子虽已无路可逃，但黑棋若能好好利用这一子，可以歼灭所有白棋。黑棋应该怎么走？

问题 83（解答） 爬——使对方形成假眼

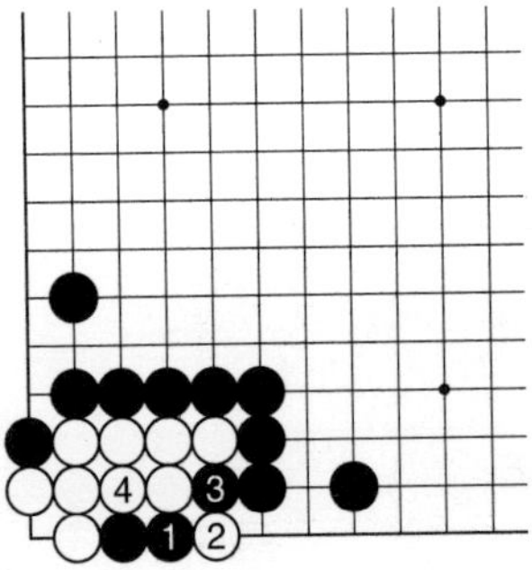

正解

黑 1 爬是好手。白 2 挡，黑 3 断很关键。白 4 提。

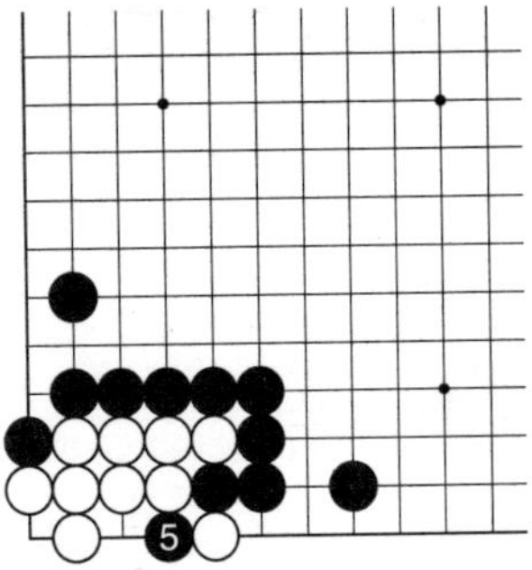

正解（续）

黑 5 扑，白棋只能做出假眼。

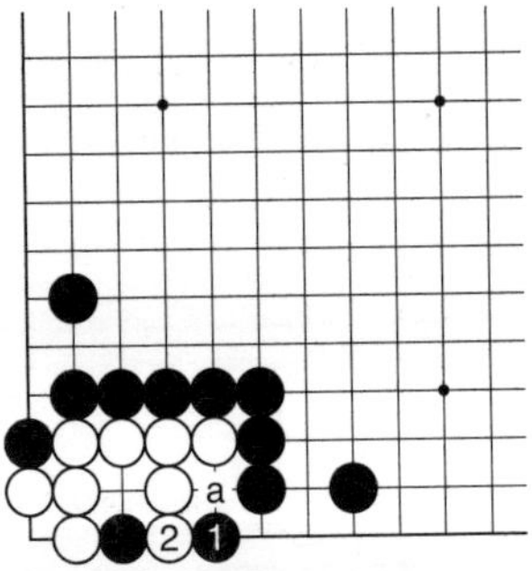

失败

黑 1 尖，白 2 挡住就活了。黑 1 走 a 位也是一样的。

问题 84（黑先）

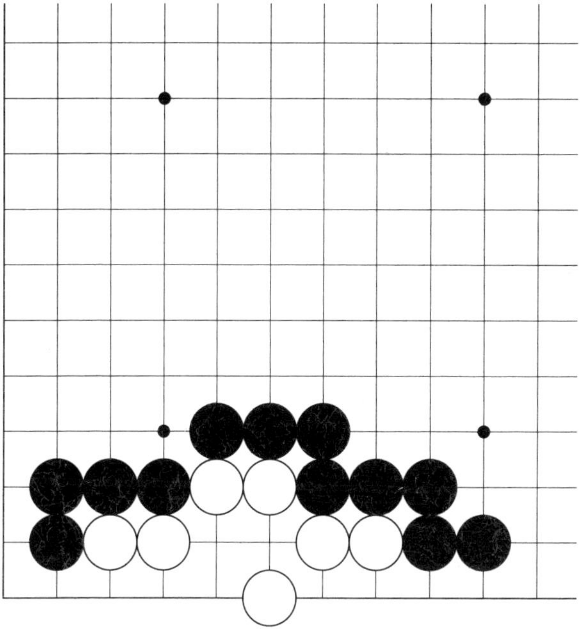

黑棋找出白棋弱点并加以利用是可以破眼的。黑棋应该怎么走？

问题 84（解答） 断打

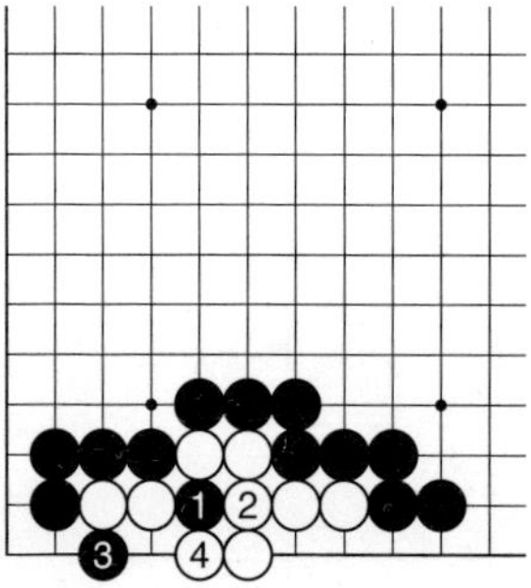

正解

黑 1 断打好棋。

白 2 粘。黑 3 再打吃，白 4 提。

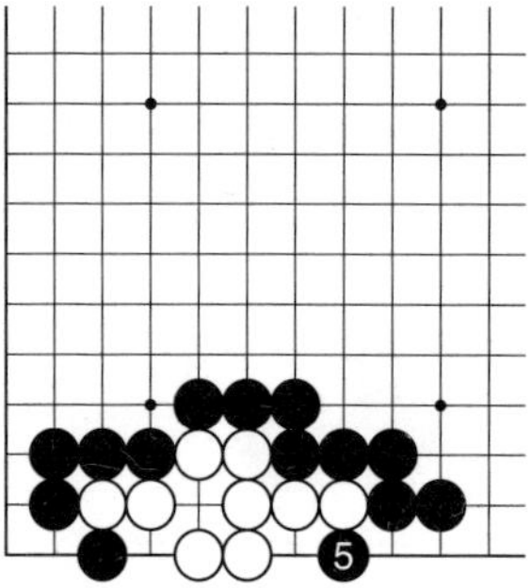

正解（续）

黑 5 扳，缩小眼位，白棋就只剩一只眼了。

白棋被杀。

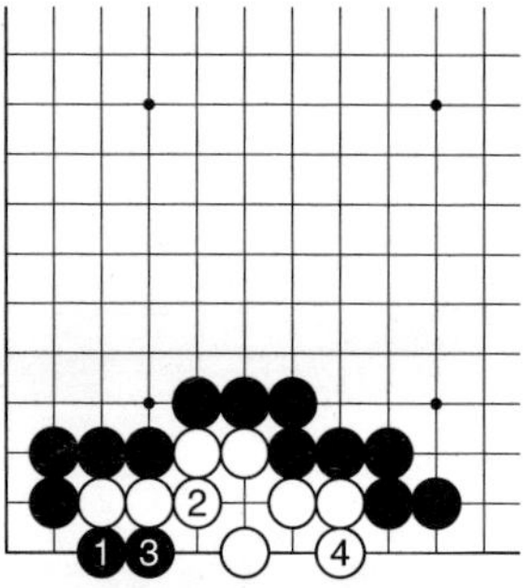

失败

黑 1 扳，白 2 粘，黑 3 爬，白 4 立，白棋做活。若黑 3 走 4 位，白 4 走 3 位一样可以做出两眼。3 位和 4 位，白棋两者必得其一。

问题 85（黑先）

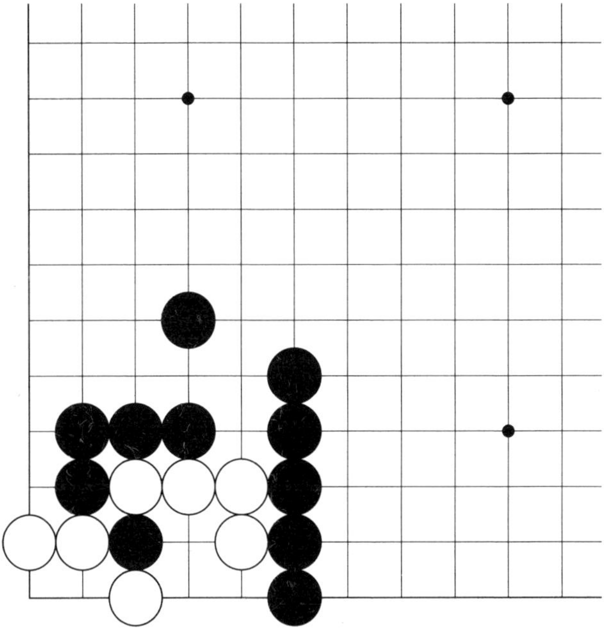

黑棋需要利用被打吃的黑一子来吃掉白棋。

问题 85（解答） 瞄准对方的弱点

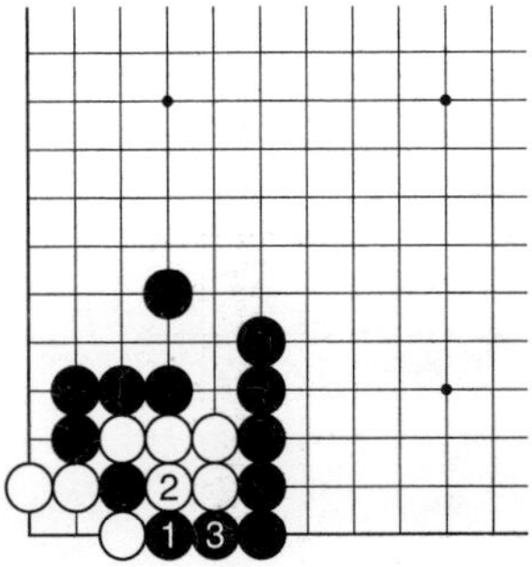

正解 1

黑 1 打吃。由于下方的白棋被打吃，因此白 2 只能提。黑 3 粘，白棋只有一只真眼了。白棋被杀。

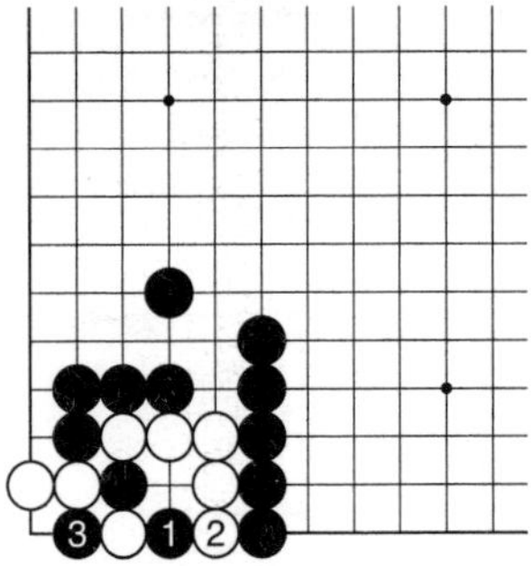

正解 2

黑 1 打吃。白 2 挡，黑 3 提，此时白棋若打吃黑棋的话，自己也会被打吃。白棋不行。

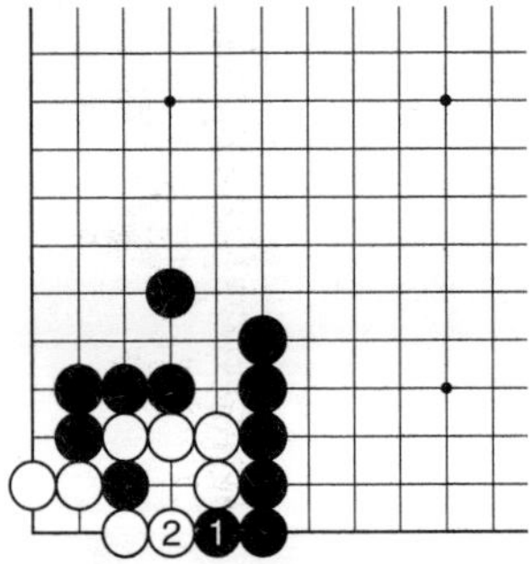

失败

黑 1 缩小眼位的话，白 2 挡，白棋做活。黑棋逸机。

问题 86（黑先）

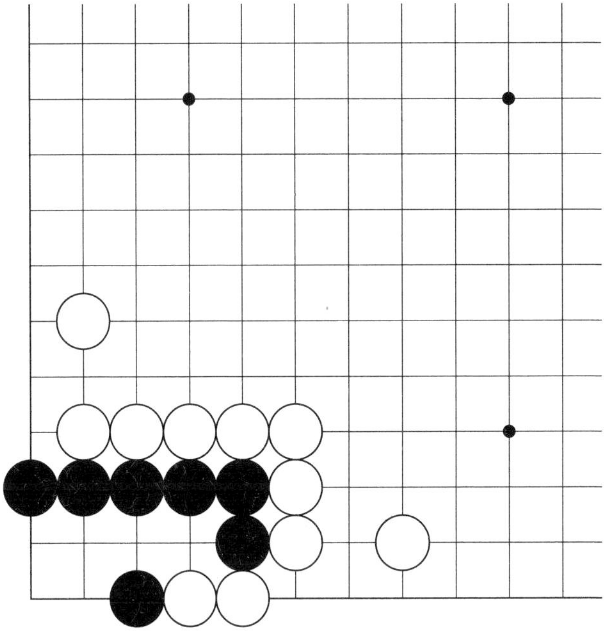

本题是实战中经常会碰到的形。

黑棋应该如何做活？

问题 86（解答）　不要走出刀把五

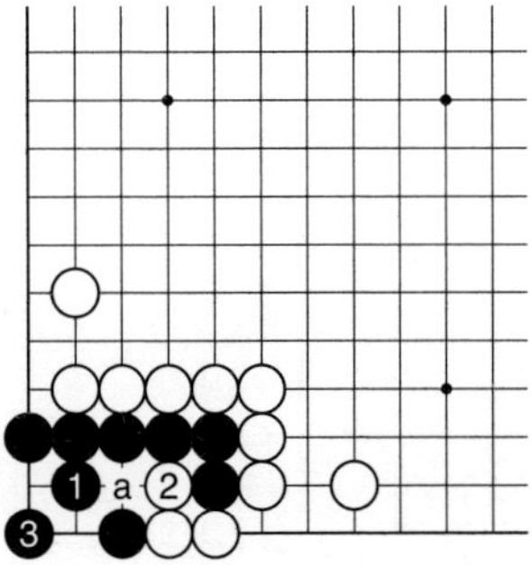

正解

黑 1 急所。

白 2 破眼，黑 3 做眼。由于 a 位不入气，因此白棋无法于 a 位破眼。

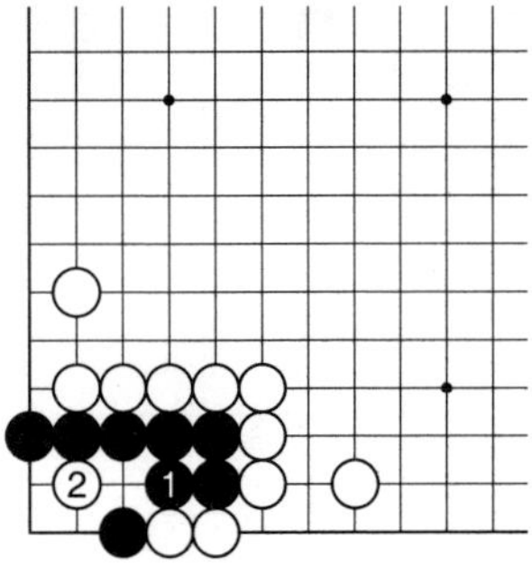

失败

黑 1 打吃，由于黑棋局部是刀把五，白 2 点，黑棋被杀。

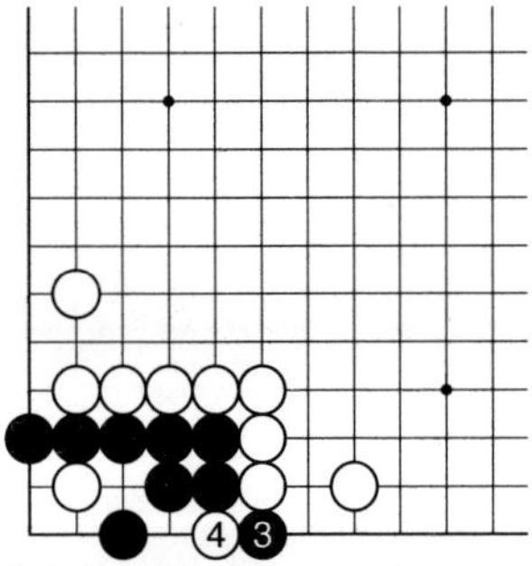

失败（续）

若黑 3 提，白 4 扑，黑棋依然不行。

问题 87（黑先）

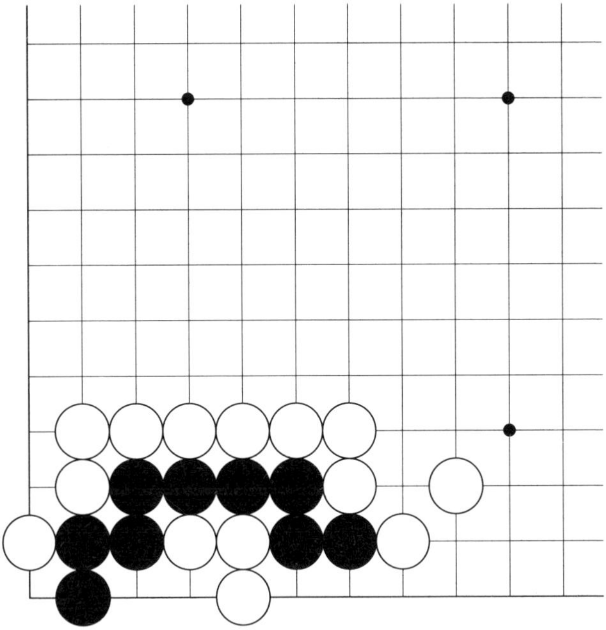

虽然空间很窄，但黑棋也有活棋的手段。

黑棋应该怎么走？需要注意不要走出死形。

问题 87（解答） 胀牯牛

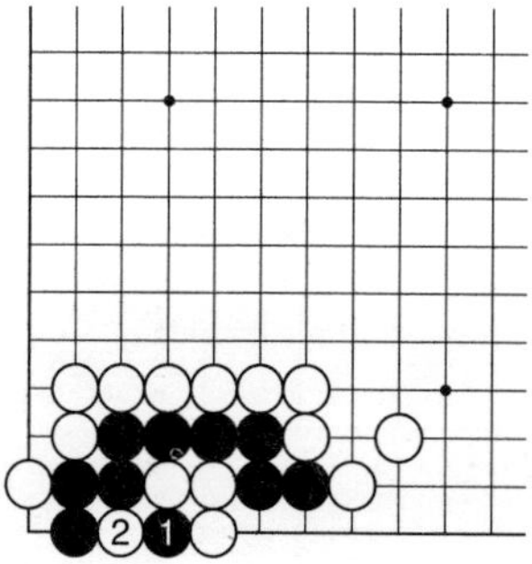

正解

黑 1 扑是好手。白 2 提。

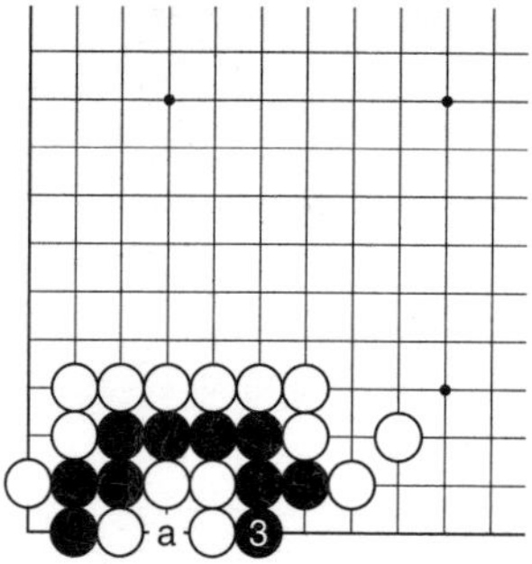

正解（续）

黑 3 从外侧打吃，a 位是禁入点，因此白棋不会走 a 位。黑棋随时可走 a 位将白棋提掉。

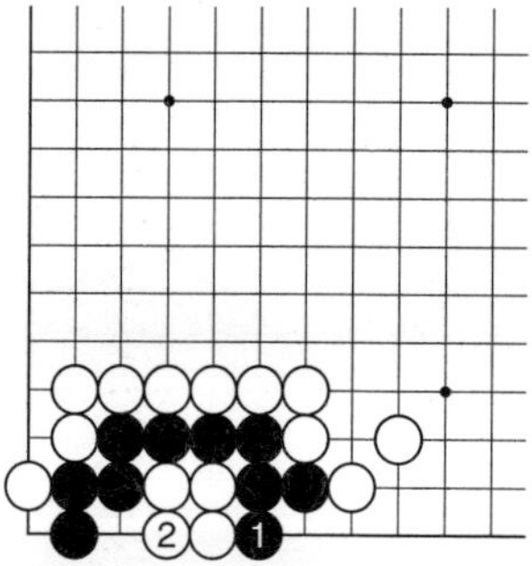

失败

黑 1 打吃的话，白 2 团，黑棋不行。

就算黑棋吃掉白四子也没用，局部形成“方四”的死形。

问题 88（黑先）

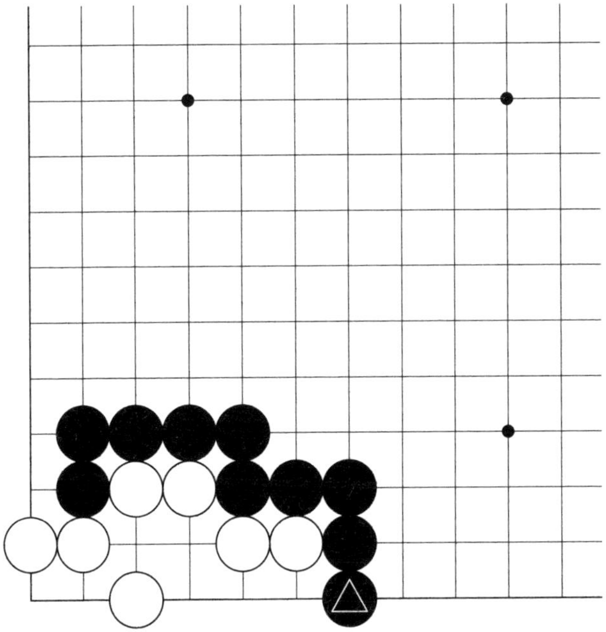

黑棋应该如何利用在一路的黑△迫使白棋做出假眼呢？

关键在于找出对方的弱点。

问题 88（解答） 利用一路上的子

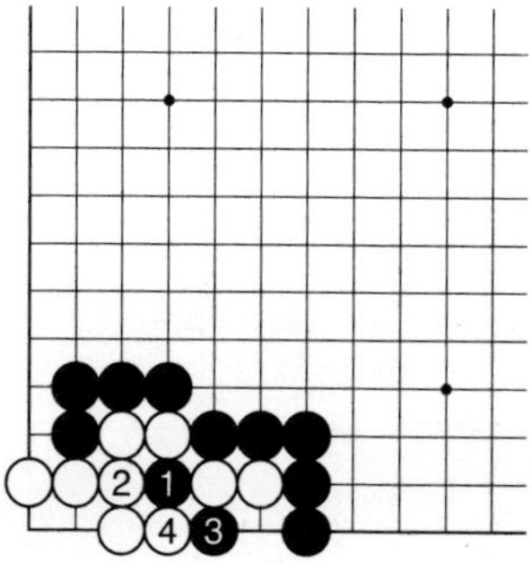

正解

黑 1 断是好手。断点处多为弱点，因此断点在多数情况下是破题的切入口。由于白两子被打吃，因此白 2 粘。此时黑 3 再打吃，白 4 提。

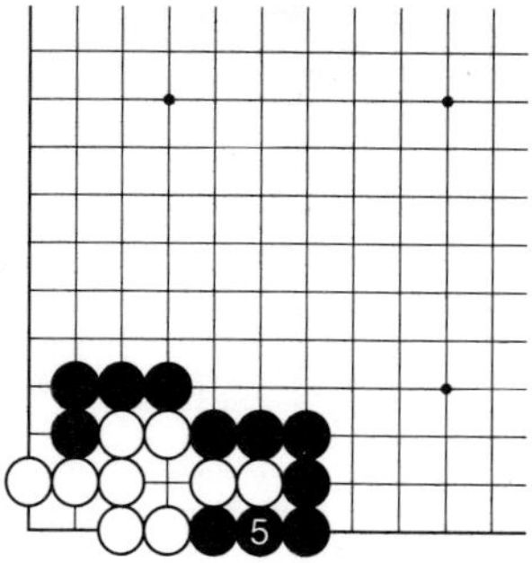

正解（续）

黑 5 粘。白棋只有一只眼。白棋被杀。

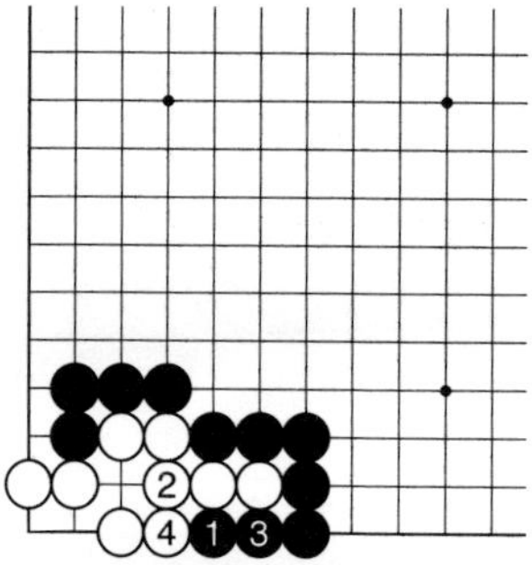

失败

黑 1 夹，白 2 粘。黑 3 粘，白 4 团，白棋做活。

问题 89（黑先）

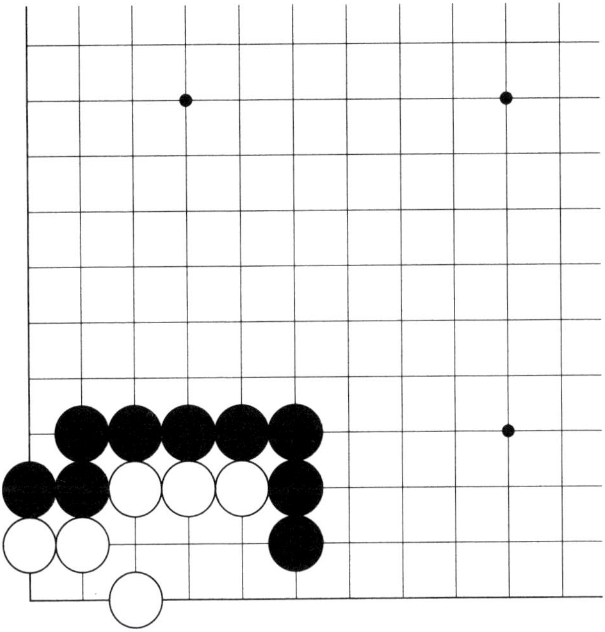

白棋角上已有一眼。

黑棋此时有阻止白棋在右侧做眼的手段。黑棋应该如何走呢？

问题 89（解答）

先尖后挖

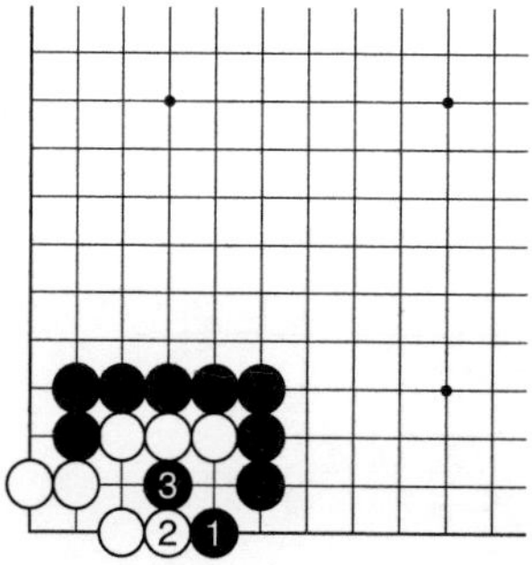

正解

黑 1 尖是不易察觉的好手。白 2 顶，黑 3 挖巧妙。白棋被杀。

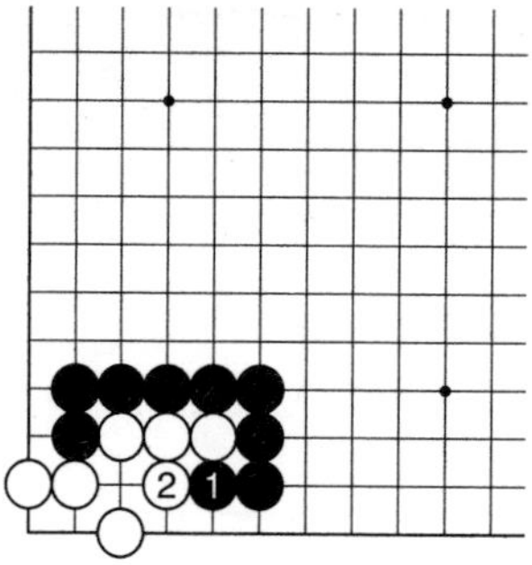

失败 1

黑 1 拐，白 2 做眼活棋。

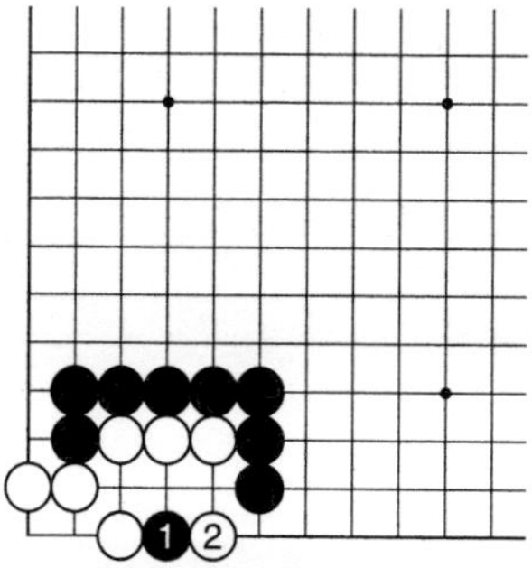

失败 2

黑 1 小飞，虽然表面上是急所，但有些过于心急。白 2 打吃，黑棋不行。

问题 90（黑先）

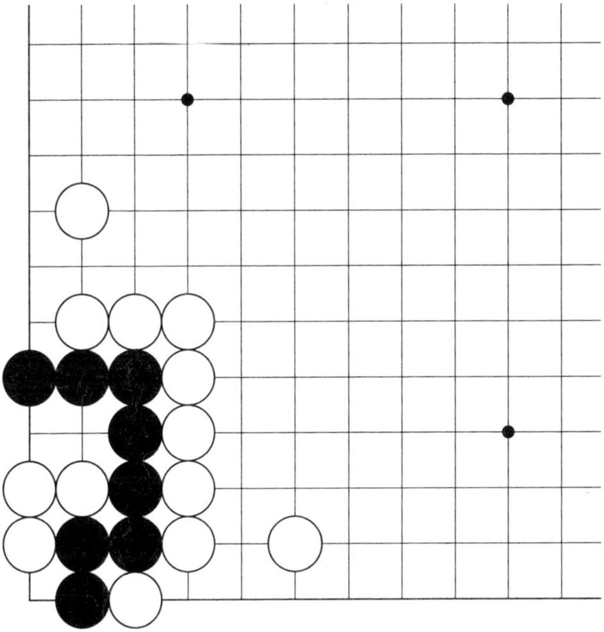

黑棋腹中有白三子，黑棋应该如何做活？

注意不要走出死形。

问题 90（解答） 双活

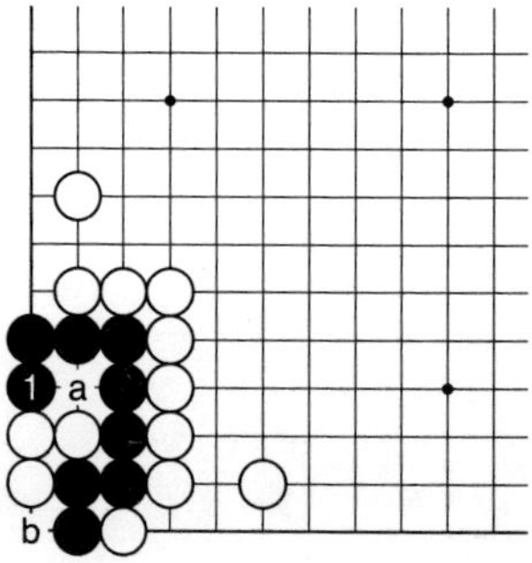

正解

黑走 1 位，局部双活。对白棋来说，走 a 位的话，黑走 b 位提就活了；若白走 b 位，黑走 a 位也是一样的。

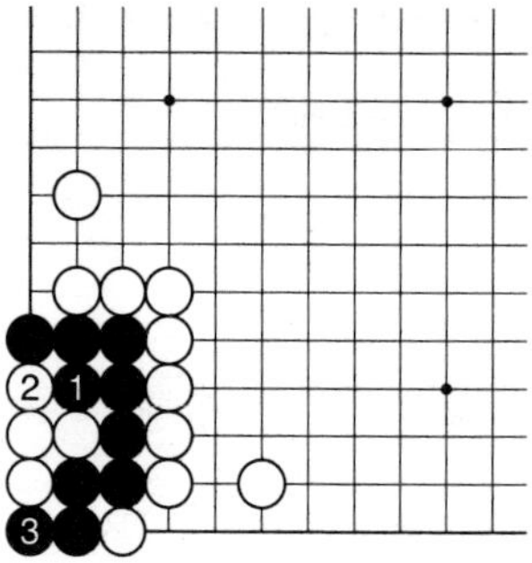

失败

黑 1 意图吃掉白棋其实是自寻死路。黑 3 提掉也没有意义。

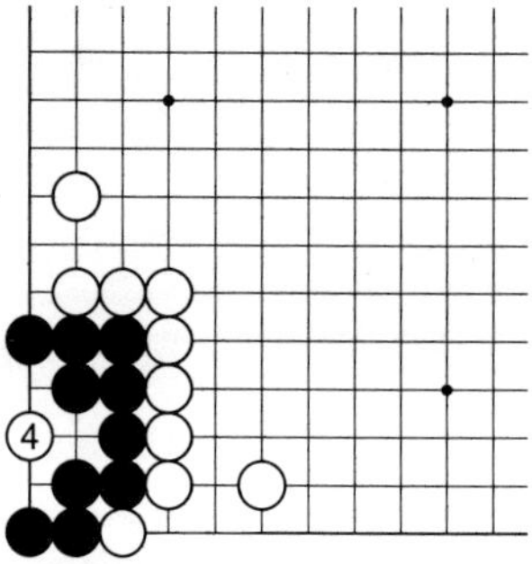

失败（续）

由于黑棋局部形成“丁四”，白 4 点，黑棋被杀。

问题 91（黑先）

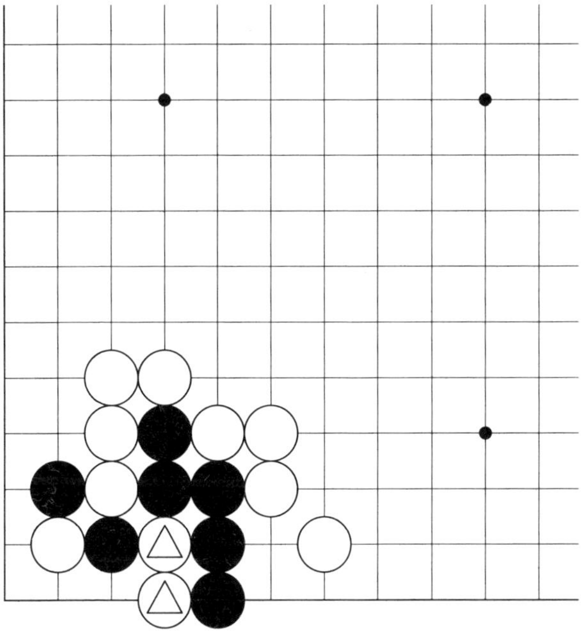

黑棋想要做活需要吃掉白◬，黑棋应该怎么走?

问题 91（解答）

利用倒扑

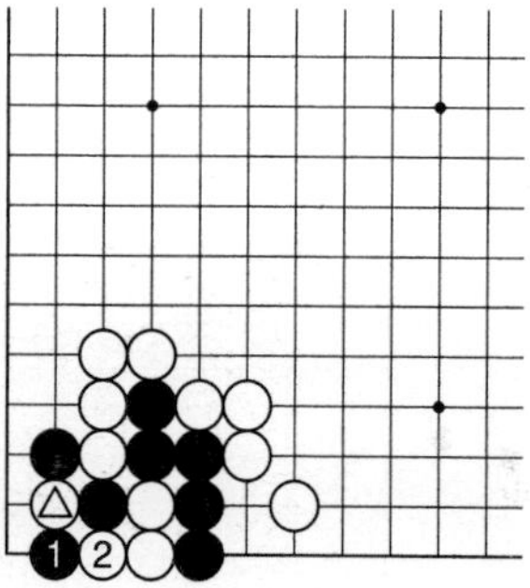

正解

黑 1 打吃白△是好手。这一手在直接打吃白△的同时还间接吃住了白两子。

白 2 提。

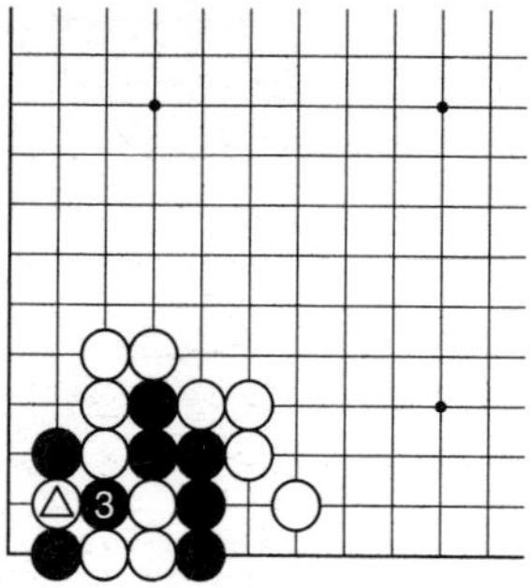

正解（续）

黑 3 吃掉白三子。由于白△也被吃住，黑棋顺利做活。

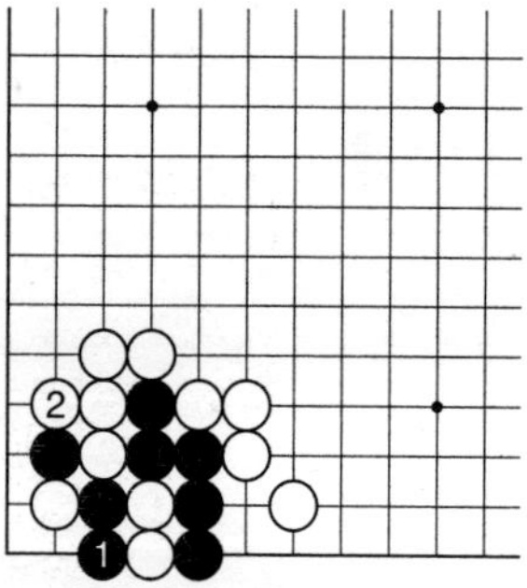

失败

黑 1 吃白两子的话，白 2 打吃黑一子。黑棋吃掉白两子只能获得一个眼，黑棋被杀。

问题 92（黑先）

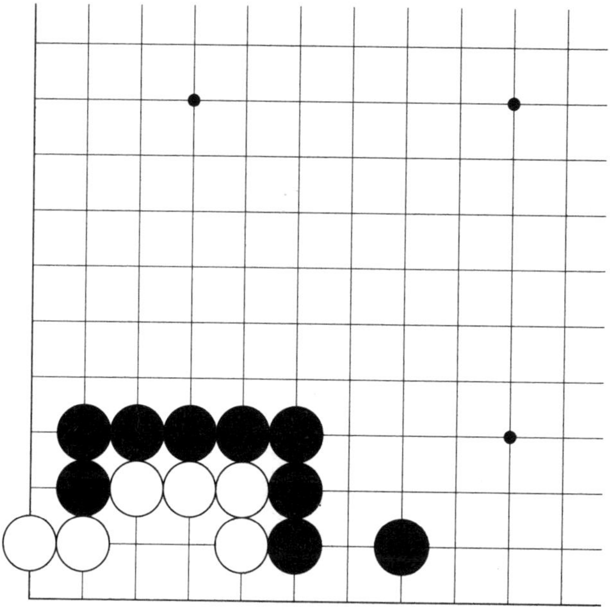

本题的急所在哪里？

问题 92（解答） 手筋连发

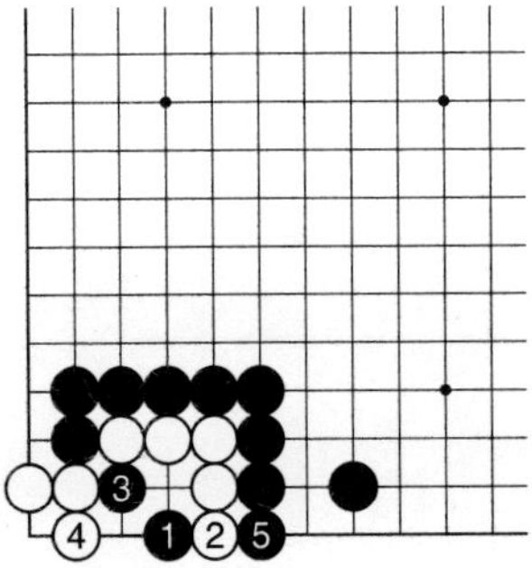

正解

黑 1 点急所。白 2 阻渡，黑 3 断是连贯手段。白棋没法吃黑棋，只能于 4 位立。黑 5 紧气，白棋被杀。

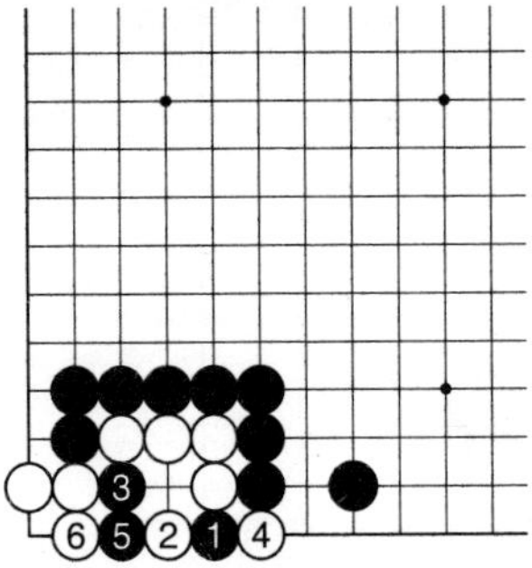

失败 1

黑 1 扳缩小眼位的话，白 2 打吃，黑 3 断，白 4 提就活了。

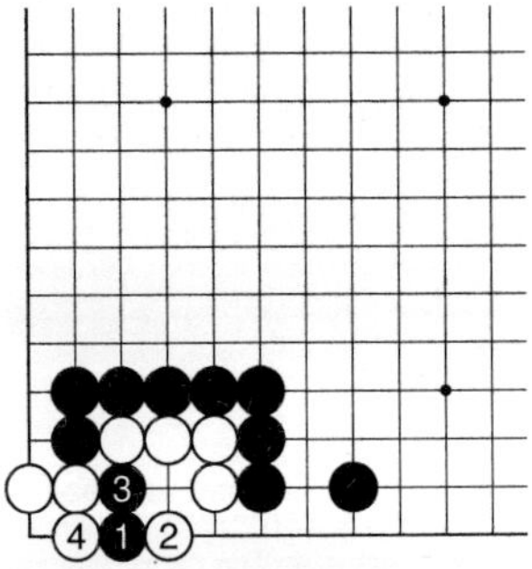

失败 2

黑 1 点，白 2 尖，黑 3 断，白 4 做眼，黑棋不行。由此可以看出，2 位是黑白共同的急所。

问题 93（黑先）

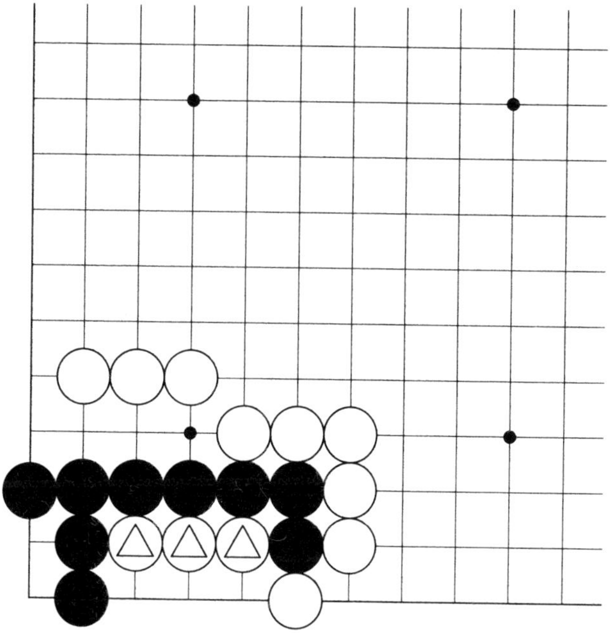

黑棋左侧已有一眼，接下来需要在右侧再做出一眼。黑棋只要吃掉白◬，就能成功做活。黑棋应该怎么走？

问题 93（解答） 接不归

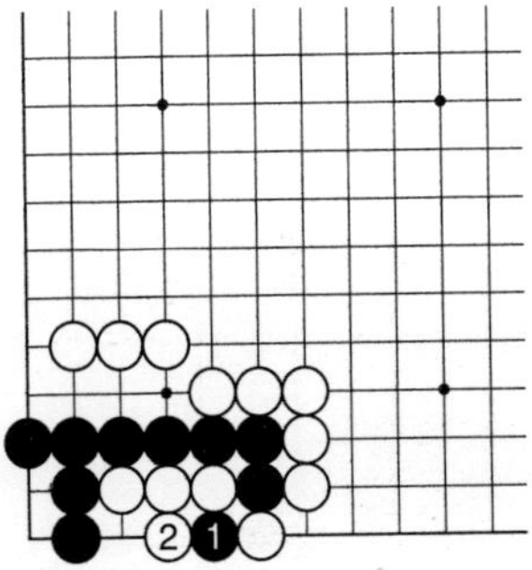

正解

首先，黑 1 扑是好手。白 2 提是自紧一气。

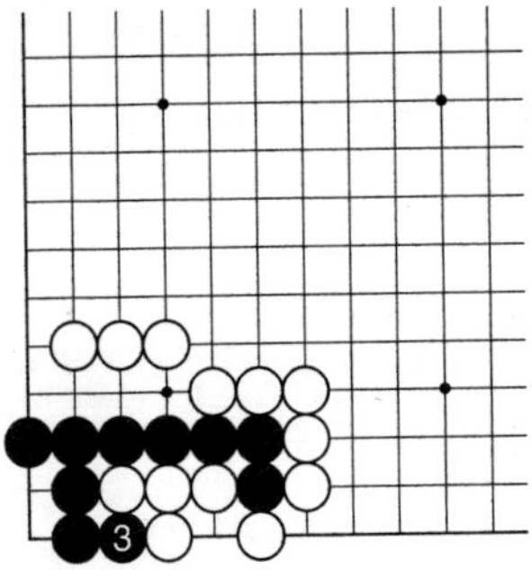

正解（续）

黑 3 打吃，白四子就跑不掉了。

这里用到了接不归的吃子技巧。

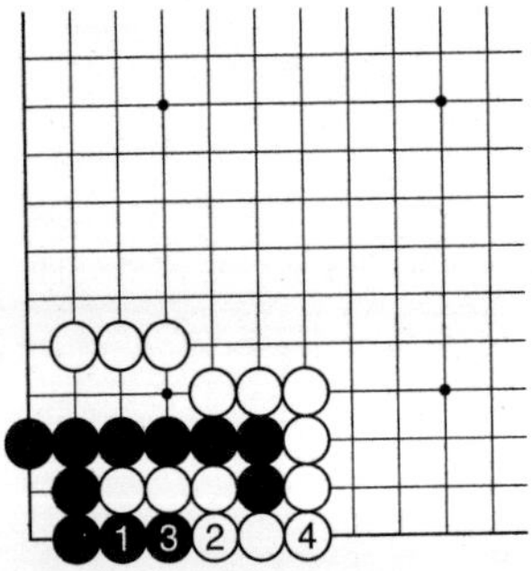

失败

黑 1 拐不行，至白 4，黑棋失败。

黑棋被杀。

问题 94（黑先）

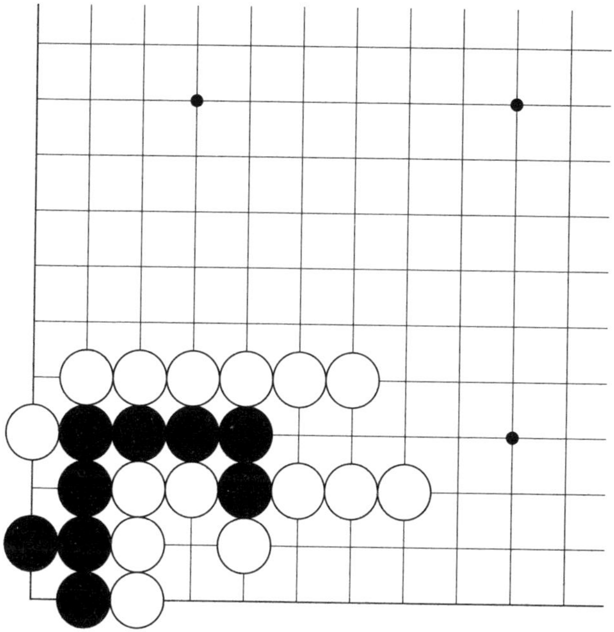

黑棋已经没有可以做出两眼的空间了。

为了活棋，黑棋必须吃掉周围的白棋。黑棋应该怎么走？

问题 94（解答）　打！再打！

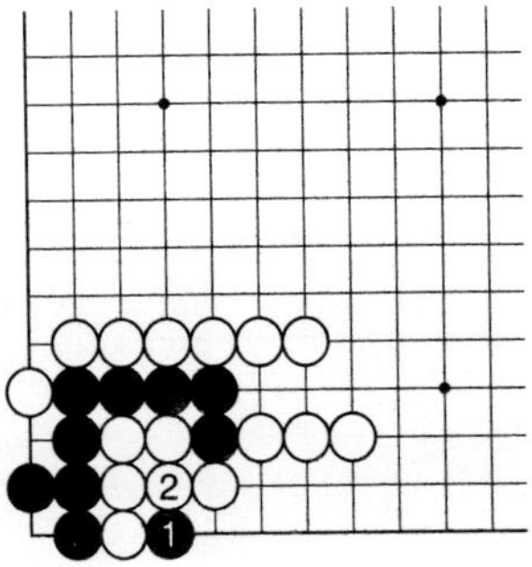

正解

黑 1 打吃是吃掉白棋的第一步。白 2 粘。

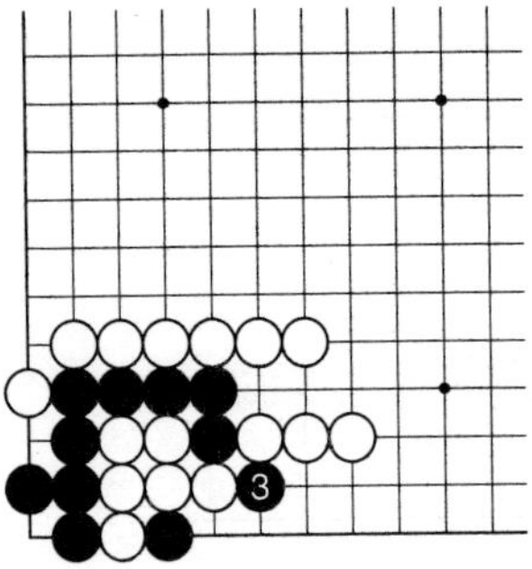

正解（续）

黑 3 断打，白棋就被吃住了。黑棋利用了白棋气紧的弱点成功做活。

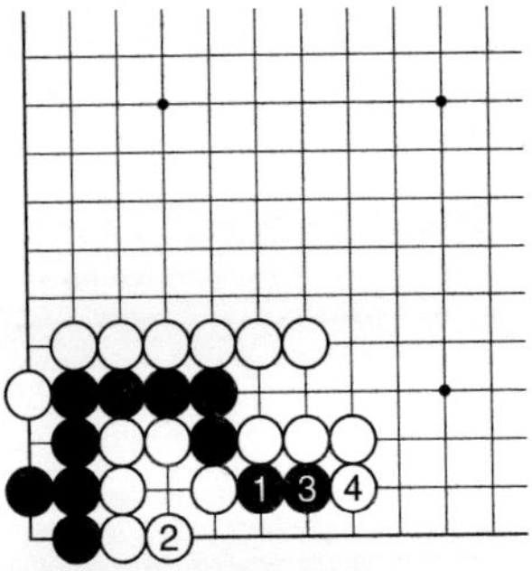

失败

黑 1 断虽然想法是正确的，但思考并不全面。白 2 做眼，黑棋失败。

问题 95（黑先）

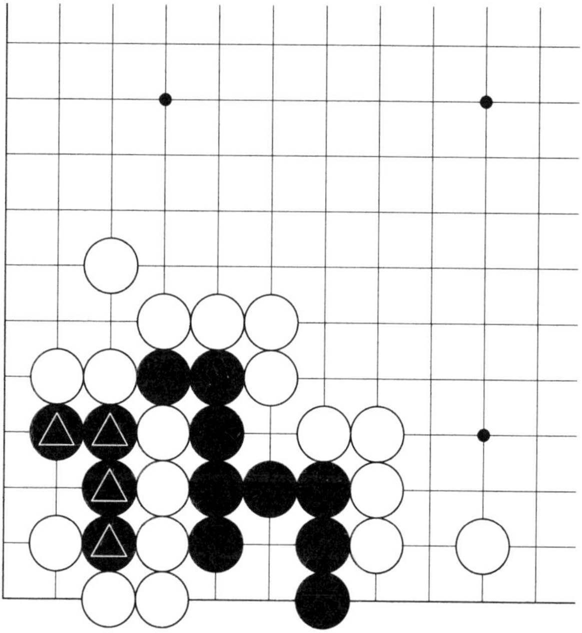

黑△四子看似被吃住，但是黑棋可以利用这些子将整块黑棋做活，黑棋应该怎么走？

问题 95（解答） 弃子紧气

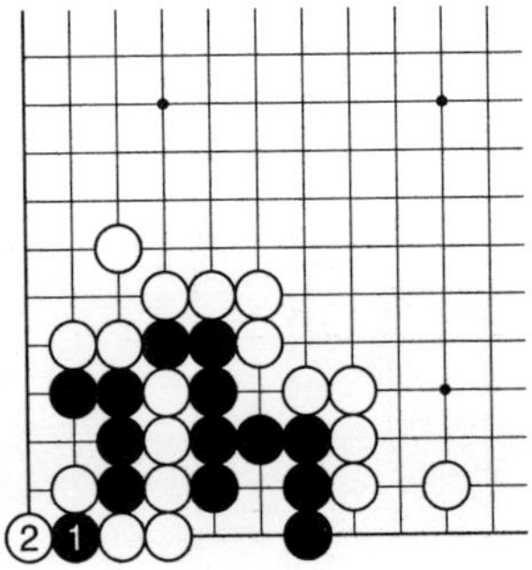

正解

黑 1 扑是很重要的一手。白 2 提。

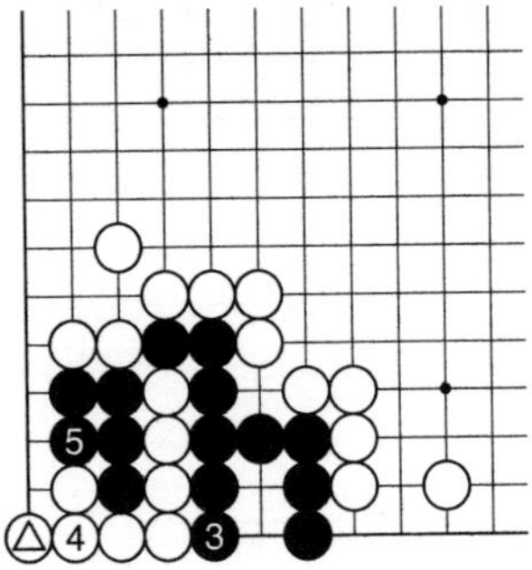

正解（续）

黑 3 打吃，白 4 粘，黑 5 再打，白棋就被吃住了。

白棋因为走了白△而自紧一气，黑棋快了一气吃掉白棋。

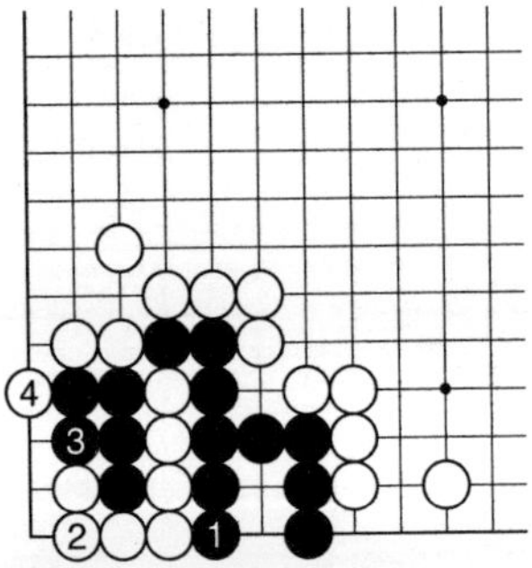

失败

黑 1 打吃，白 2 粘。黑 3 团，白 4 打吃，黑棋五子被吃住的同时也全军覆没了。

问题 96（黑先）

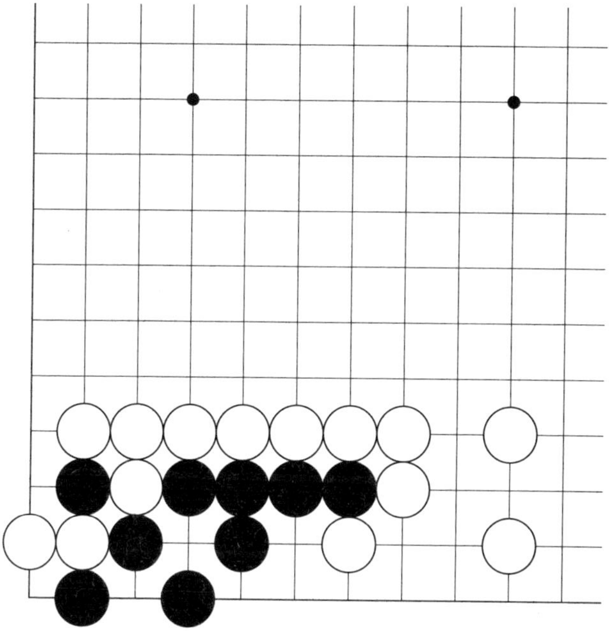

目前黑棋只有一只眼，怎么做出另一只眼呢？

问题 96（解答）　斜着做眼

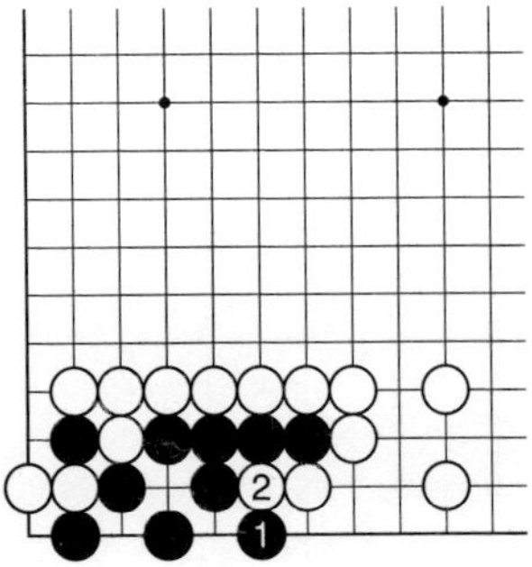

正解

黑 1 尖好棋。

白 2 挤意图破眼。

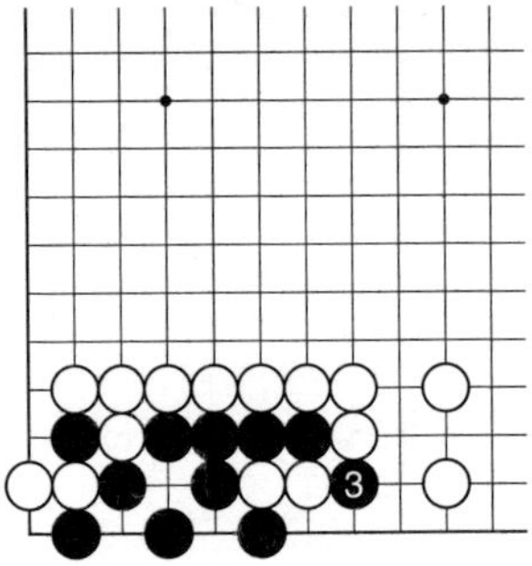

正解（续）

黑 3 断，可以吃住白两子。由此可以看出，上图的白 2 是不成立的。

黑棋成功做活。

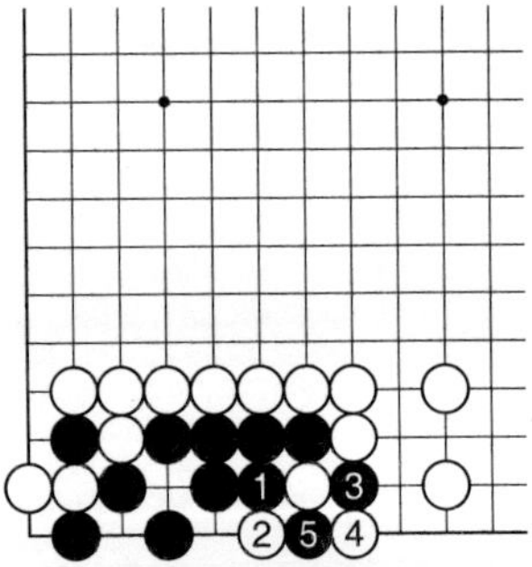

失败

黑 1 团，原本是想着白棋会走 3 位粘。但白 2 扳，黑 3 打吃，白 4 打吃，黑 5 提，局部形成打劫。

本题打劫不算正解。

问题 97（黑先）

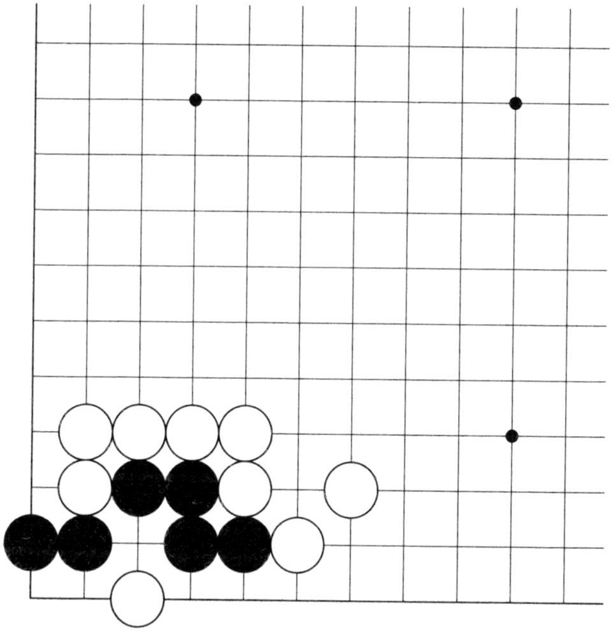

离最终胜利仅一步之遥，黑棋应该如何做活？

问题 97（解答） 注意气紧

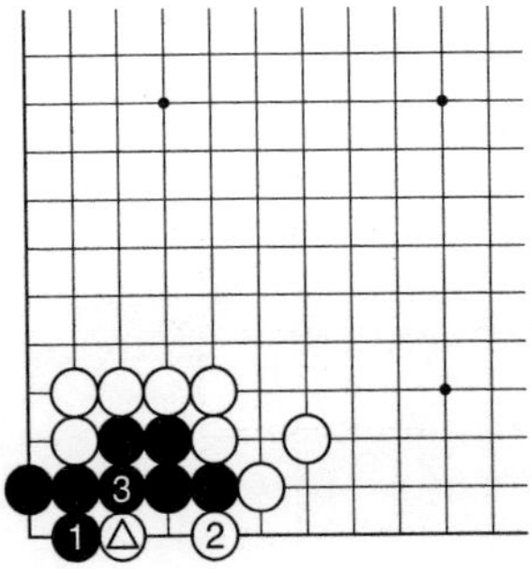

正解

黑 1 先做眼。白 2 扳时，黑 3 打吃。

白◎被吃住，黑棋做活。

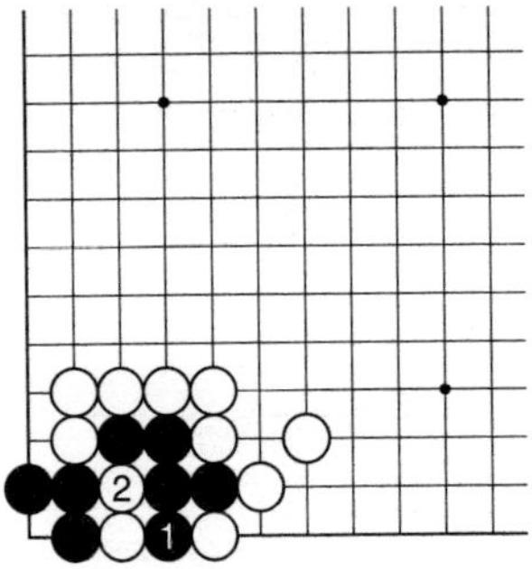

参考

需注意的是，上图黑 3 若走本图 1 位的话，黑棋就被打吃了。

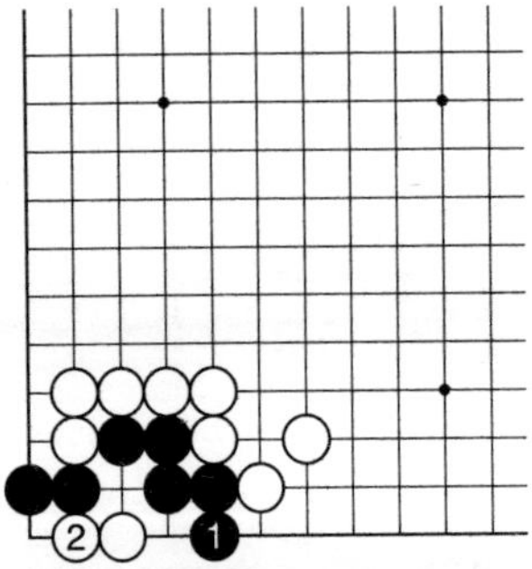

失败

黑 1 扩大眼位不行，白 2 爬，黑棋被杀。

问题 98（黑先）

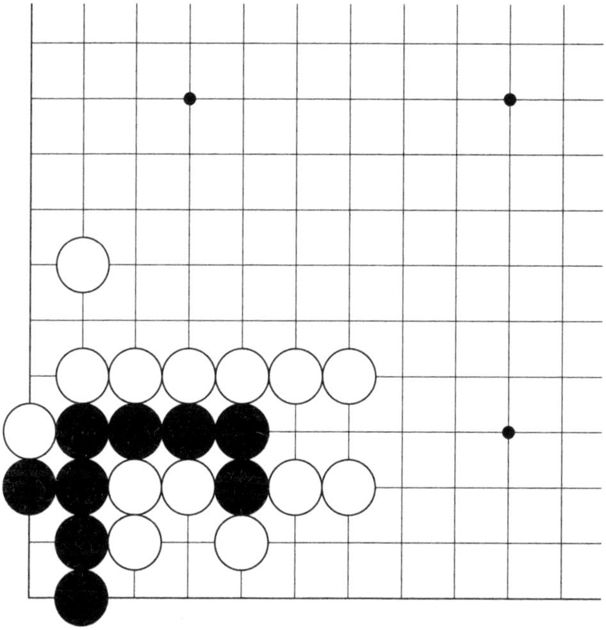

黑棋需要吃掉周围的白子才能做活。

黑棋应该瞄准哪些白棋呢？

问题 98（解答）　弃子紧气

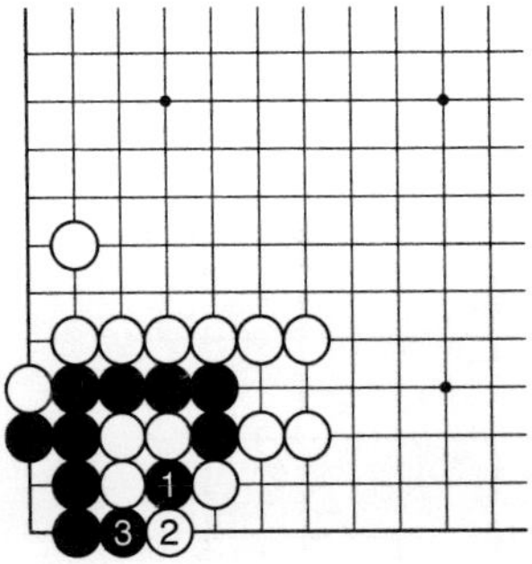

正解

黑 1 扑是好手。

白 2 提，黑 3 打吃。

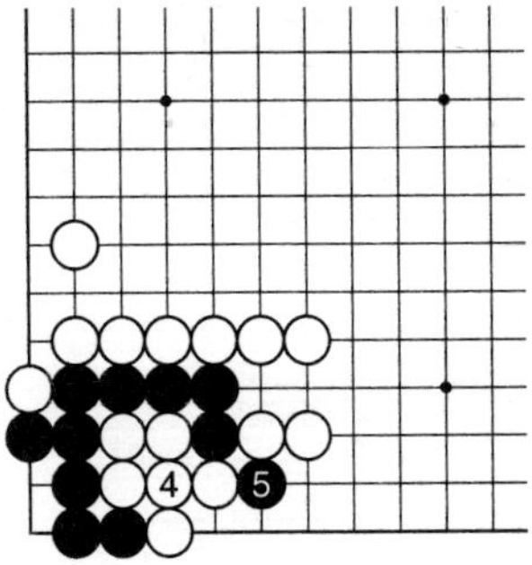

正解（续）

白 4 粘，黑 5 打吃，白棋跑不掉了。

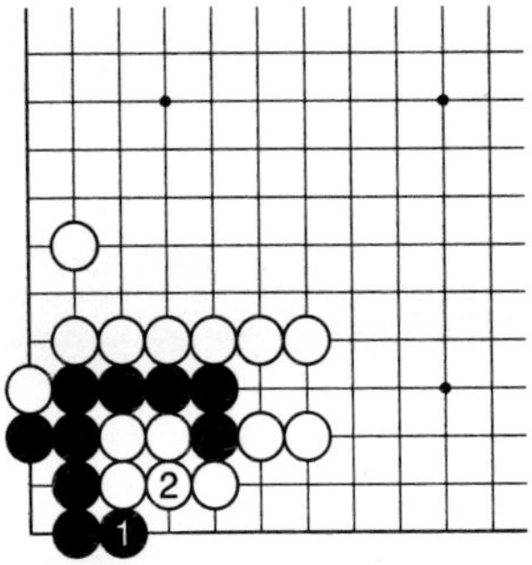

失败

黑 1 打吃，白 2 粘，黑棋束手无策。

问题 99（黑先）

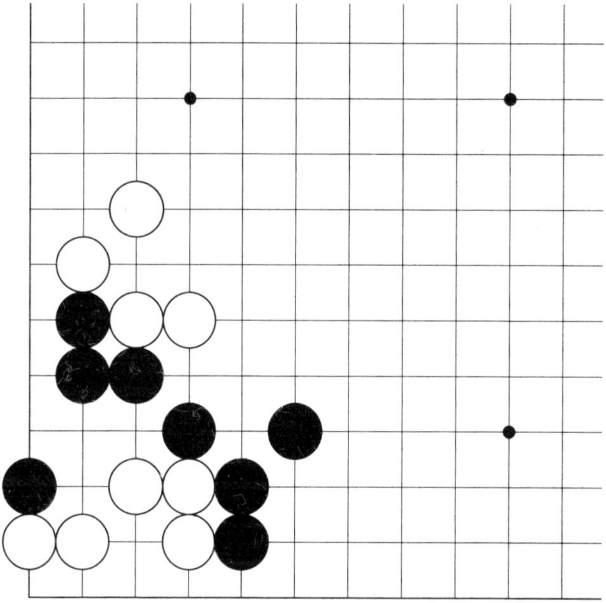

本题的急所在哪里?

问题 99（解答） 走急所

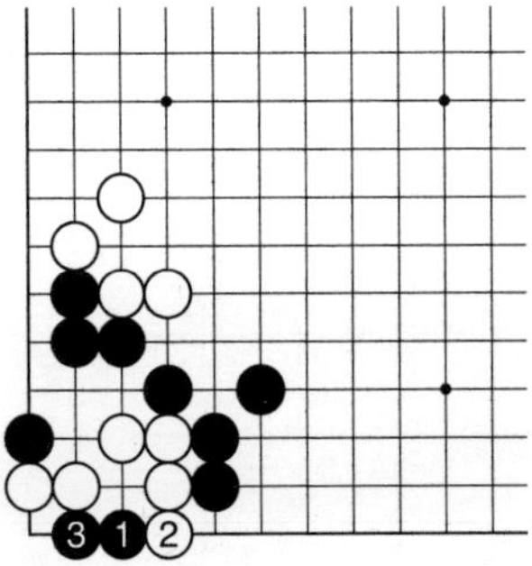

正解

黑 1 点急所。

白 2 阻渡，黑 3 破眼。白棋做不出两眼了。

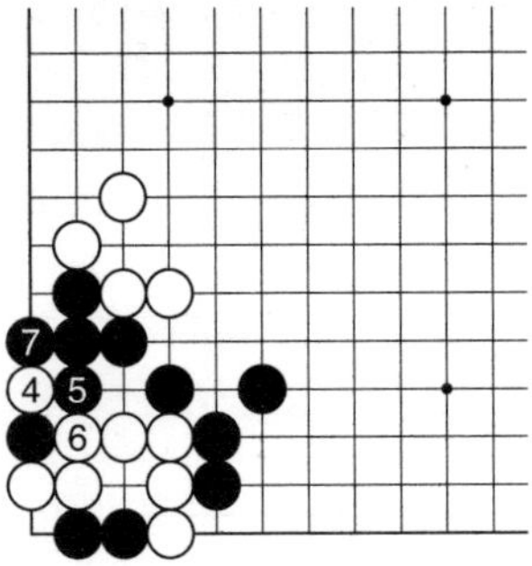

正解（续）

白 4 打吃，黑 5 打吃，白 6 提，白棋也只是假眼而已。

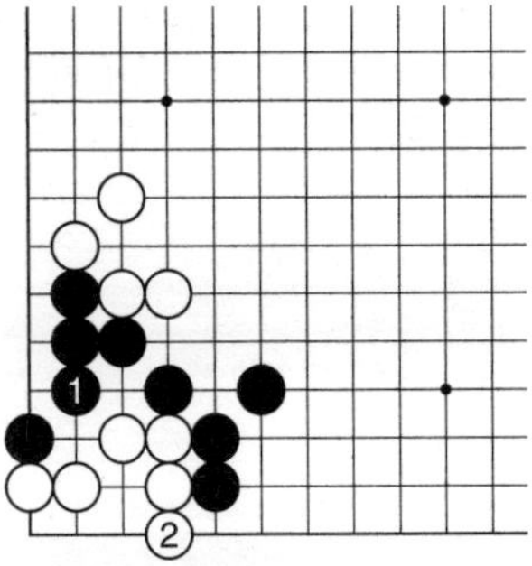

失败

黑 1 若是想救出左边黑一子的话，白 2 立，白棋做活。

问题 100（黑先）

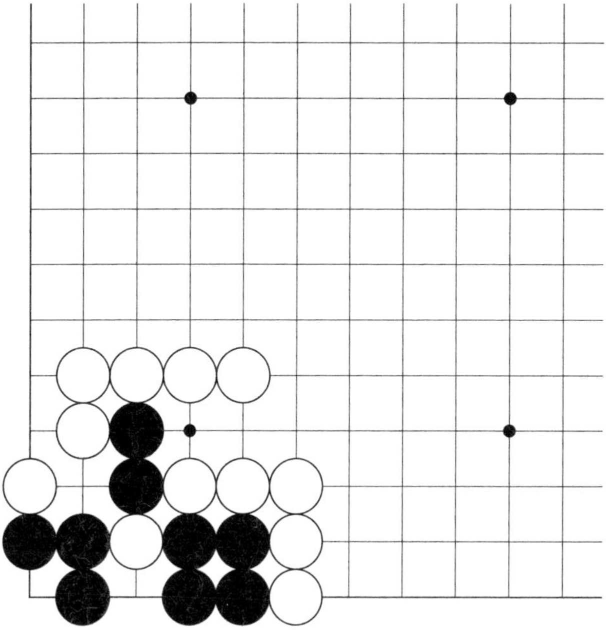

黑棋如何做活?

问题 100（解答） 手筋——倒脱靴

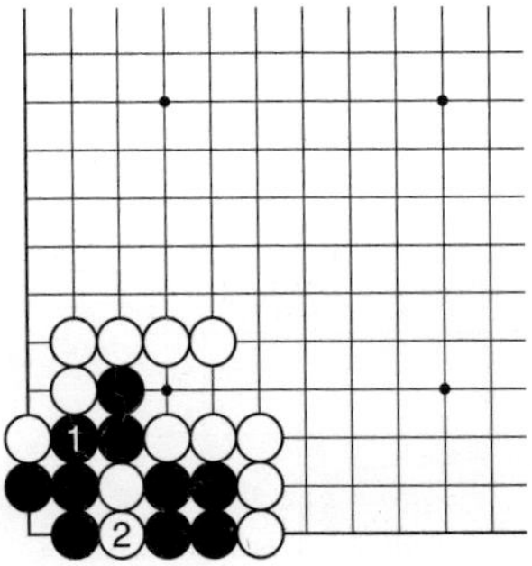

正解

黑 1 粘。

白 2 提黑四子。

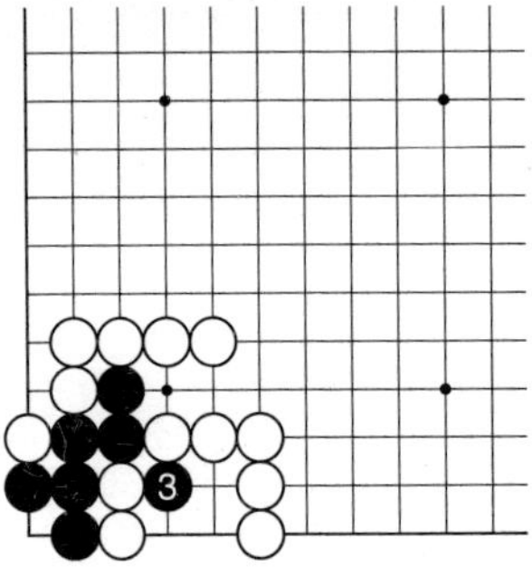

正解（续）

此时需要仔细观察黑棋被吃掉之后的形。

黑 3 断，吃住白两子即可活棋。

像这样被吃之后再断的吃子手段叫作“倒脱靴”。

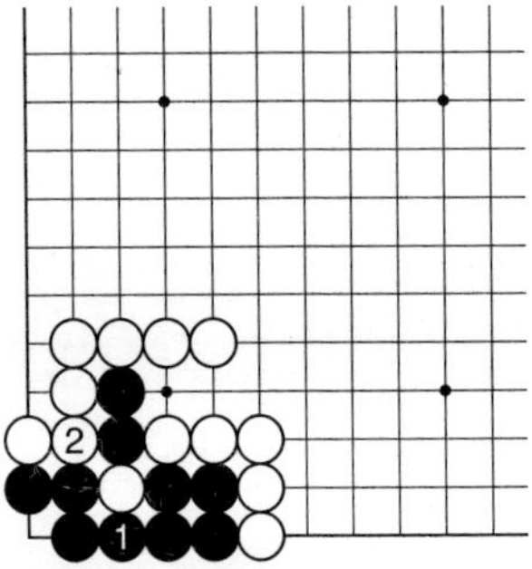

失败

黑 1 提的话，白 2 粘，黑棋是假眼。

4. 应用篇

本章的大多数题目是总结性的应用问题，运用了使对方做假眼、弃子的策略等综合技巧。为了给对方致命一击，一定要对已学的东西融会贯通。想要深入理解这些题，必须要反复练习。

问题 101（黑先）

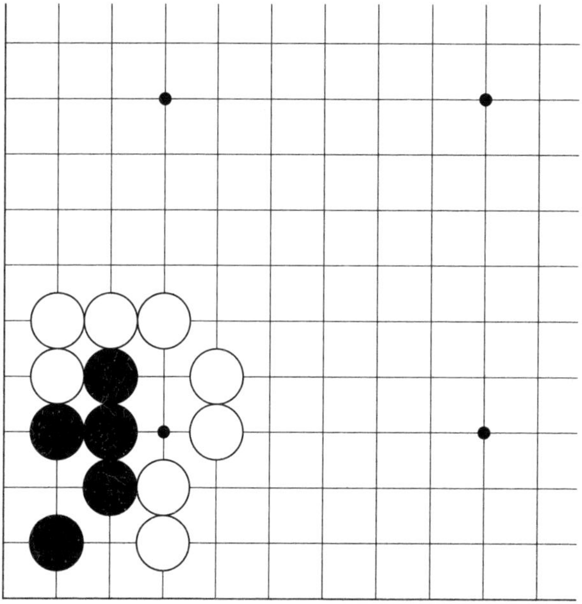

本题，黑棋想要活棋的话，是应该走急所还是应该扩大眼位？

问题 101（解答） 确保眼位的急所

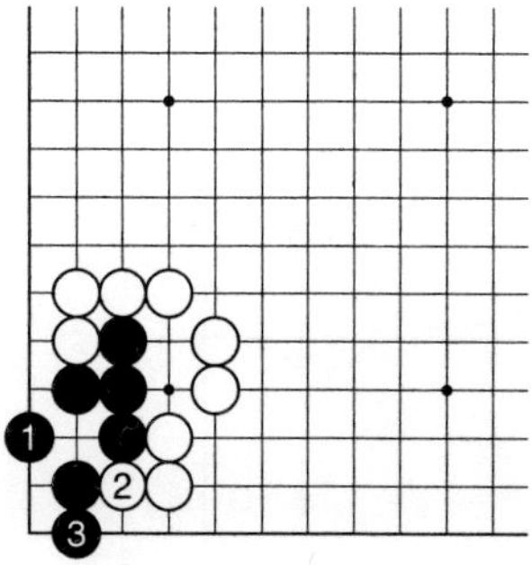

正解 1

黑 1 是急所，先牢牢地做出一只眼。白 2 挤的话，黑 3 做眼。

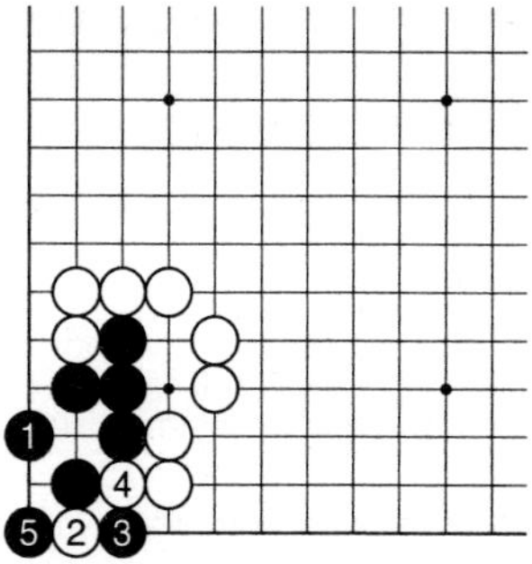

正解 2

黑 1 做出一眼，白 2 托，黑 3 打吃，白 4 打吃，黑 5 提做活。

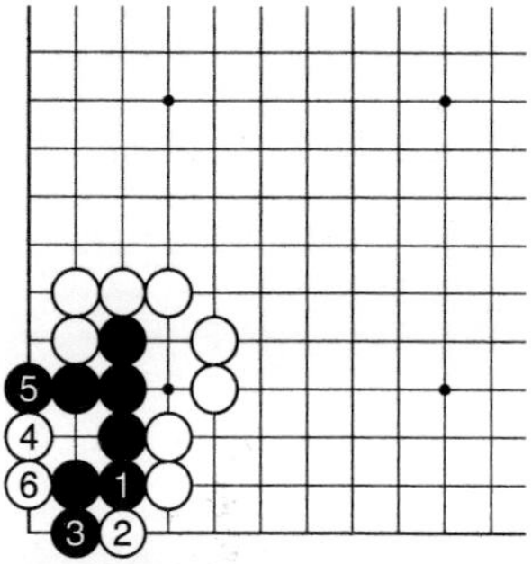

失败

黑 1 扩大眼位的话，白 2 扳缩小眼位。

黑 3 挡，白 4 点急所，黑 5 挡，白 6 破眼，黑棋被杀。

问题 102（黑先）

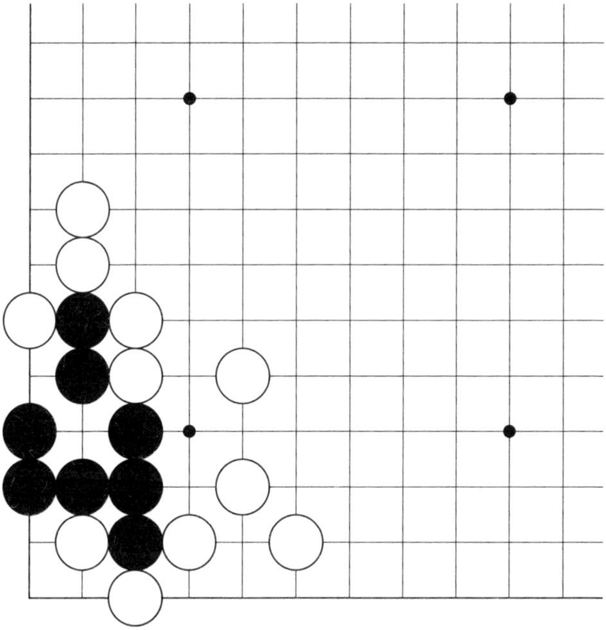

黑棋目前只有一眼，需要再做出一眼。黑棋应该怎么走？

问题 102（解答） 弃子紧气

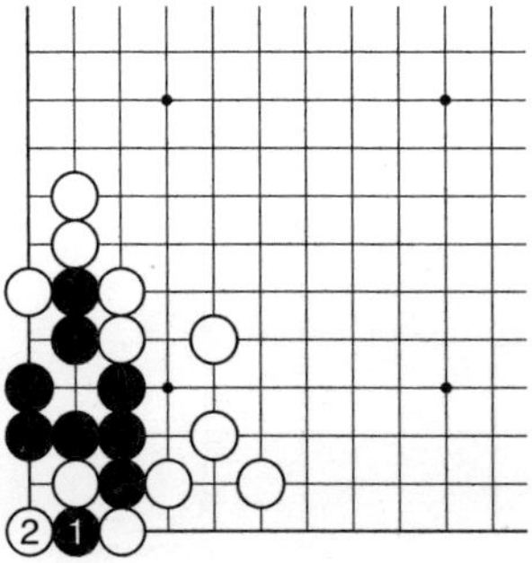

正解

黑 1 扑，故意送吃一子是手筋。白 2 提子。

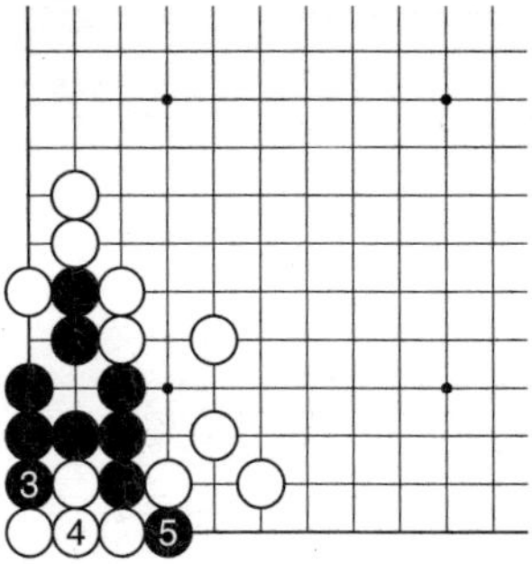

正解（续）

黑 3 打吃，白 4 只要一粘就会被黑棋吃掉。

这是利用弃子走出接不归的技巧从而做活的例子。

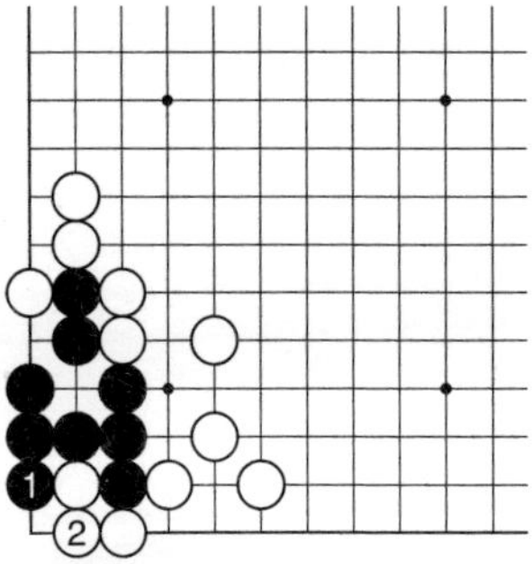

失败

黑 1 若只是单纯地打吃的话，白 2 粘，黑棋不行。

问题103（黑先）

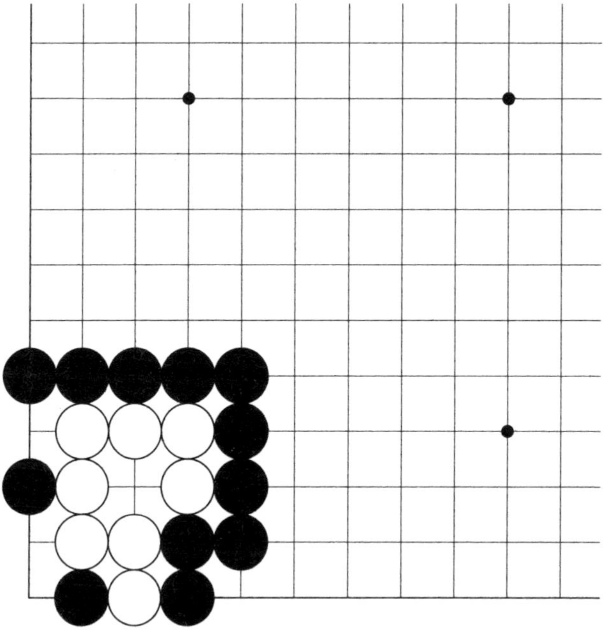

黑棋想要吃掉白棋应该怎么走?

问题 103（解答） 利用白棋气紧的弱点

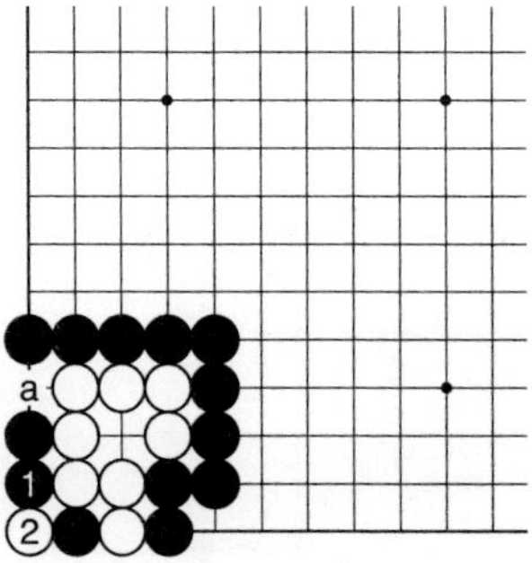

正解

黑 1 爬。由于 a 位不入气，因此白棋只能于 2 位提。

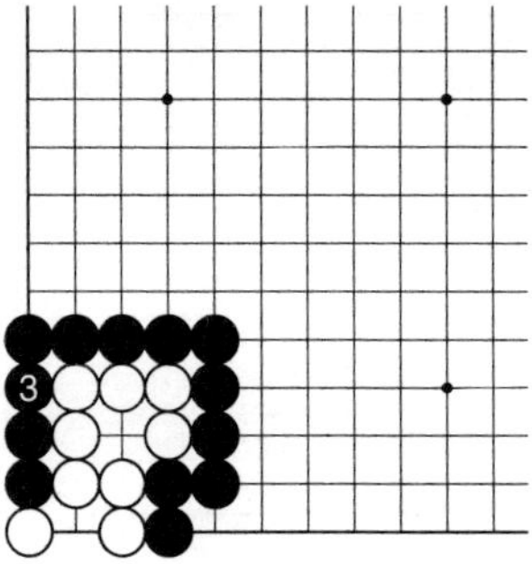

正解（续）

黑 3 粘，白棋只有一只真眼。白棋被杀。

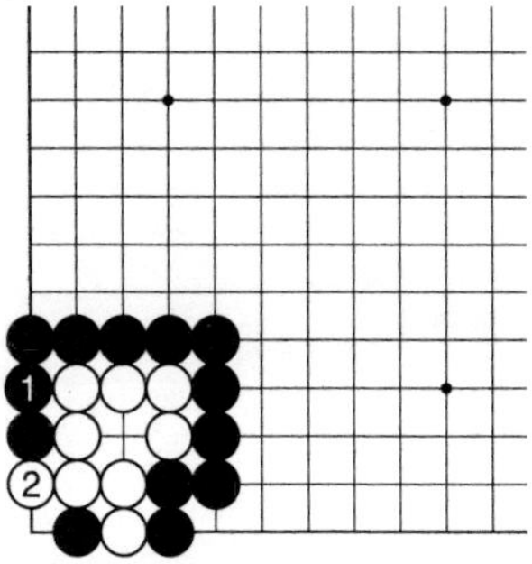

失败

黑 1 粘的话，白 2 立，黑棋不行。

问题 104（黑先）

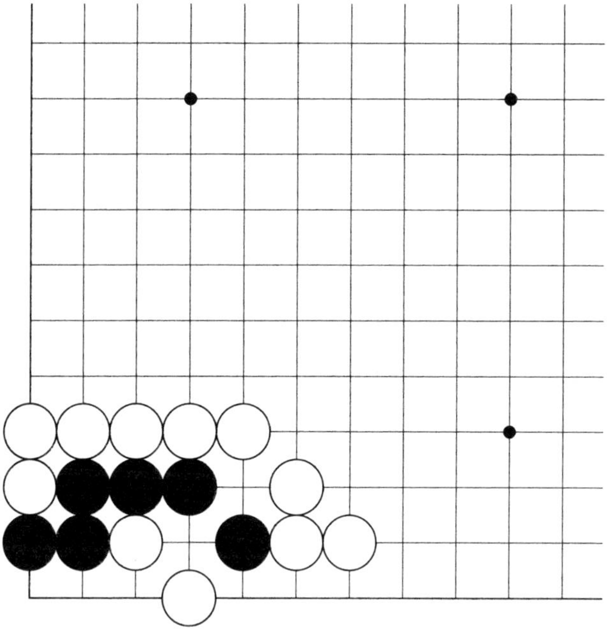

黑棋有既能做眼又能吃掉白棋的手段。黑棋应该怎么走？注意不要走出死形。

问题 104（解答） 利用接不归

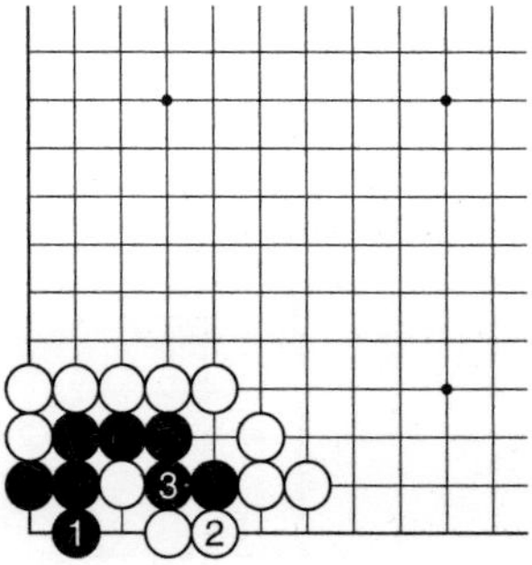

正解

黑 1 做眼是冷静的好手。

白棋走 2 位联络，黑 3 打吃，局部形成接不归，这样白棋就跑不掉了。

黑棋活棋。

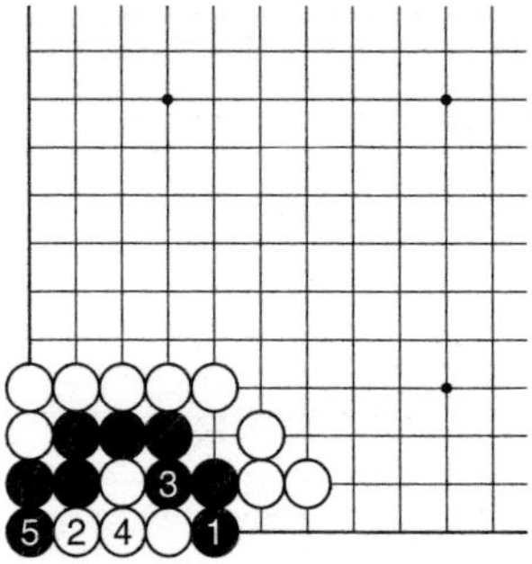

失败

黑 1 挡的话，白 2 扳破眼。黑 3、5 虽然能提掉白棋，但是局部是丁四。

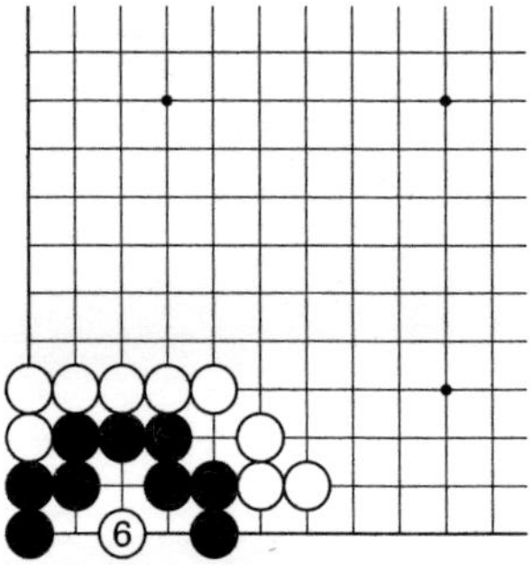

失败（续）

白 6 点，黑棋被杀。

问题 105（黑先）

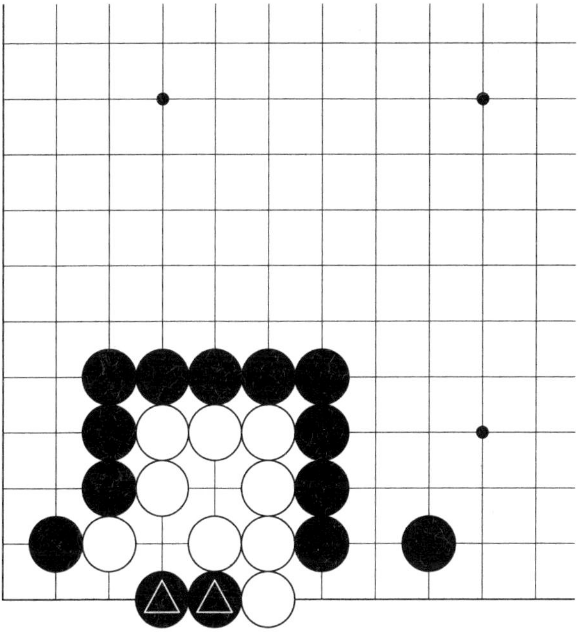

若被白棋吃掉黑△两子，白棋就活棋了。

黑棋该如何救出黑△？

问题 105（解答） 注意接不归

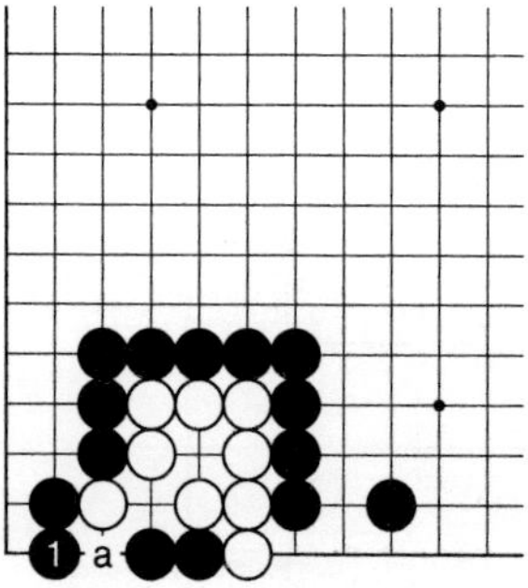

正解

黑 1 立冷静。由于白棋不能走 a 位，因此黑两子被成功救出。

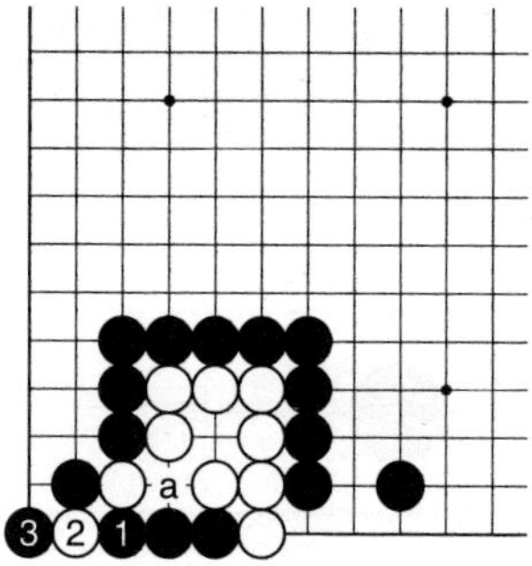

失败

黑 1 打吃的话，白 2 扑好棋。黑棋不能在 a 位提，只能在 3 位提。

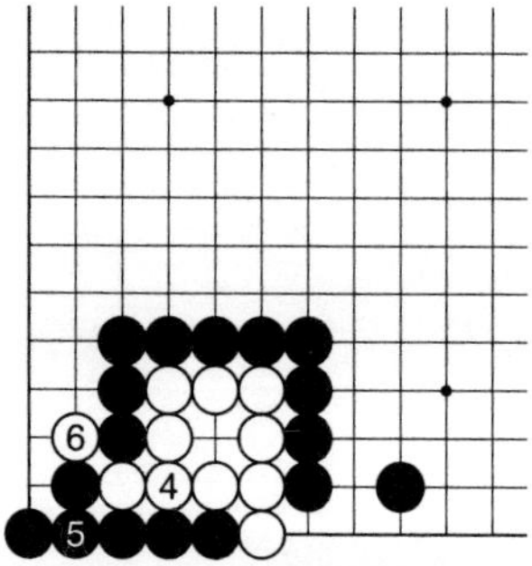

失败（续）

白 4 打吃，黑 5 粘，白 6 断。黑棋全军覆没。黑 5 若走 6 位粘，白棋于 5 位提黑三子，白棋仍然是活棋。

问题 106（黑先）

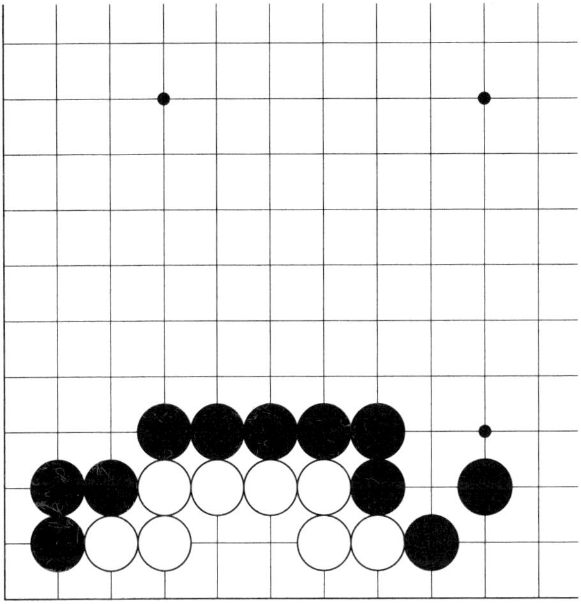

本题虽是左右同形，但要点不在中间。

黑棋应该如何吃掉白棋？

问题 106（解答） 缩小眼位

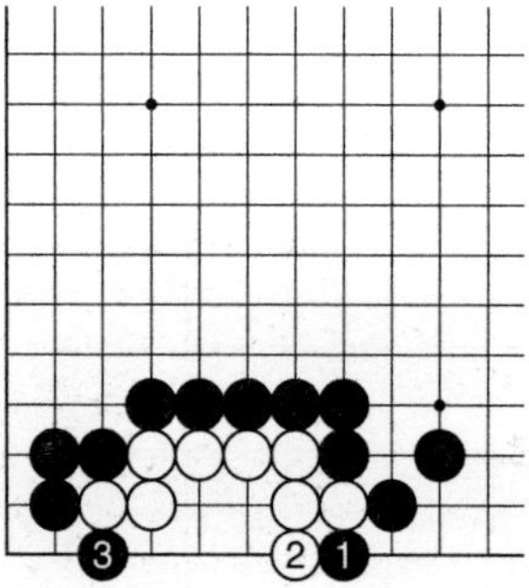

正解

黑 1 扳缩小眼位。白 2 挡，黑 3 接着扳，继续缩小眼位即可。这样白棋就无法做出两眼了。

另外，黑 1 走 3 位也是一样可以杀掉白棋的。

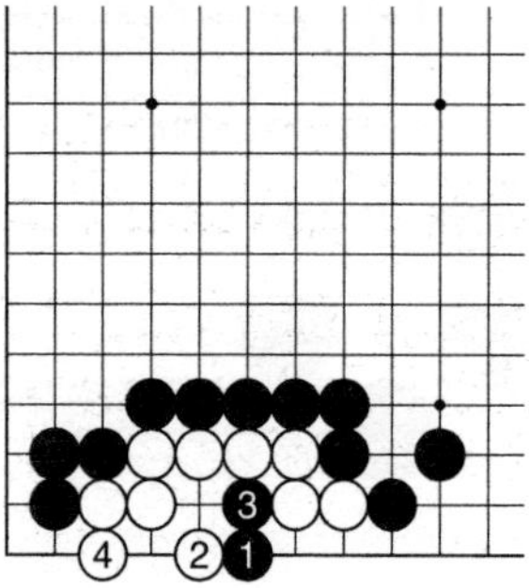

失败 1

黑 1 点，白 2 尖。黑 3 想破眼也没用，白 4 立做出两眼。

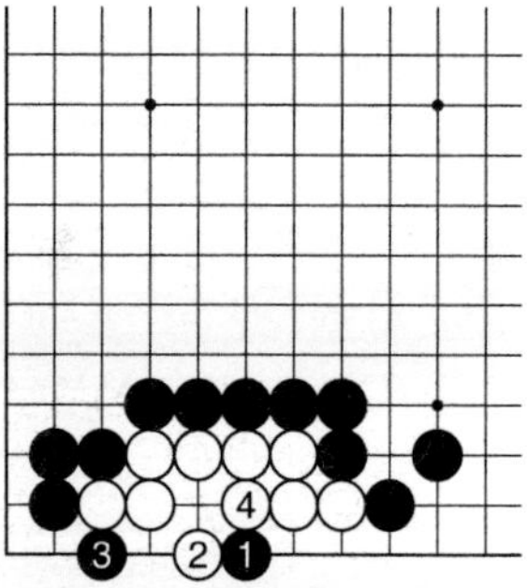

失败 2

黑 1 点，白 2 尖。黑 3 扳时，白 4 做眼即可。

问题 107（黑先）

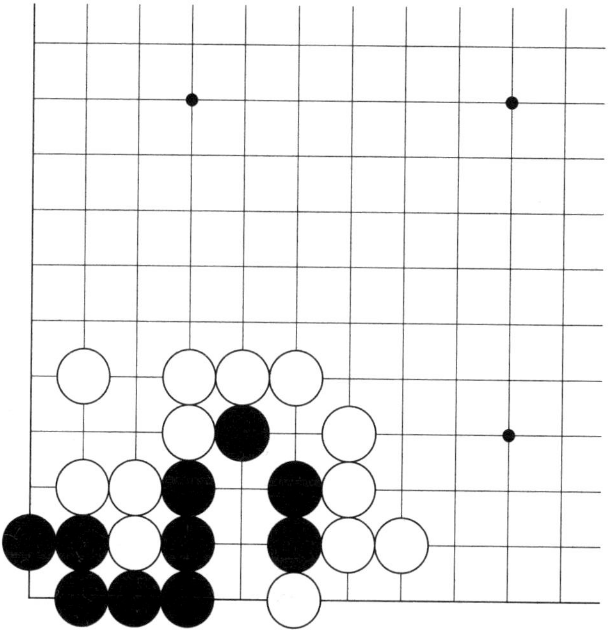

黑棋应该如何做活?

问题 107（解答） 利用气紧造成接不归

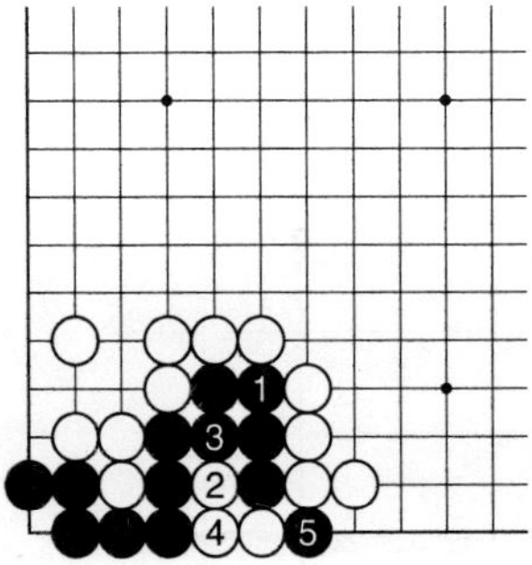

正解

黑 1 团是好手。

白 2 打吃，黑 3 粘即可。

白 4 如果粘，黑 5 尽数吃掉白三子。

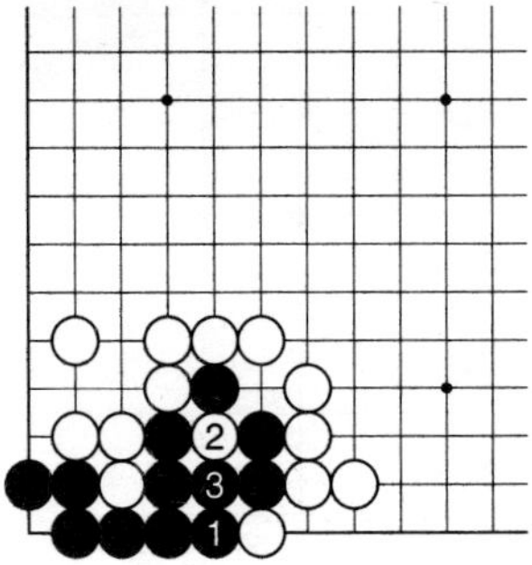

失败

黑 1 打吃，白 2 扑。黑 3 提。

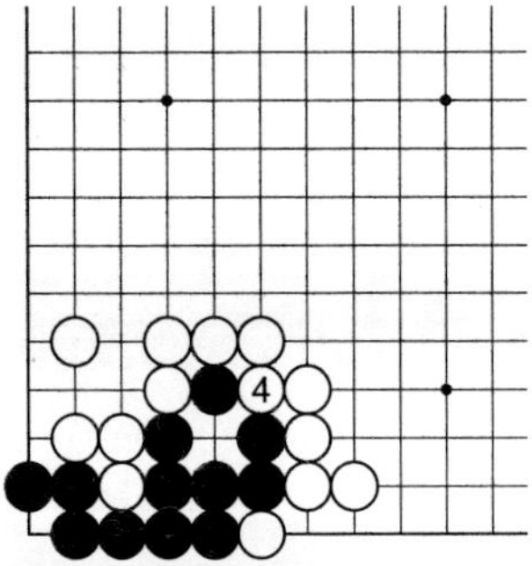

失败（续）

白 4 打吃，黑棋变成假眼。黑棋被杀。

问题 108（黑先）

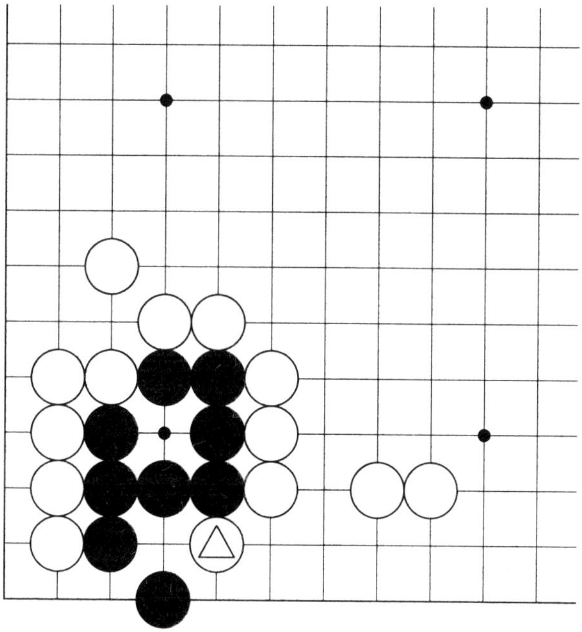

为了做活，黑棋必须吃掉白◬。

黑棋应该如何走？

问题 108（解答） 一路立

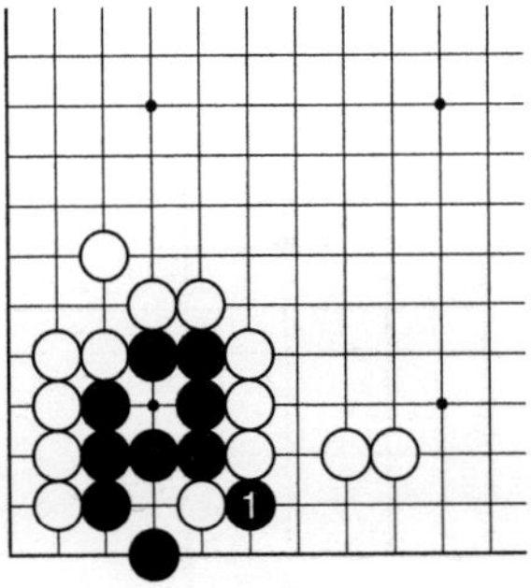

正解 1

黑 1 断，是吃子的第一步。

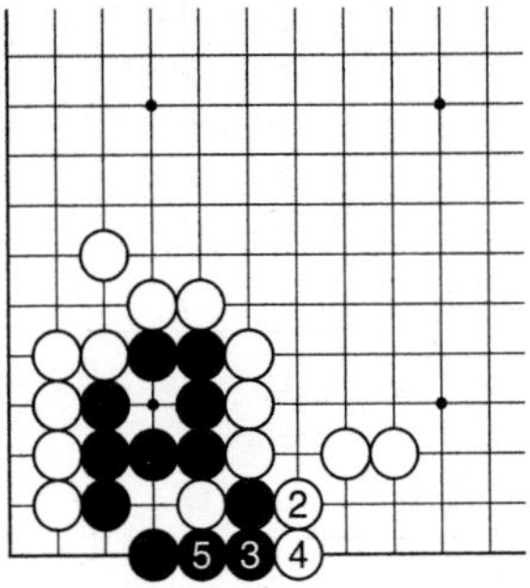

正解 1（续）

白 2 打吃，黑 3 一路立是好手。

白 4 打吃，黑 5 粘，黑棋做活。

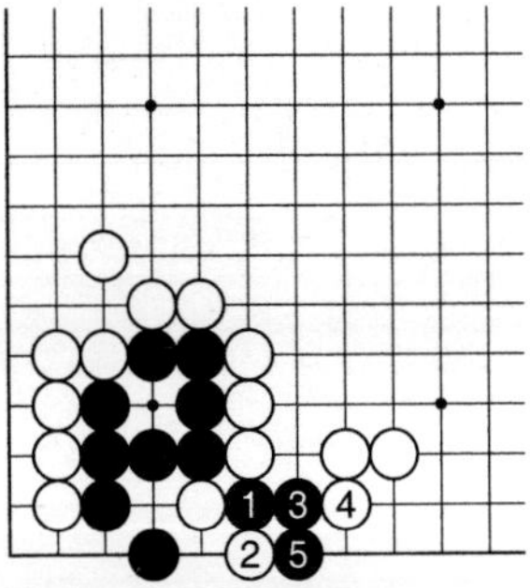

正解 2

黑 1 断时，白 2 从下面打吃，黑 3 长，至黑 5，黑棋还是活棋。

问题 109（黑先）

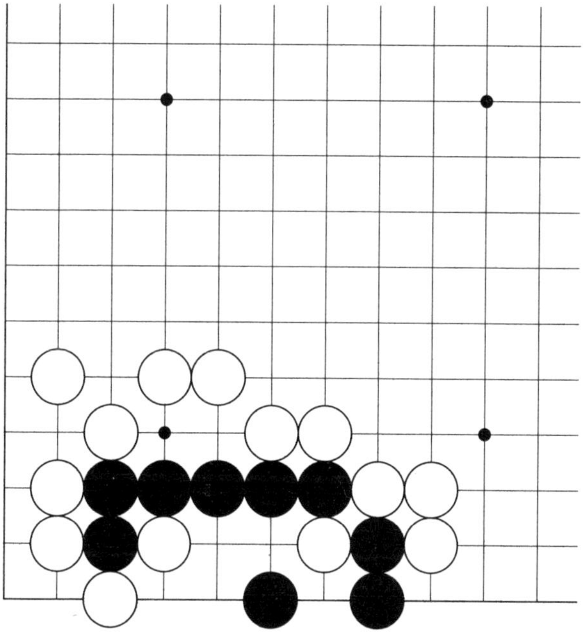

黑棋若能冲击白棋弱点，是能够做活的。黑棋应该怎么走？

问题 109（解答） 诱使对方撞气

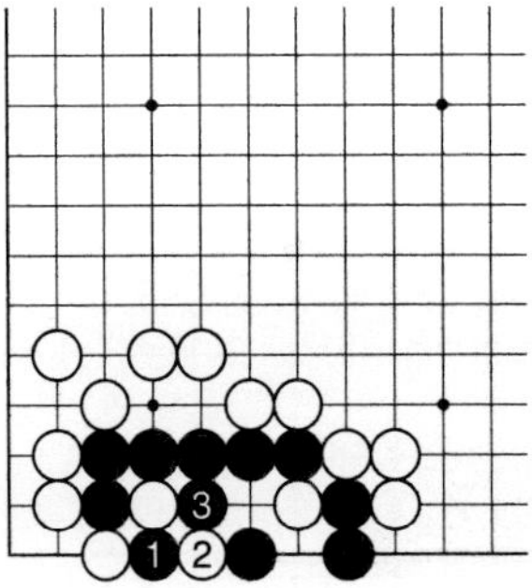

正解

黑 1 扑是好手。白 2 提是自紧一气。

黑 3 打吃。

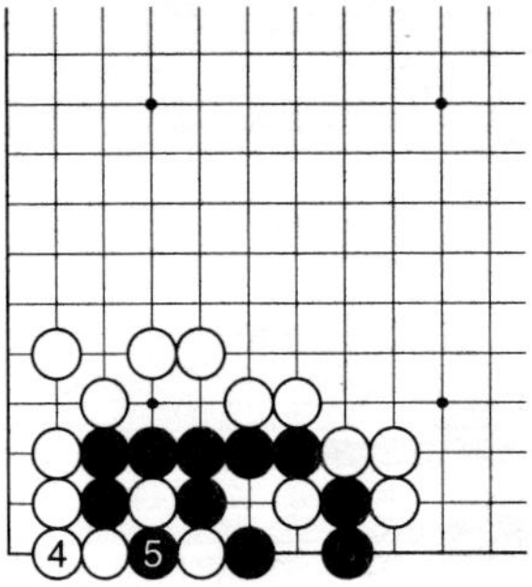

正解（续）

白 4 粘，黑 5 提，黑棋做活。

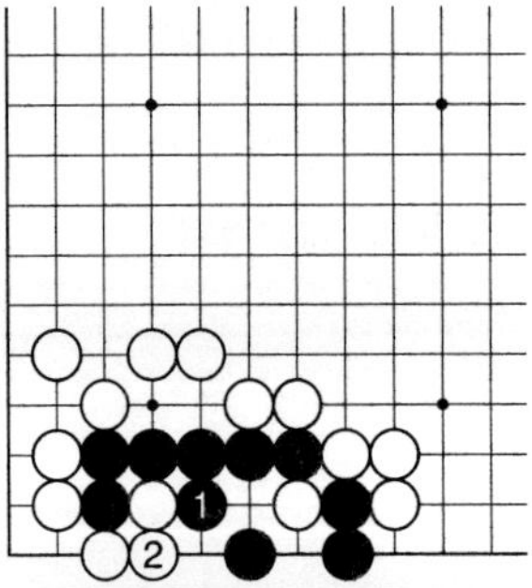

失败

黑 1 打吃，白 2 粘，黑棋被杀。

问题 110（黑先）

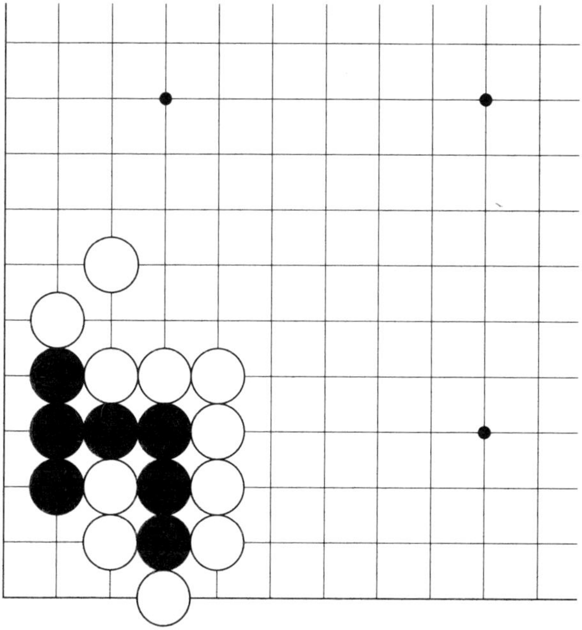

白棋有顽强的手段。

为了做活，黑棋需要一点跳跃性思维。黑棋应该怎么走？

问题 110（解答） 吃子也不能成眼

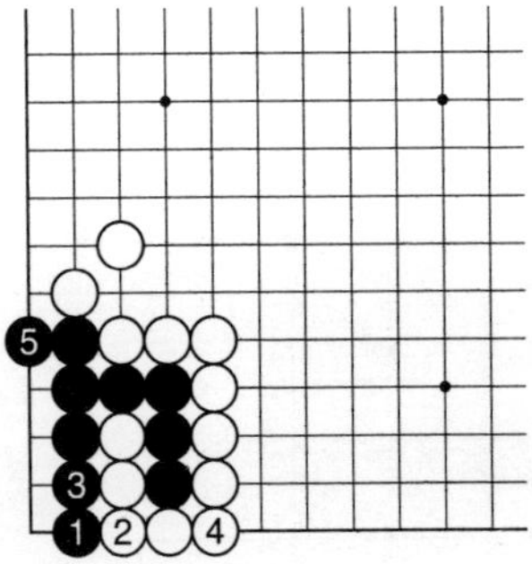

正解

黑 1 跳，意图切断对方是好手。

白 2 只能粘，黑 3 打吃，白 4 粘。黑 5 立，局部形成“直四”，黑棋活棋。

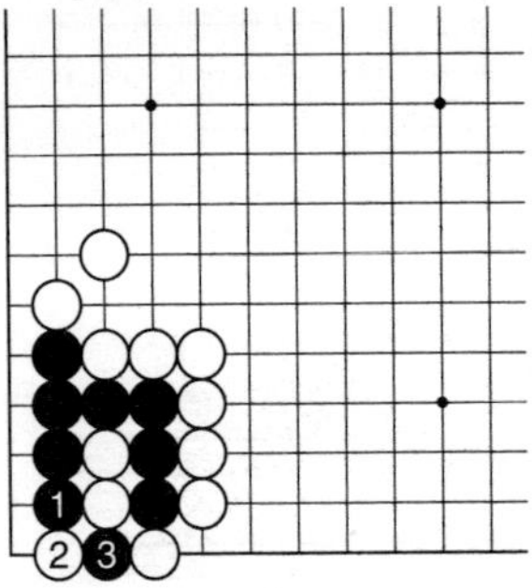

失败

黑 1 打吃的话，白棋不粘而是于 2 位扳是好手。

黑 3 提。

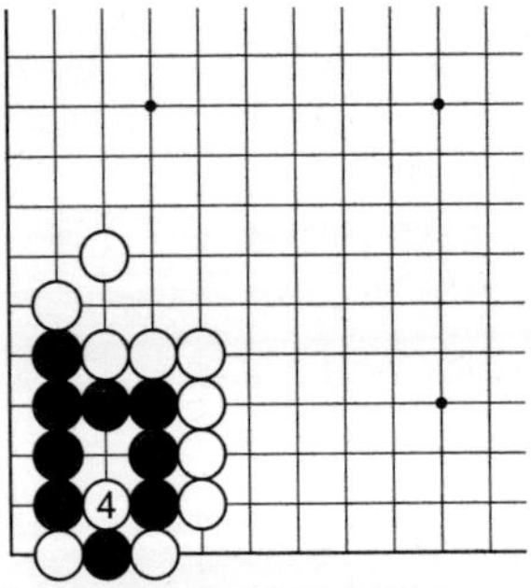

失败（续）

白 4 反提黑子，黑棋就只剩一只眼。

问题 111（黑先）

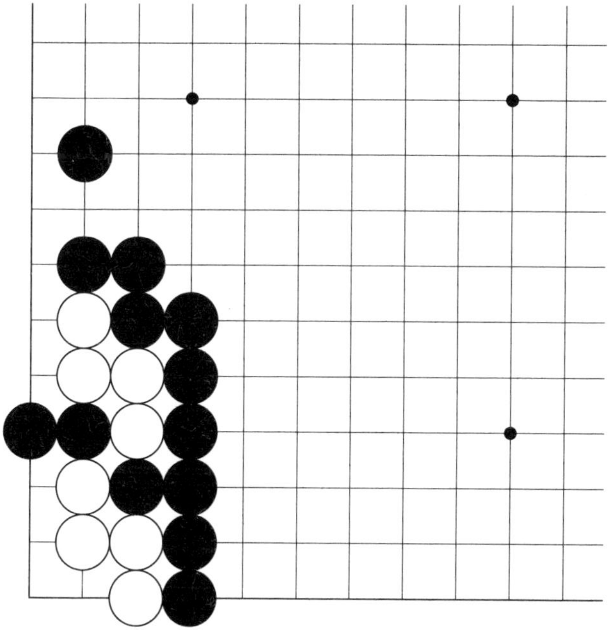

黑棋如何利用白棋气紧的弱点，狙杀全体白棋？

问题 111（解答） 金鸡独立

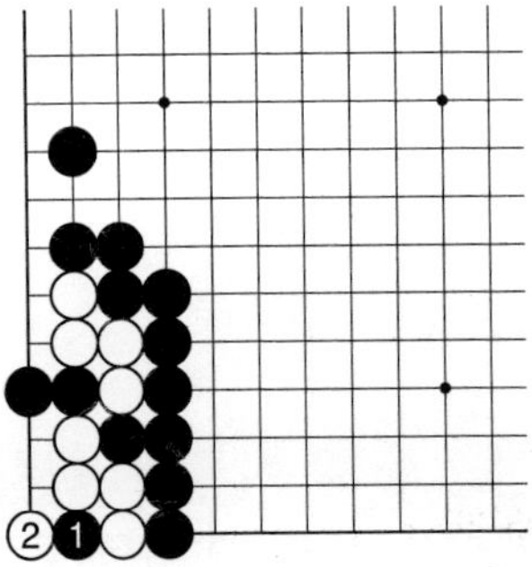

正解

黑 1 送是好手。白 2 提。

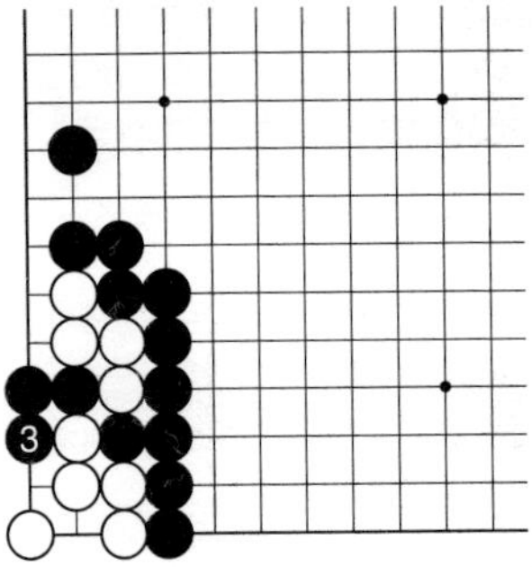

正解（续）

黑 3 破眼，这样一来，白棋两边都无法打吃黑三子。白棋被杀。

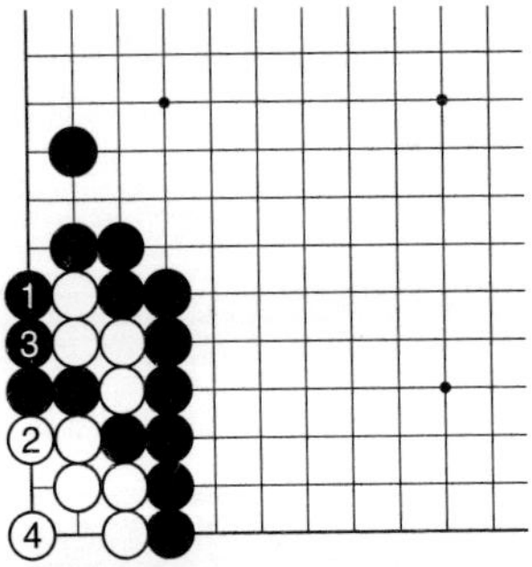

失败

黑 1 打吃的话虽能吃掉白四子，但白 4 做眼，下边的白棋就活了。黑棋不满。

问题 112（黑先）

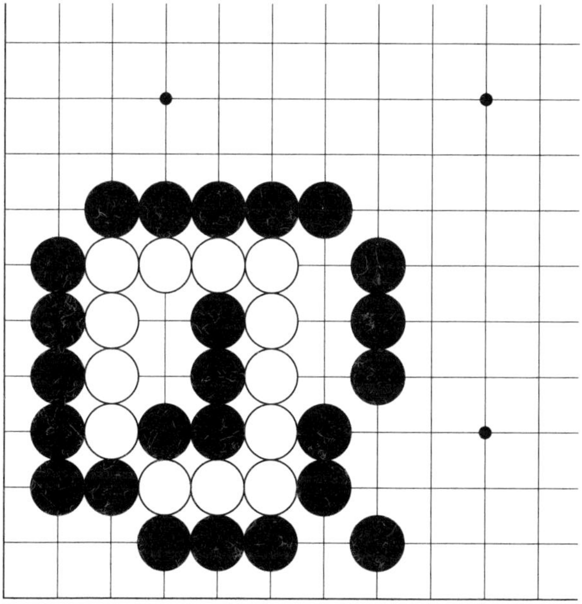

黑棋如何才能诱导白棋走出“刀把五”的死形？

问题 112（解答） 瞄准“刀把五”

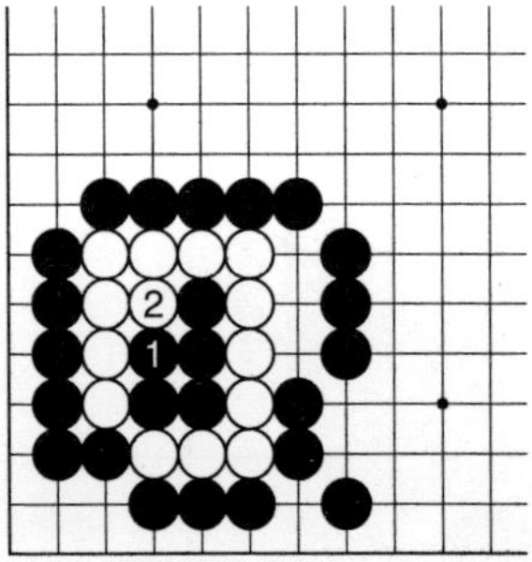

正解

黑 1 是急所。白 2 提。

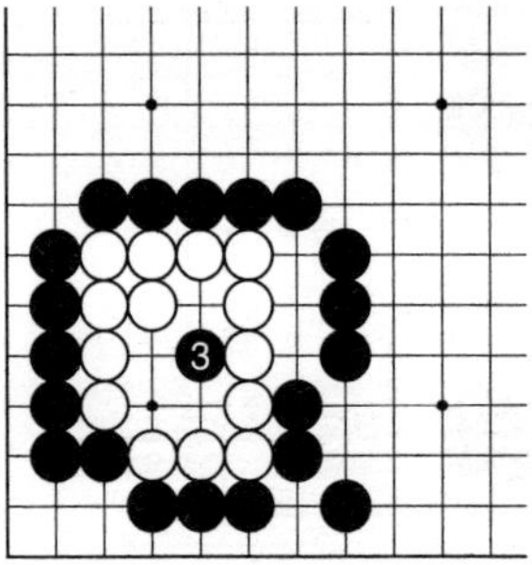

正解（续）

黑 3 点即可。

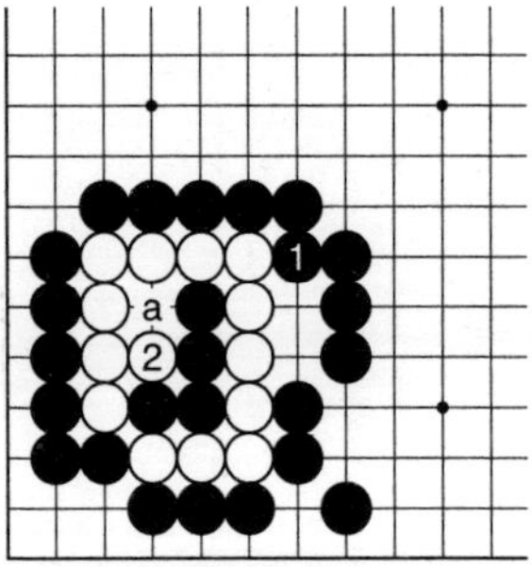

失败

黑 1 从外侧紧气的话，白 2 打吃，之后白棋走 a 位吃掉黑四子形成“弯四”的活形。

问题 113（黑先）

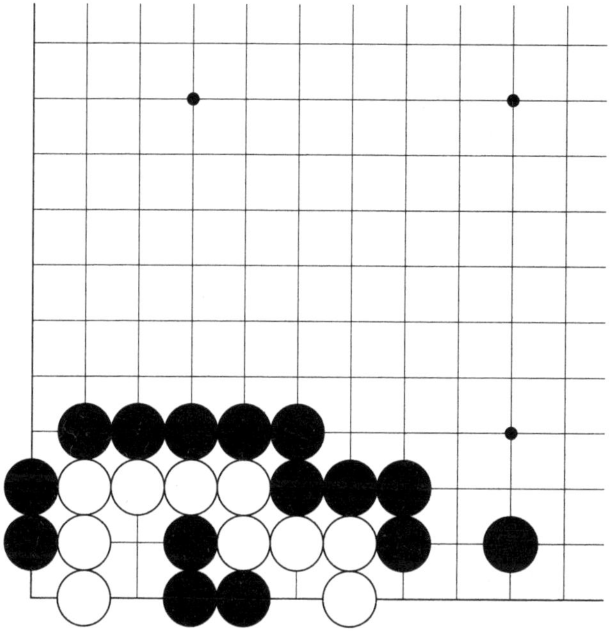

黑棋如何才能诱导白棋走出死形？

问题 113（解答） 瞄准死形

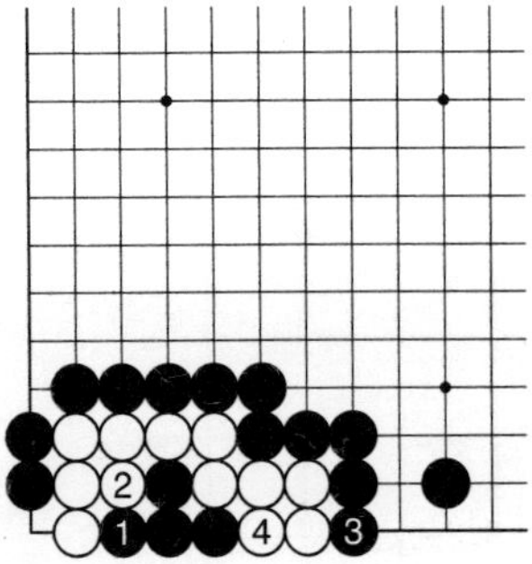

正解

黑 1 是急所。

白 2、4 吃掉黑子。

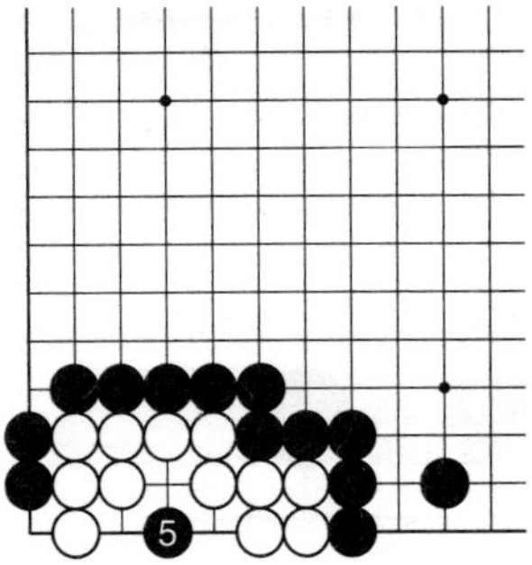

正解（续）

白棋局部形成“丁四”。黑 5 点，白棋被杀。

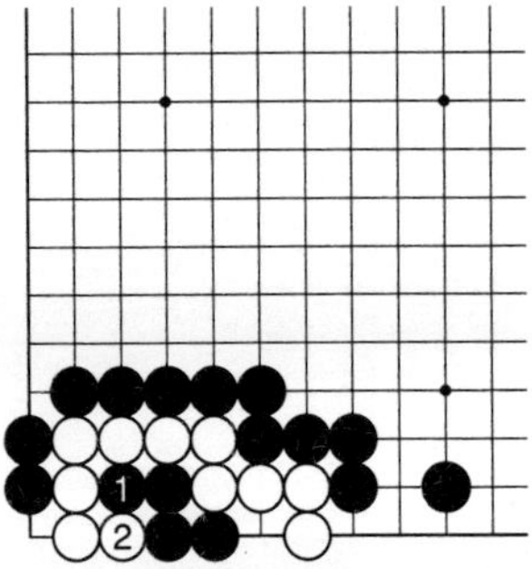

失败

黑 1 的话，白 2 打吃，这样局部形成“弯四”，白棋活棋。

问题 114（黑先）

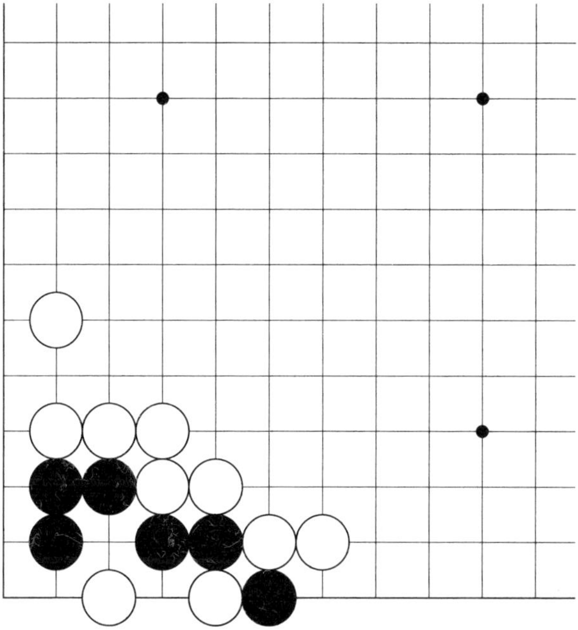

黑棋如何做活？是否需要先提掉被打吃的白一子？

问题 114（解答） 吃三子不是假眼

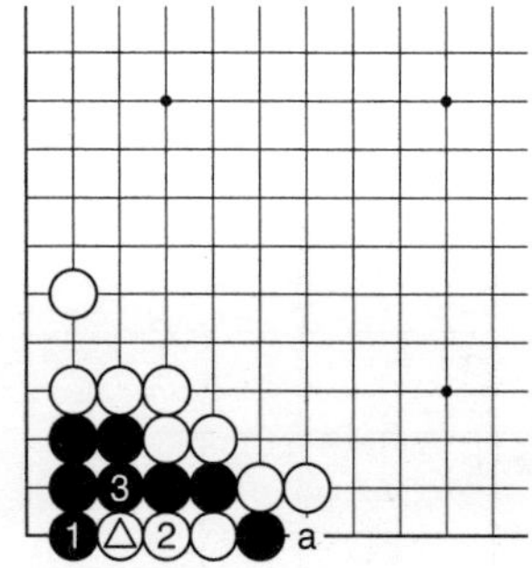

正解

黑 1 挡，先确保左侧可以做出一只眼。白 2 粘，黑 3 提。

另外，若白 2 走 a 位提掉黑子的话，黑 3 打吃，白◬已然是黑棋囊中之物。

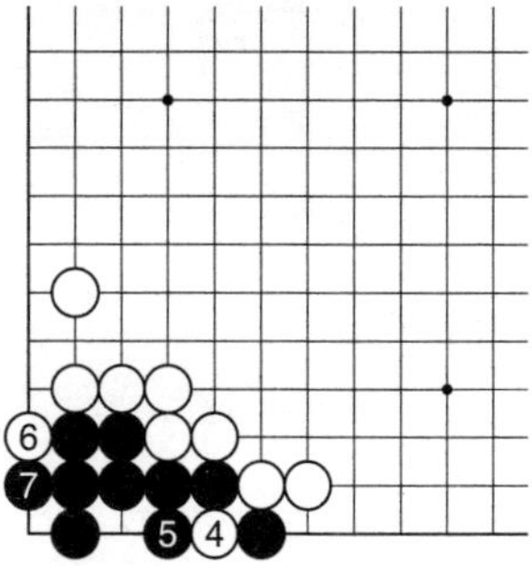

正解（续）

白 4 扑，黑 5 提做眼，白 6 扳，黑 7 挡，黑棋做活。

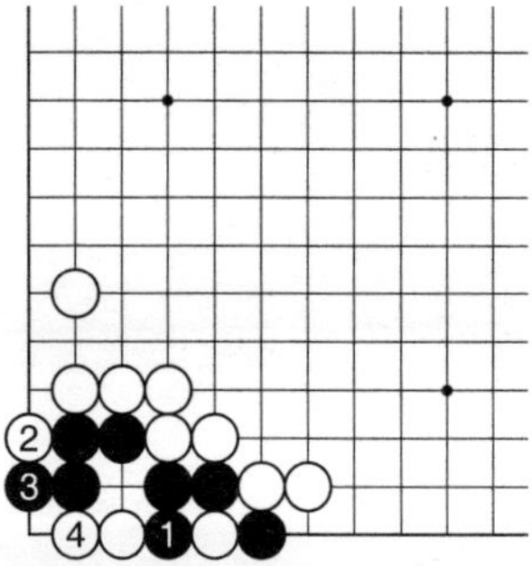

失败

黑 1 提的话，白 2 扳缩小眼位，黑 3 挡，白 4 破眼，黑棋被杀。

问题 115（黑先）

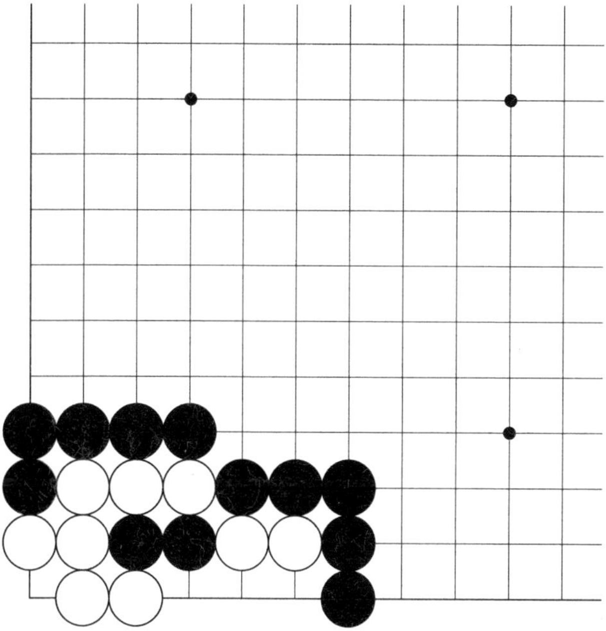

黑棋想要将白棋左侧的眼变成假眼，应该怎么走？

问题 115（解答） 弃子破眼

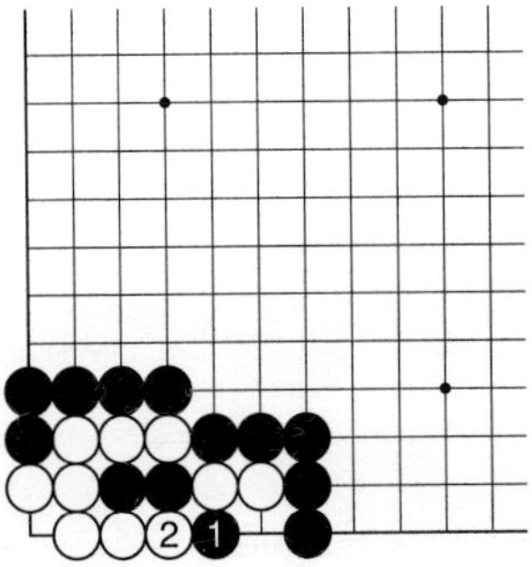

正解

黑 1 打吃是很重要的一手。白 2 提。

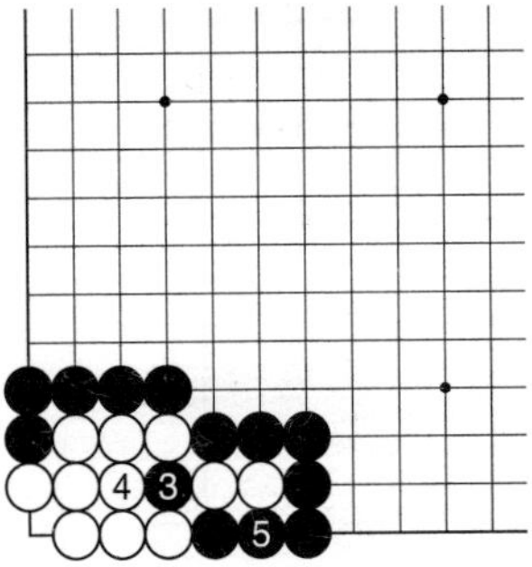

正解（续）

黑 3 扑是关键。白 4 提，黑 5 粘，左边白棋就成为假眼了。白 4 走 5 位也没用，黑棋走上图的 1 位就可以吃掉白三子了。

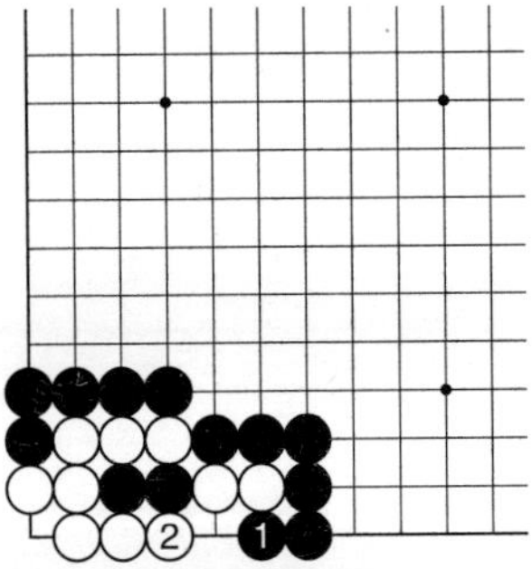

失败

黑 1 打吃，白 2 提，白棋做活。

问题 116（黑先）

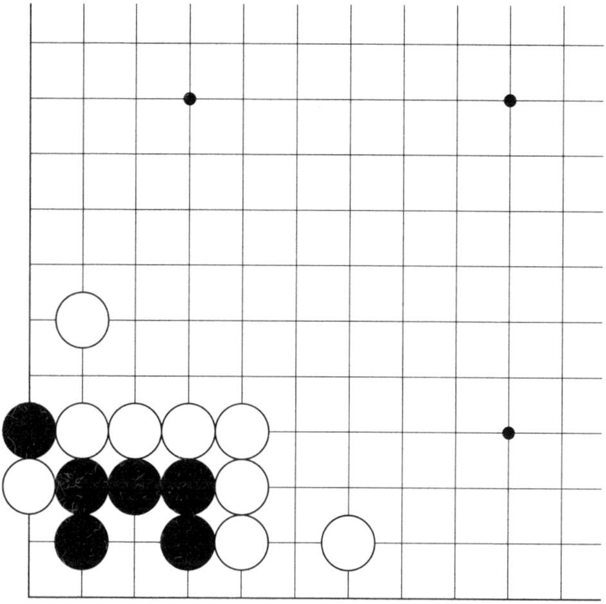

若要做活，黑棋应该扩大眼位还是应该走急所？

问题 116（解答） 急所更“急”

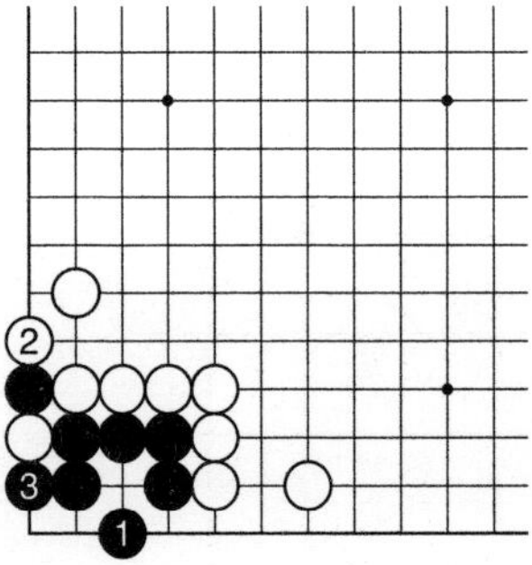

正解 1

黑 1 做眼是急所。

白 2 提，黑 3 挡就活了。

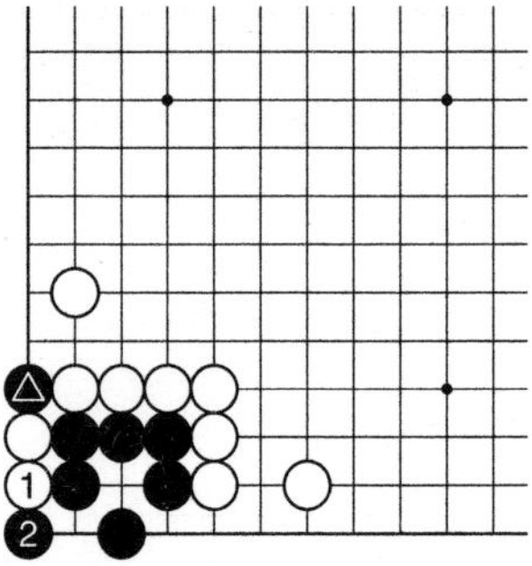

正解 2

上图白 2 走本图 1 位的话，黑 2 立即把白棋吃掉了。

不论被吃掉还是不被吃掉，黑△都能发挥作用。

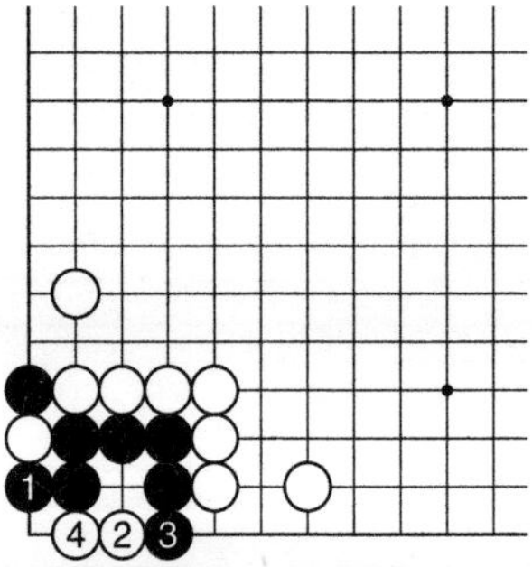

失败

黑 1 提扩大眼位的话，白 2 点，黑棋被杀。

问题 117（黑先）

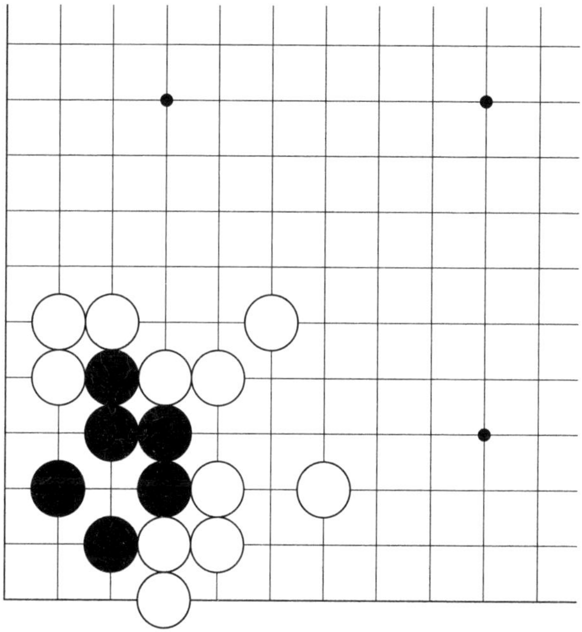

黑棋如何在角上做眼？

问题 117（解答） 左右逢源

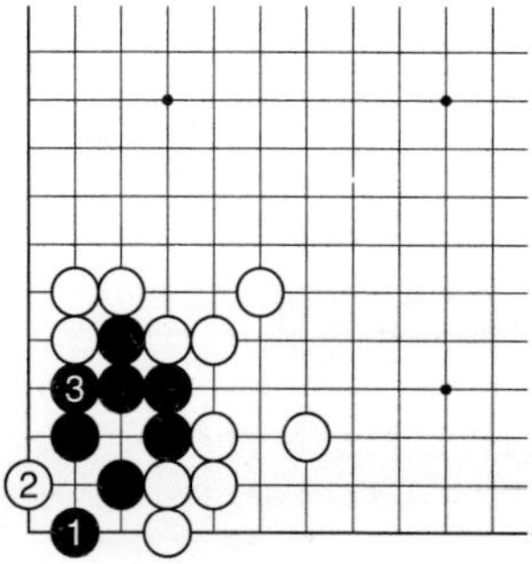

正解

黑 1 倒尖是好手。白 2 点，黑 3 团即可做活。白 2 若走 3 位的话，黑棋走 2 位做活。2 位和 3 位两点见合。

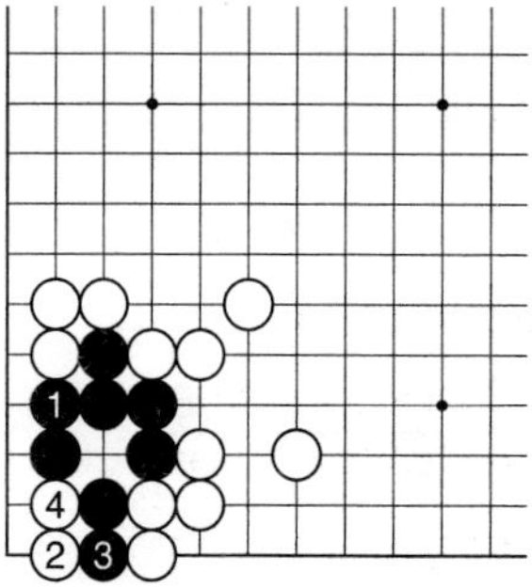

失败 1

黑 1 团做眼的话，白 2 点是好手。黑 3 挡，白 4 打吃，黑棋就是假眼了。

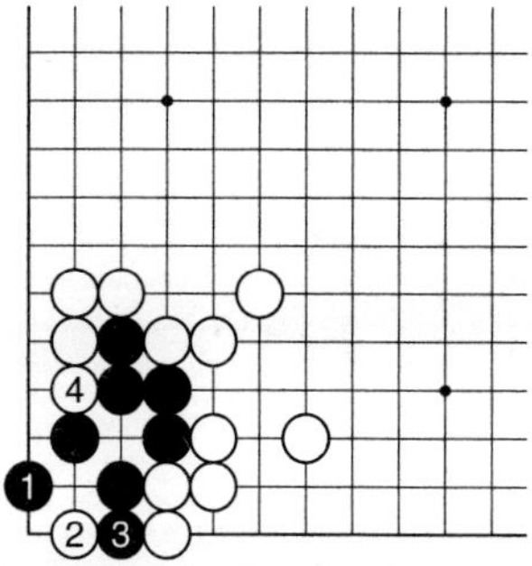

失败 2

黑 1 若从另一方向尖的话，白 2 点急所。黑 3 阻渡，白 4 破眼。这样黑棋不行。

问题 118（黑先）

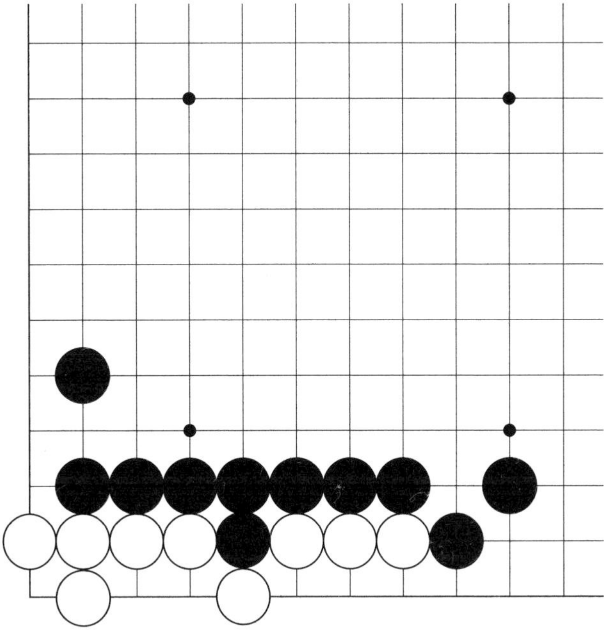

白棋的形一碰就碎。

那么击溃白棋的急所在哪里呢？

问题 118（解答） 破眼——扑

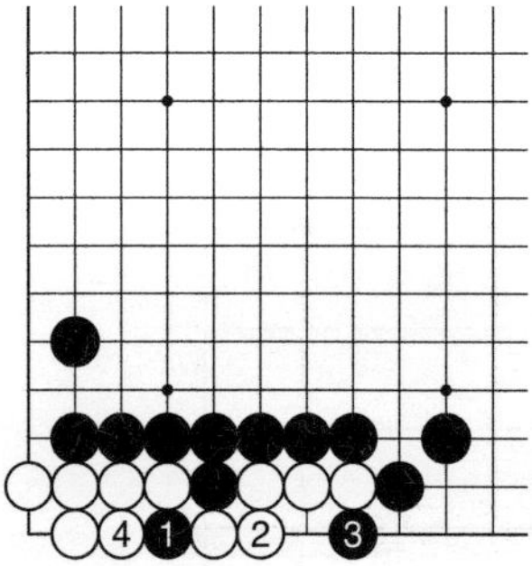

正解

黑 1 扑是破眼的急所。

白 2 粘，黑 3 打吃，白 4 提。

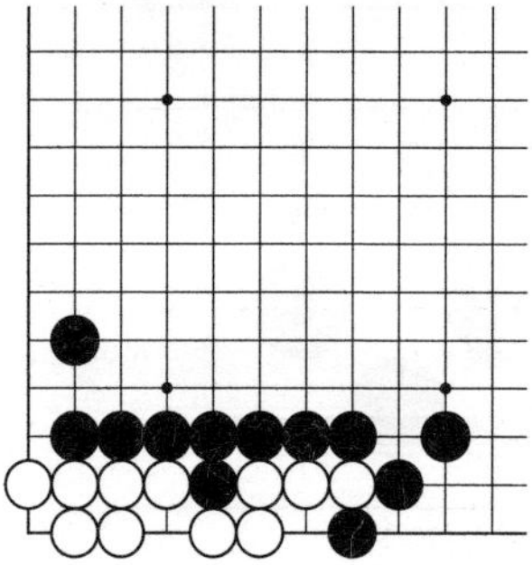

正解（续）

白棋只有角上一只眼，白棋被杀。

另外，上图的白 2 若走 4 位直接提的话，做出的也是假眼。白棋还是不行。

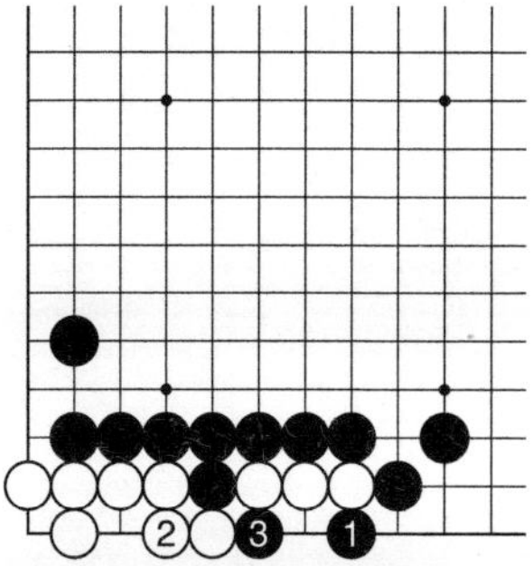

失败

黑 1 扳，白 2 粘活棋。

虽然黑 3 扑可以吃白三子，但白棋大部队活了，黑棋无趣。

问题 119（黑先）

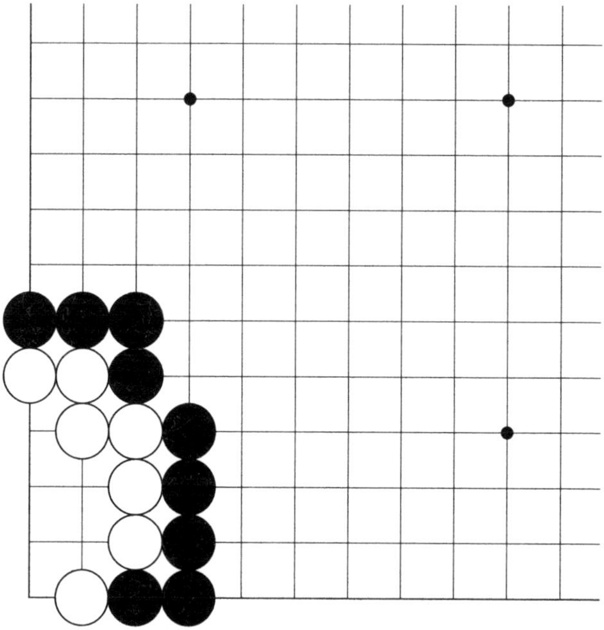

黑棋如何杀掉白棋？

问题 119（解答） 利用气紧的弱点

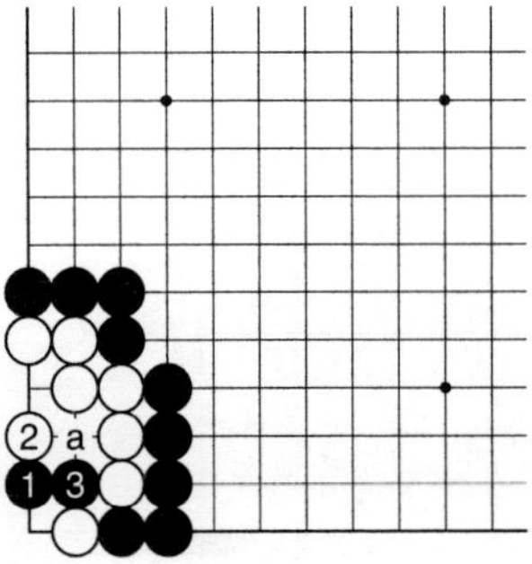

正解

黑 1 点急所。

白 2 虽能做出一眼，但黑 3 断，由于 a 位不入气，白棋被杀。

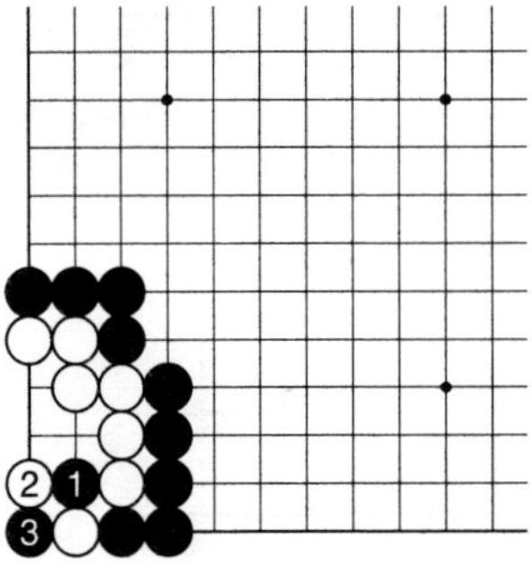

失败 1

黑 1 断，白 2 打吃，黑 3 提，局部形成打劫。

本题打劫活不算正解。

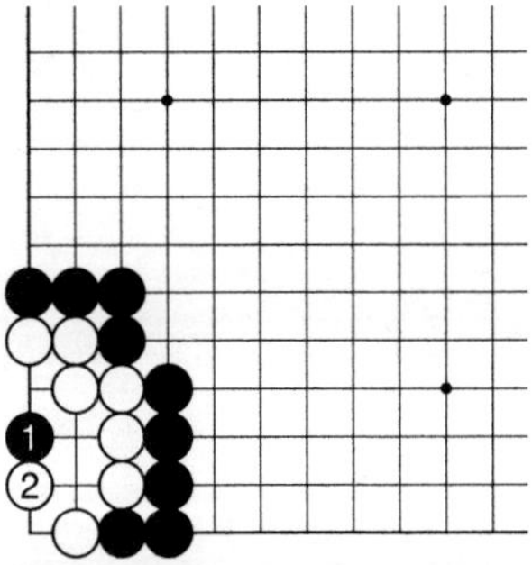

失败 2

黑 1 点，白 2 做眼，黑棋失败。

问题 120（黑先）

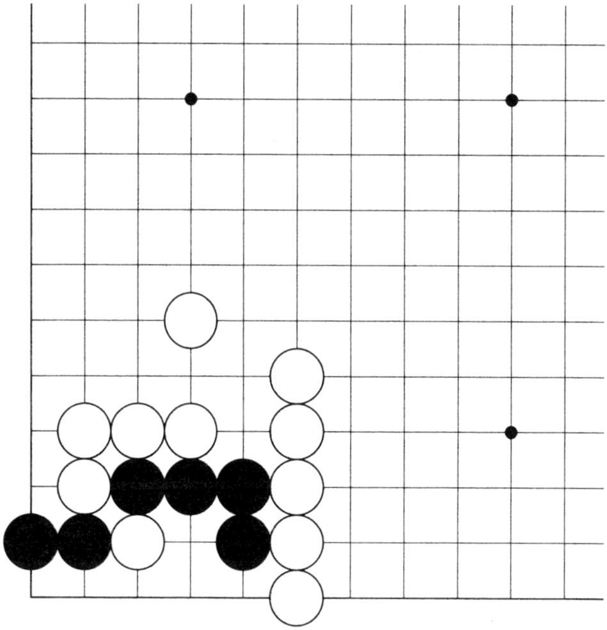

黑棋该如何吃掉腹中的白一子从而做活？

问题 120（解答） 注意自身的气

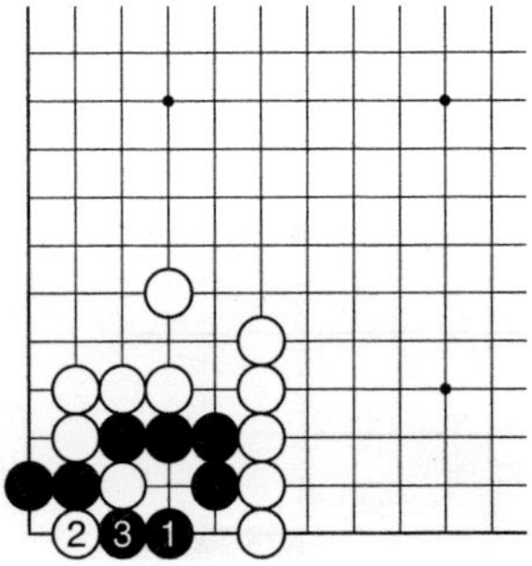

正解

黑 1 尖是手筋。白 2 扳破眼，黑 3 断吃做活。白 2 若走 3 位，黑棋走 2 位依然是活棋。

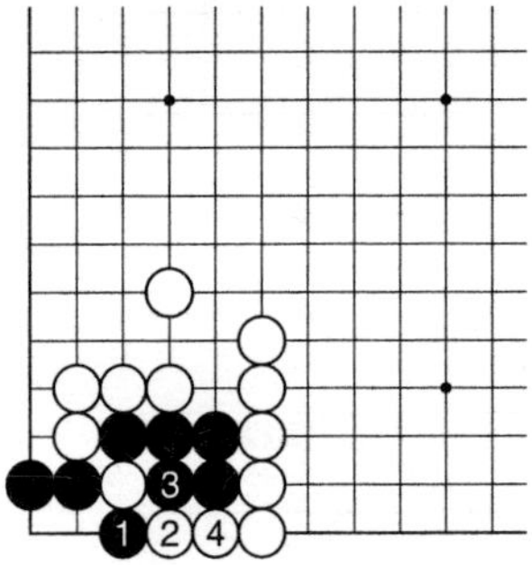

失败 1

黑 1 打吃的话，白 2 反打，黑 3 提，白 4 粘，黑棋这只眼变成了假眼。黑棋被杀。

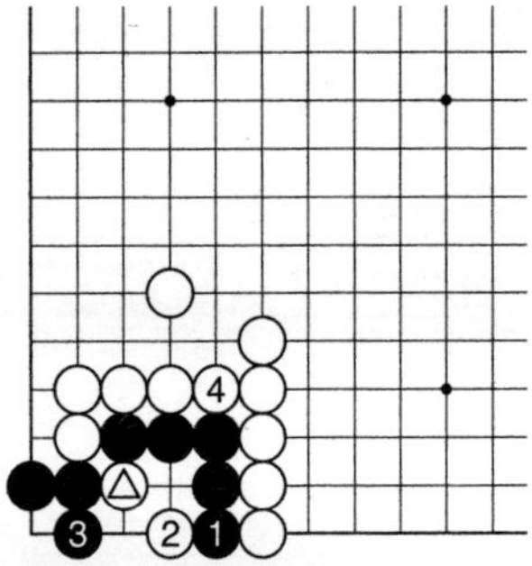

失败 2

黑 1 扩大眼位的话，白 2 一路小尖是好手。

黑棋没法打吃白棋，只能于 3 位立，白 4 紧气，黑棋被杀。

问题 121（黑先）

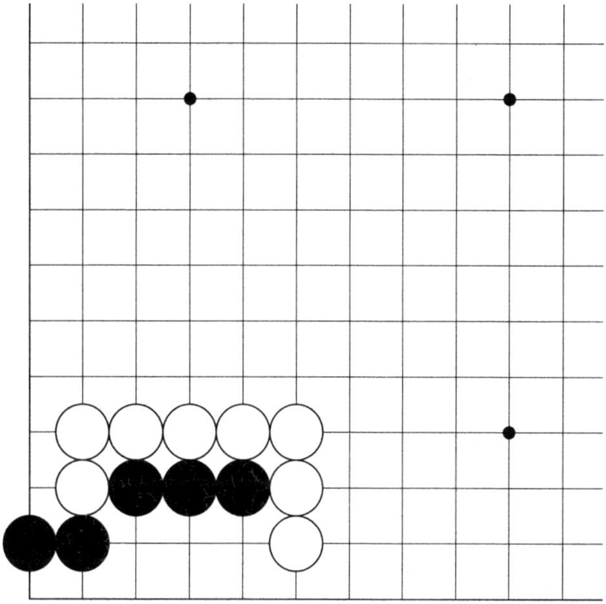

虽然黑棋可发挥的空间很小，但还是可以做活的。

对黑棋来说，扩大眼位和走急所，哪个更好呢？

问题 121（解答） 急所——三子点中间

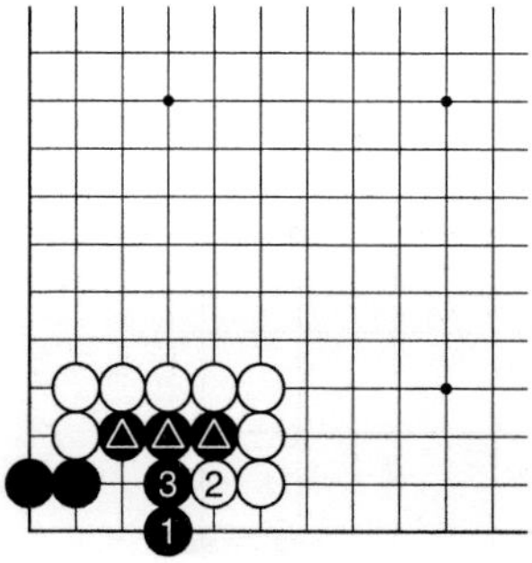

正解

黑 1 跳急所。黑▲三子中间一子的一间跳是“三子点中间”的急所。

白 2 拐，黑 3 粘做活。

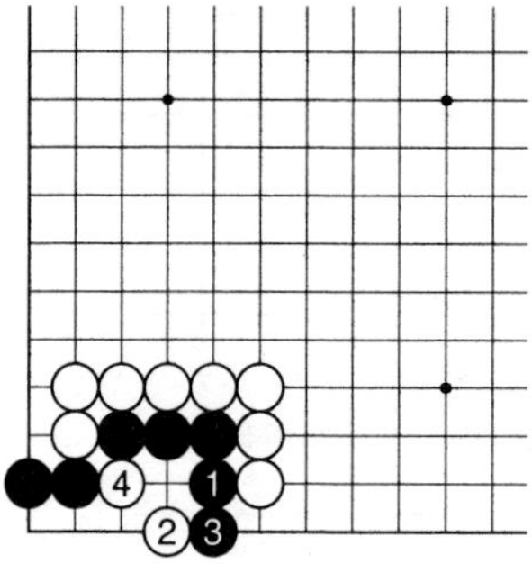

失败 1

黑 1 扩大眼位的话，白 2 点急所，黑 3 挡，白 4 断，黑棋没法打吃白棋，一命呜呼。

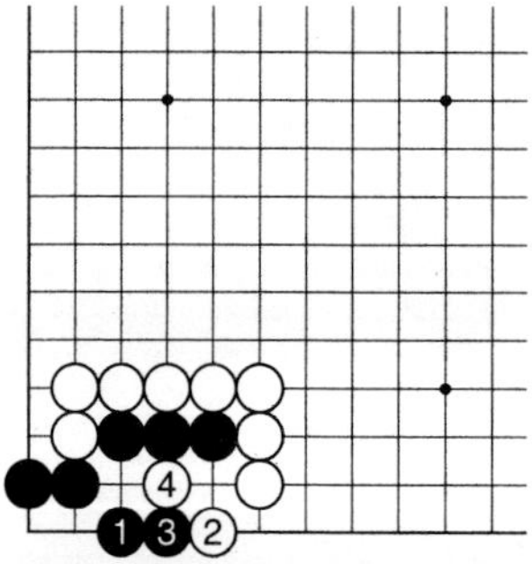

失败 2

黑 1 虎的话，白 2 尖是急所。黑 3 顶，白 4 挖，这样黑棋就只剩一只眼了，黑棋不行。

问题 122（黑先）

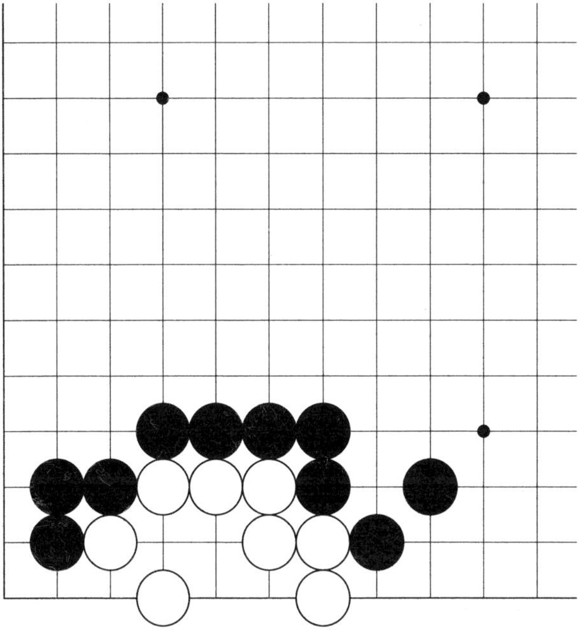

黑棋该如何利用白棋的缺陷，将其全部拿下。

问题 122（解答） 一路立

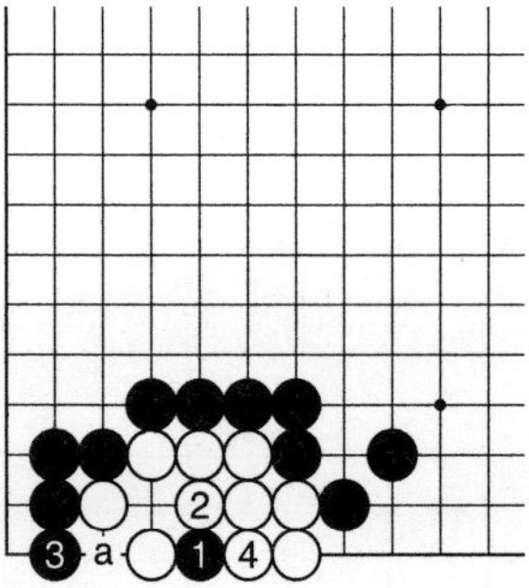

正解

黑 1 点是很聪明的一手。

白 2 团做眼时，黑 3 立是冷静的好手。

由于 a 位不入气，因此白棋只能于 4 位提。

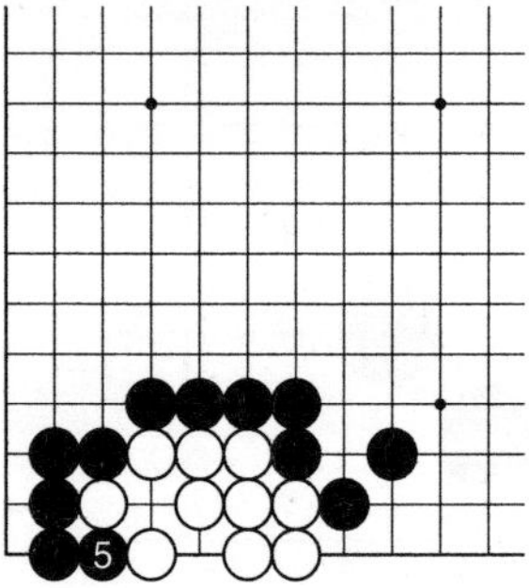

正解（续）

黑 5 打吃破眼，白棋被杀。

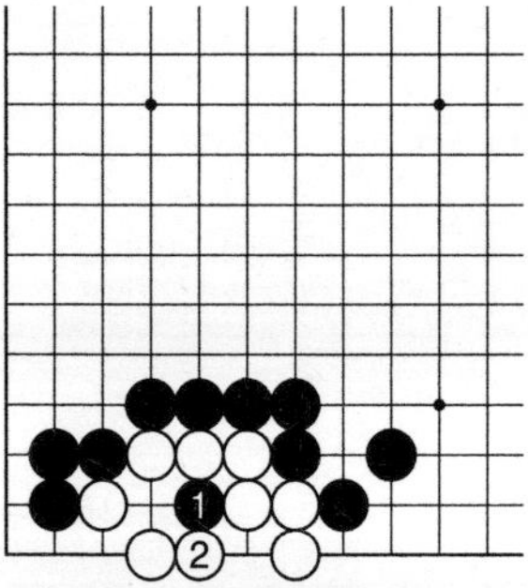

失败

黑 1 点的话，白 2 打吃就活了。

问题 123（黑先）

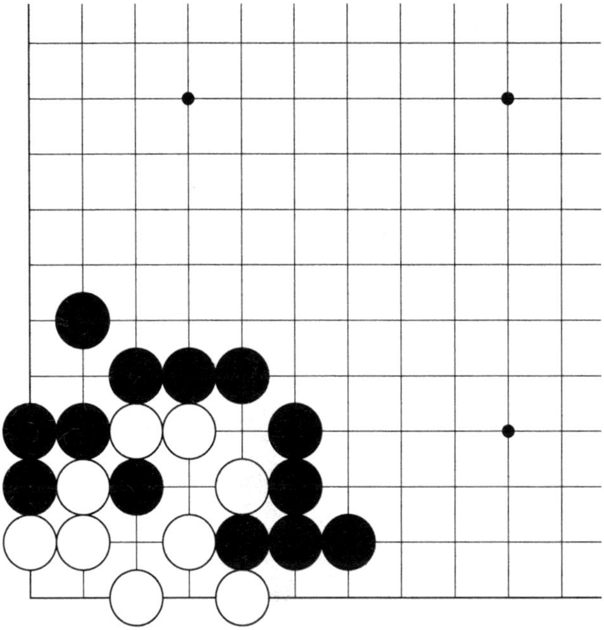

黑棋如何利用白棋腹中濒死的黑一子，诱使白棋做出假眼。

问题 123（解答） 扑！再扑！

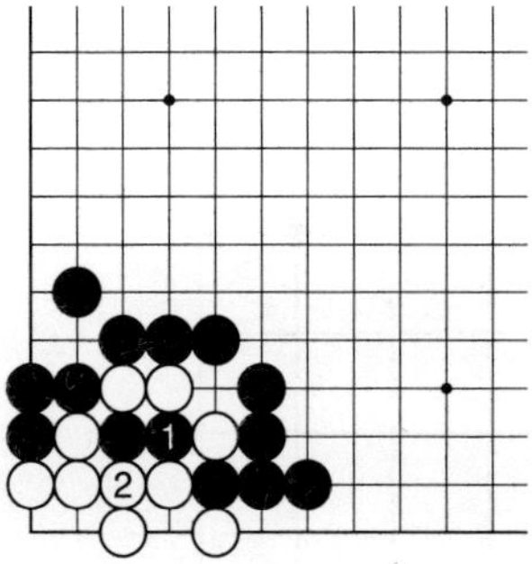

正解

黑 1 扑，弃两子是好手。

白 2 提。

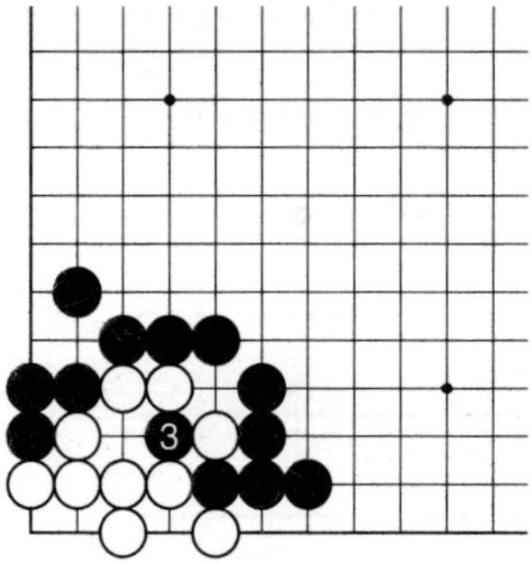

正解（续）

黑 3 再扑，使白棋成为假眼。

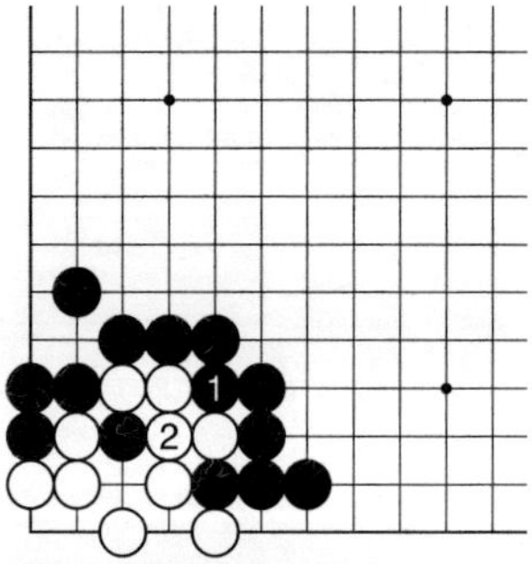

失败

黑 1 打吃，白 2 粘做眼。黑棋逸机。

问题 124（黑先）

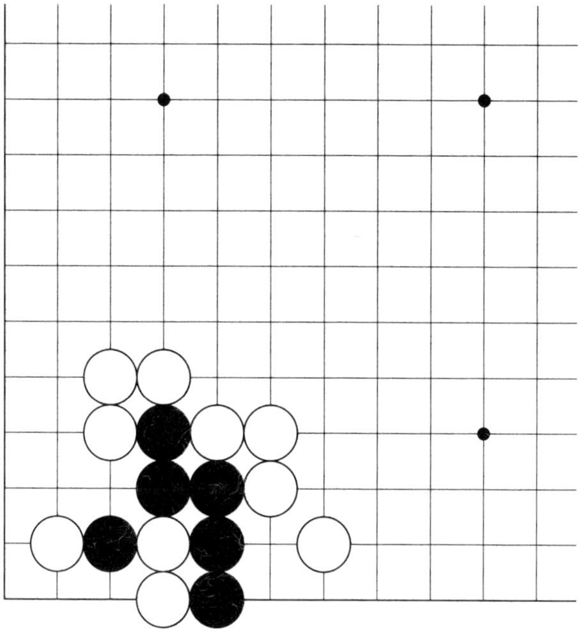

如果只是吃掉白两子，是无法做活的。

黑棋需要再做出一眼。该怎么办呢？

问题 124（解答） 手筋——扑

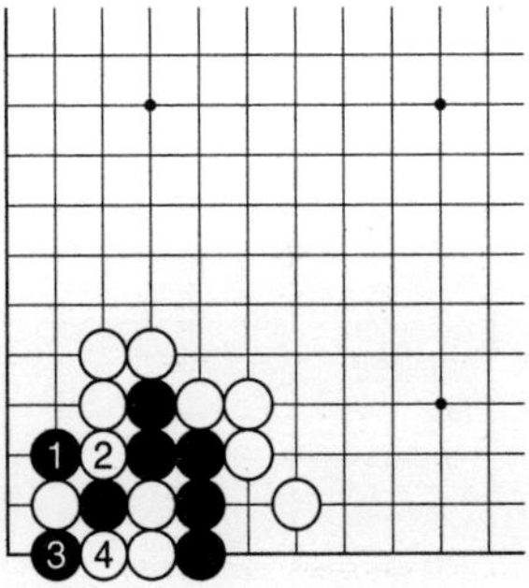

正解

黑 1 扳。

白 2 打吃时，黑棋不急于吃白两子而在 3 位打吃是好手。

白 4 提。

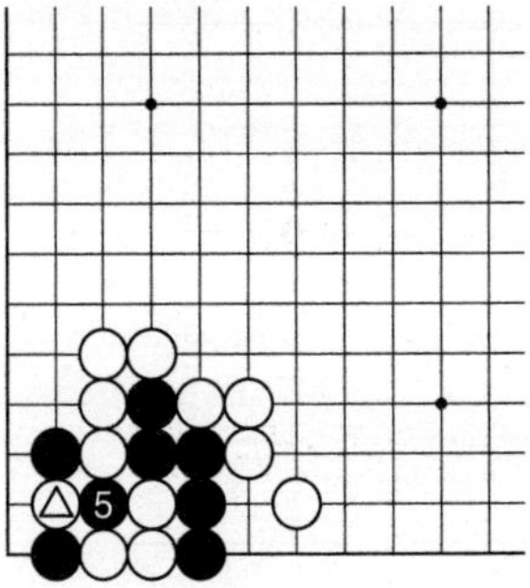

正解（续）

黑 5 反提白三子。黑棋成功吃掉白△做活。

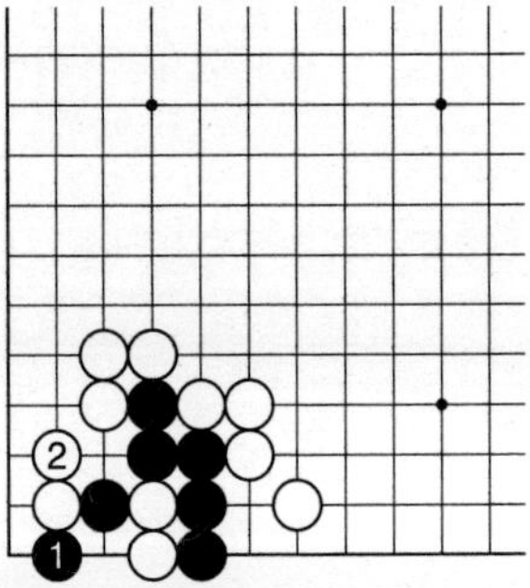

失败

黑 1 扳，白 2 连回。黑棋只剩一眼，黑棋不行。

问题 125（黑先）

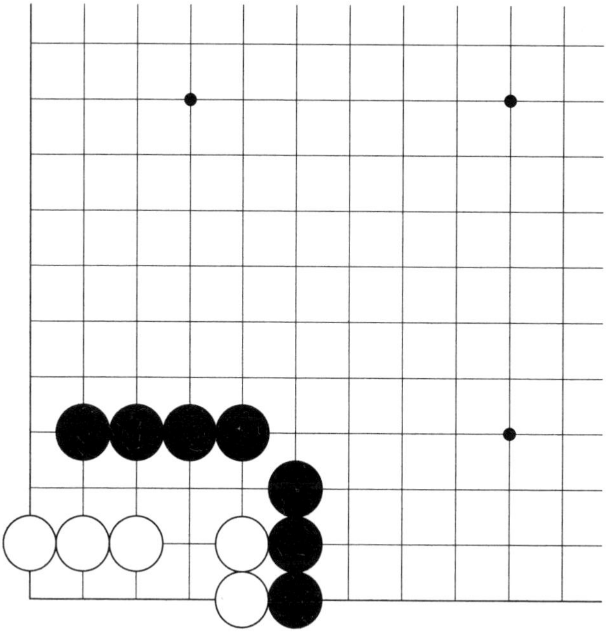

黑棋也许会认为可施展的空间太小，无法杀掉白棋。

但是，黑棋若能走出正确的次序的话，是可以无条件杀死白棋的。黑棋应该怎么走？

问题 125（解答） 万事俱备，只欠“东风”

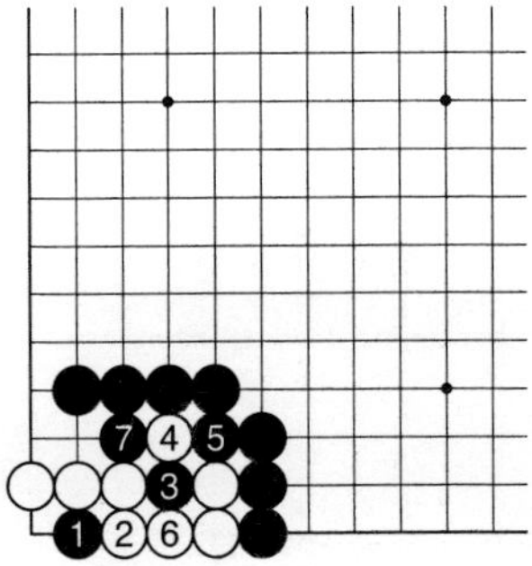

正解 1

黑 1 点是急所，是诱使白棋走 2 位的一手。白 2 打吃，黑 3 再挖。黑 5、7 破眼，白棋被杀。

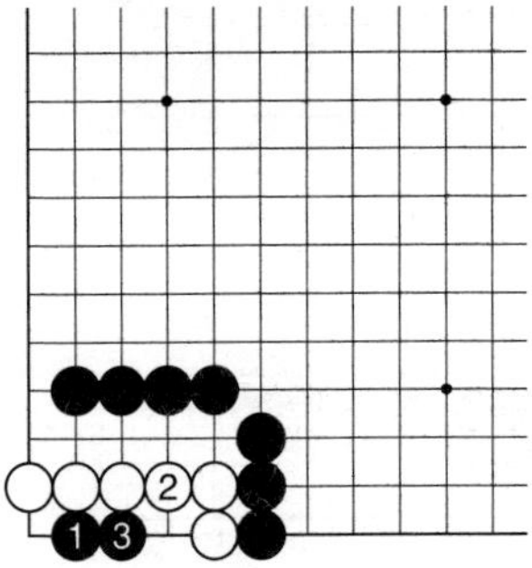

正解 2

黑 1 点，白 2 粘的话，黑 3 破眼也是一样的，白棋被杀。

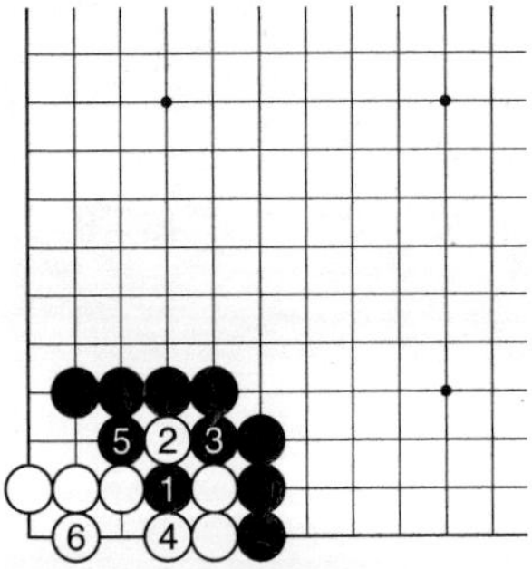

失败

黑 1 挖的话，白 2 打吃，黑 3 断，黑 5 打吃，欲使白棋做假眼。但白 6 做眼之后，黑棋就只能于 1 位提打劫。本题打劫活不算正解。

问题 126（黑先）

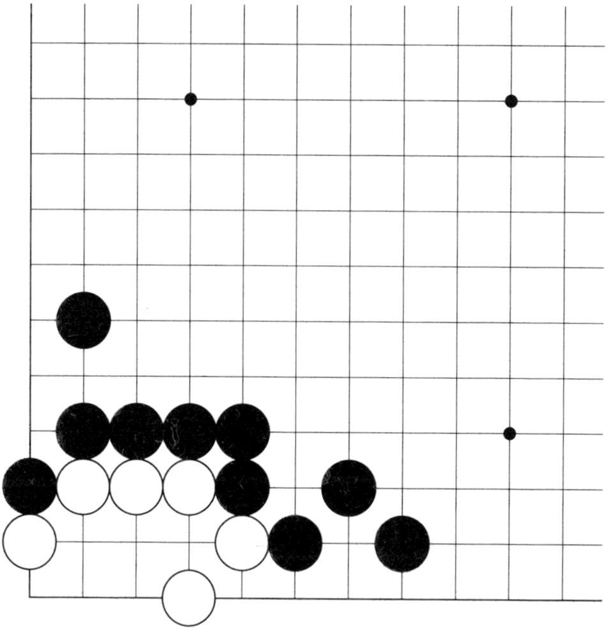

黑棋如何给白棋致命一击？

问题 126（解答） “2·1”是急所

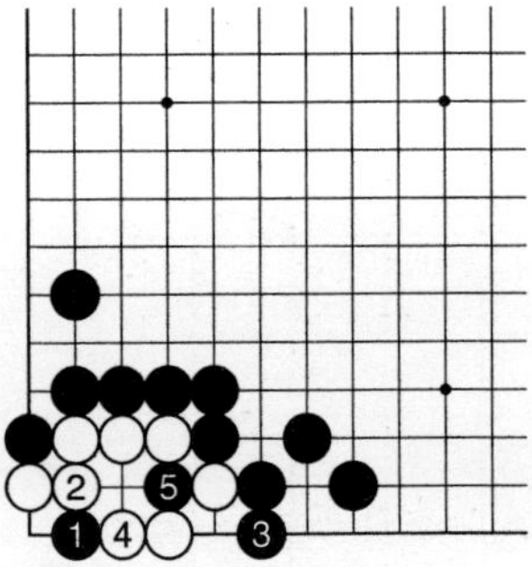

正解 1

本题是“2·1路多妙手”的体现。由于白棋已占了一个“2·1”，因此剩下的那个“2·1”位在多数情况下是急所。

白2粘的话，黑3立是好手，至黑5扑，白棋被杀。

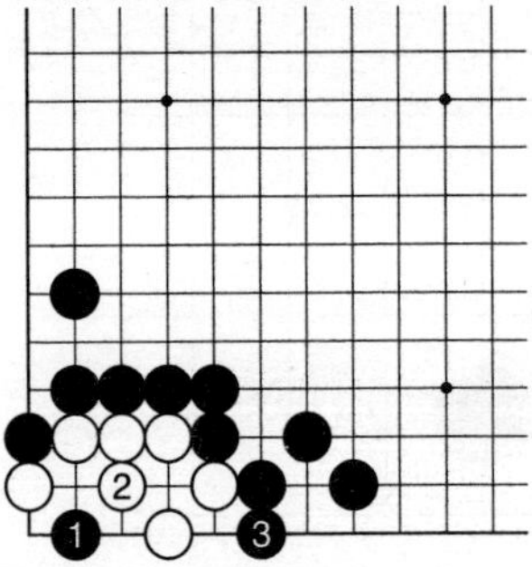

正解 2

黑走1位后，白2做眼，黑3立，白棋依然不行。

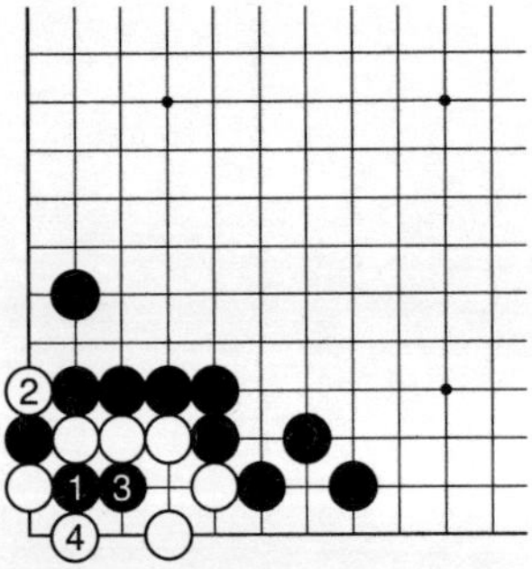

失败

黑1断的话，白2提。黑3打吃时，白4做眼。这样黑棋不行。

问题 127（黑先）

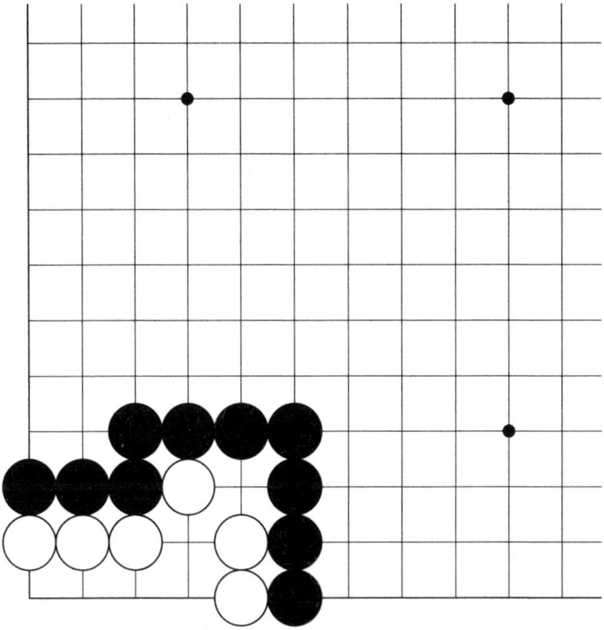

黑棋如何杀掉白棋？

问题 127（解答） “2·1”急所是第一步

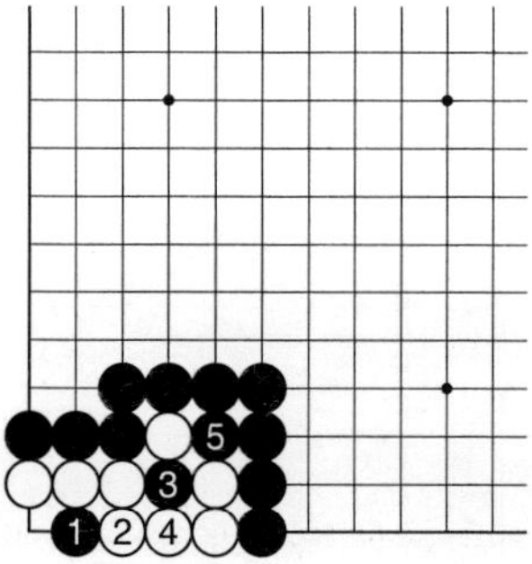

正解

黑 1 点“2·1”是急所。白 2 打吃，黑 3 再扑是正确的次序。黑 5 打吃，使白棋成为假眼。白棋被杀。

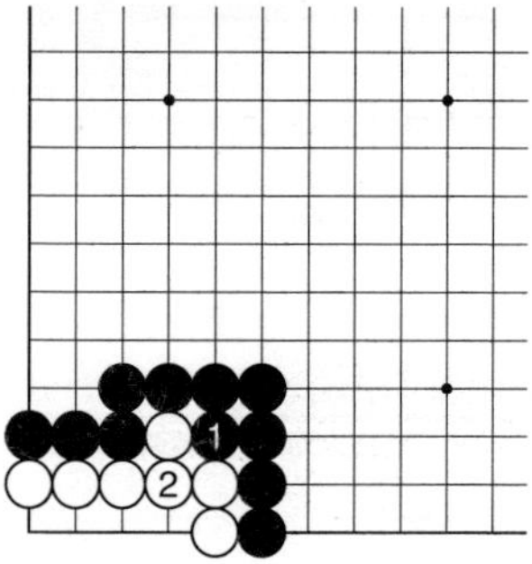

失败 1

黑 1 打吃的话，白 2 粘做活。

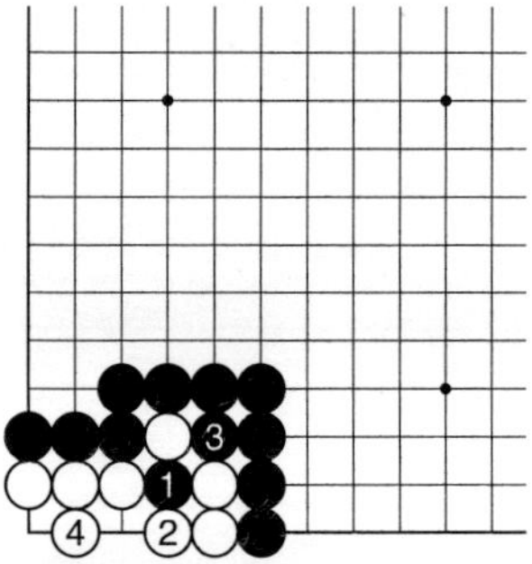

失败 2

黑 1 扑，至黑 3 打吃，虽然可以使白棋成为假眼，但白 4 做眼后，局部形成打劫。

问题128（黑先）

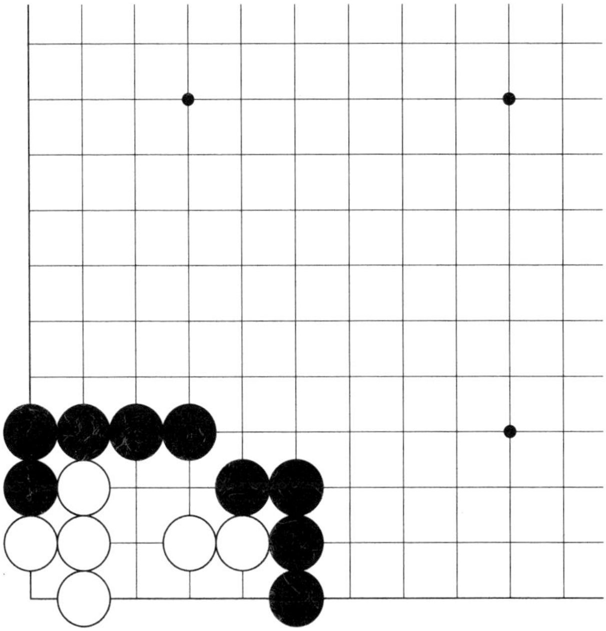

黑棋如何破眼？

问题 128（解答） 次序很重要

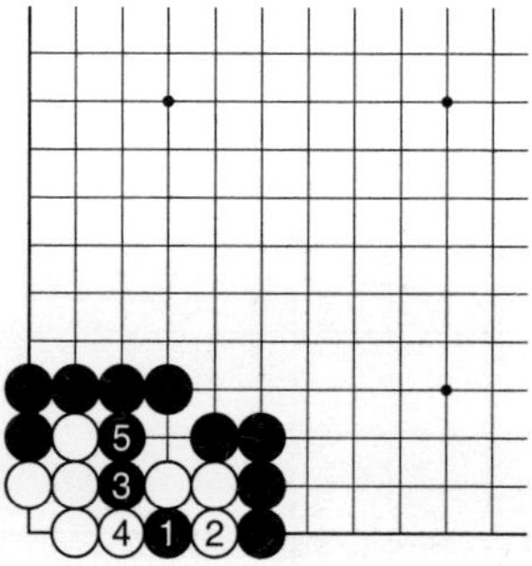

正解

黑 1 托好棋，白 2 打吃，黑棋再于 3 位翻打是正确的次序。

至黑 5 粘，白棋被杀。

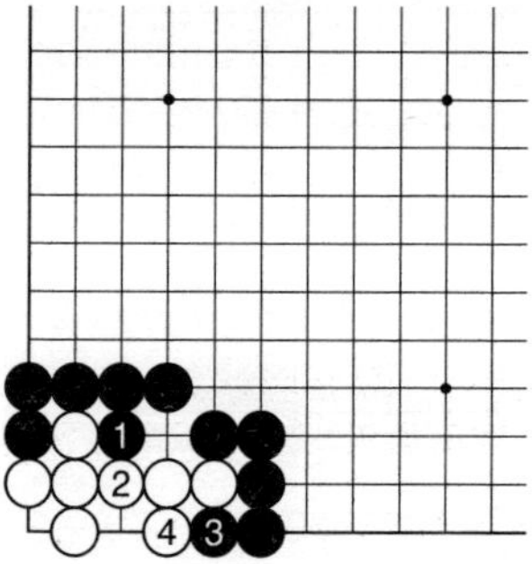

失败 1

黑 1、3 缩小眼位，思考过于简单。白棋挡住即可。

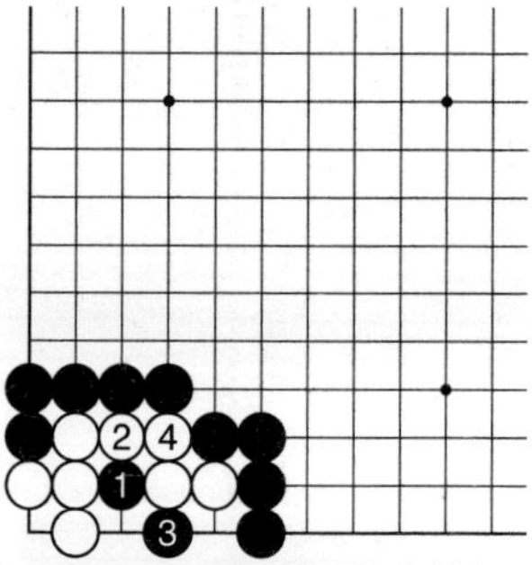

失败 2

黑 1 挖，虽然想法是好的，但白 2、4 是好手，局部形成接不归，白棋做活。

问题 129（黑先）

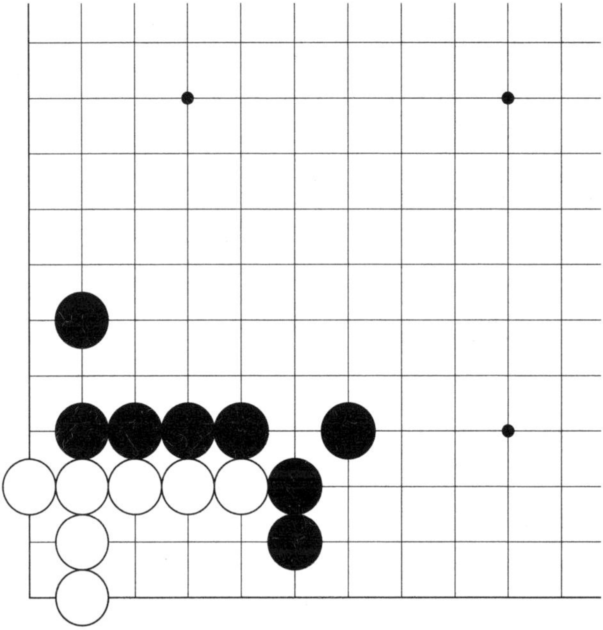

左侧白棋已有一眼，黑棋如何阻止白棋做另一只眼？

问题 129（解答） 敌之要点，我之要点

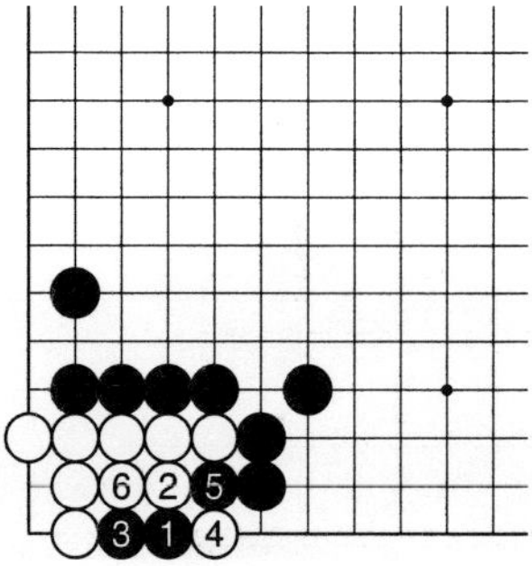

正解

黑 1 小飞好手。白 2 顶，黑 3 破眼是关键。白 4 吃，黑 5 反打也很重要。

白 6 提黑两子。

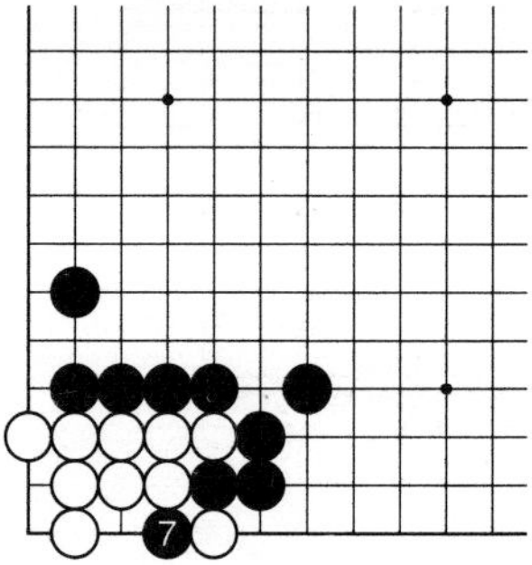

正解（续）

黑 7 扑，白棋被杀。

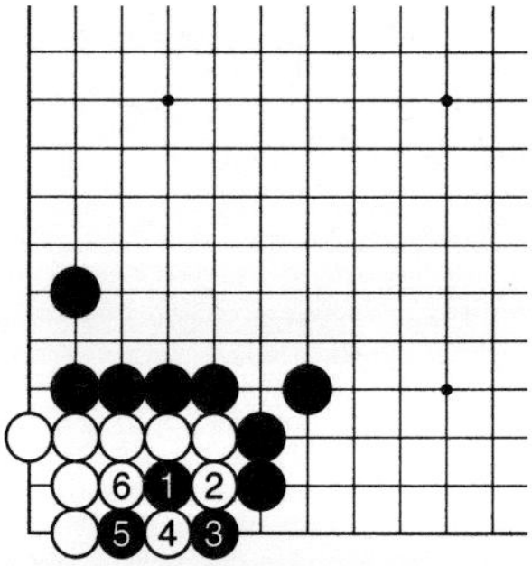

失败

黑 1 托，白 2 冲，黑 3 意图取得联络。白 4 扑好棋，黑 5 提，白 6 打吃，局部形成接不归。白棋做活。

问题 130（黑先）

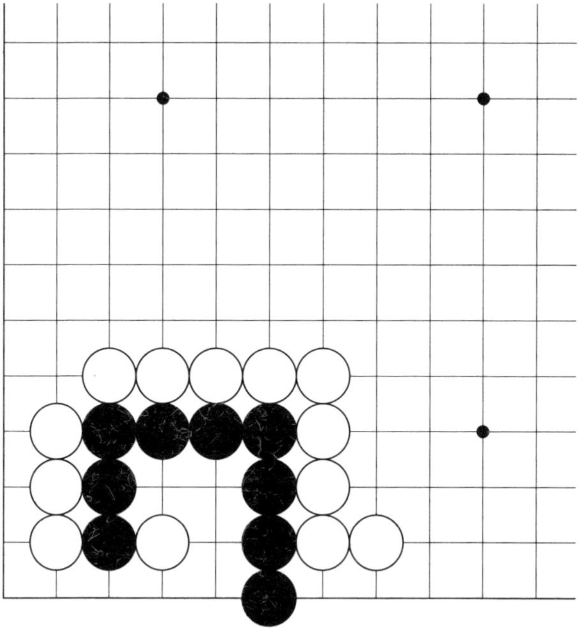

黑棋腹中已有白一子，黑棋该如何活棋？

问题 130（解答） 弃子做活

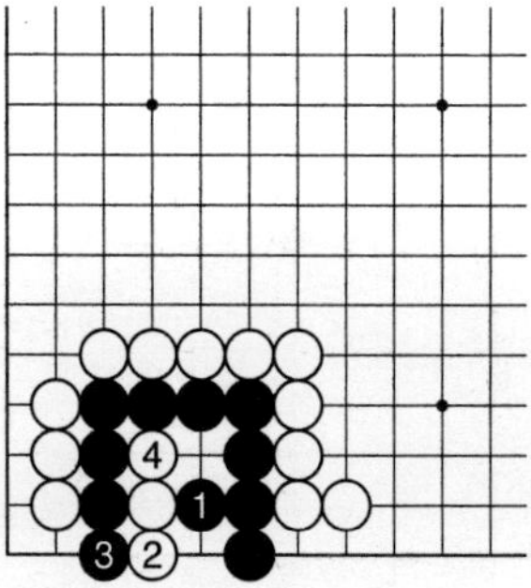

正解 1

黑 1 是急所。白 2 立，黑 3 挡，白 4 破眼，局部形成双活。

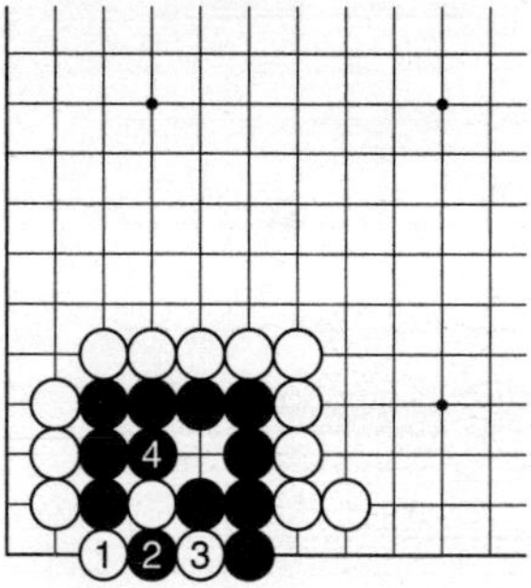

正解 2

上图白 2 走本图 1 位的话，黑 2 扑是好手。

白 3 提，黑 4 从后面打吃形成接不归。

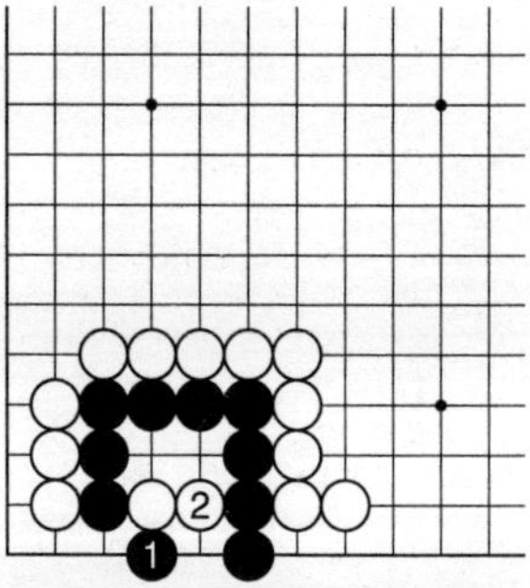

失败

黑 1 阻渡的话，局部形成“刀把五”的死形，白 2 破眼，黑棋被杀。

问题 131（黑先）

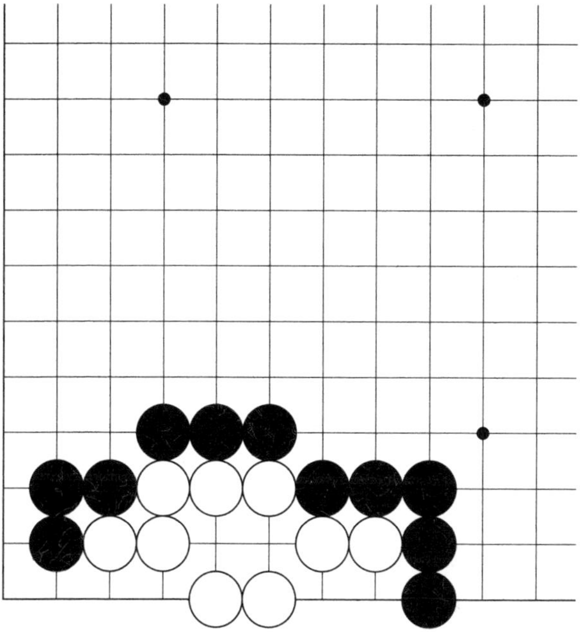

虽然表面上看是左右同形，但仔细观察还是略有不同。

黑棋如何杀掉白棋？

问题 131（解答） 左右逢源——扑

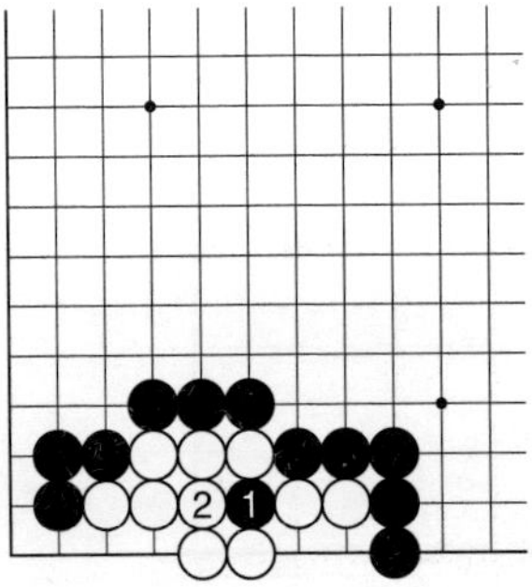

正解

黑 1 扑好棋。白 2 只能提。

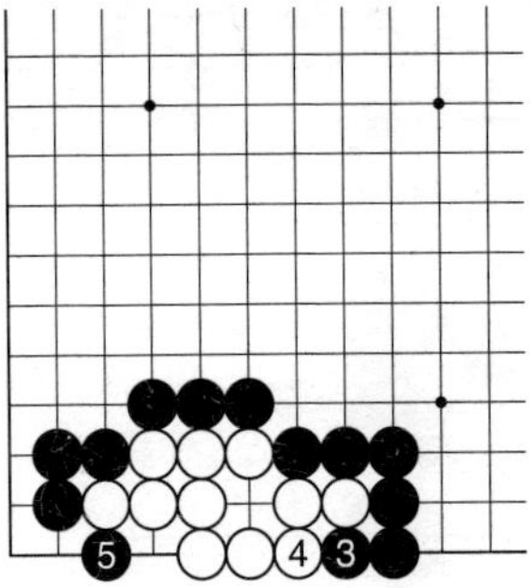

正解（续）

黑 3 爬是好次序。这样 4 和 5 两点见合。白棋怎么走都是死。

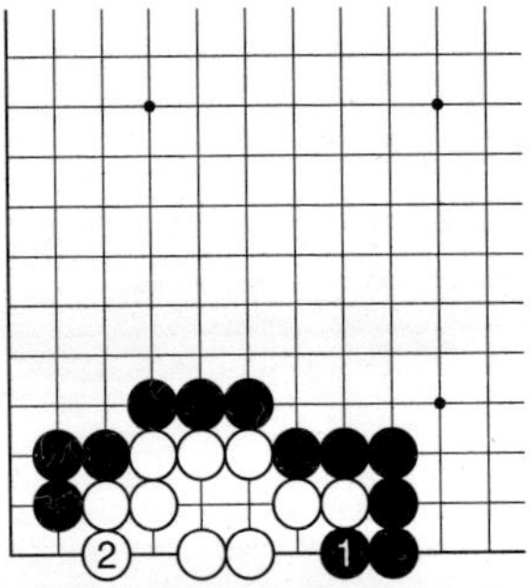

失败

黑 1 缩小眼位，白 2 做眼即可，黑棋失败。

问题 132（黑先）

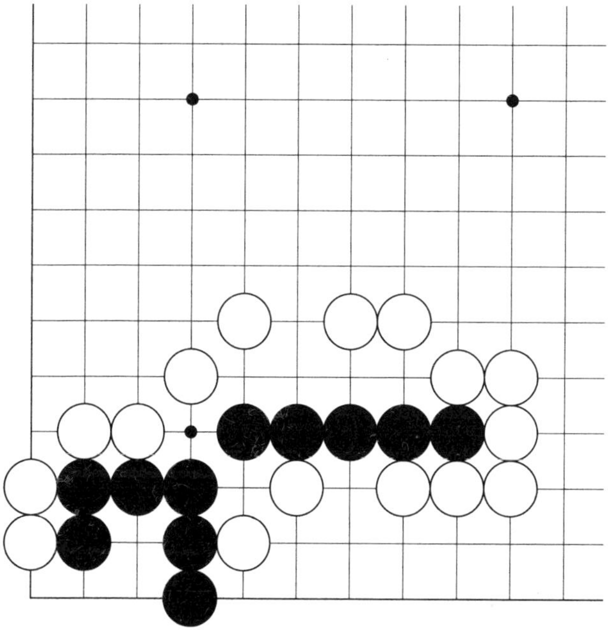

黑棋只有一只眼，必须吃掉某一块白棋才能活棋。黑棋应该怎么走？

问题 132（解答） 救命的“立”

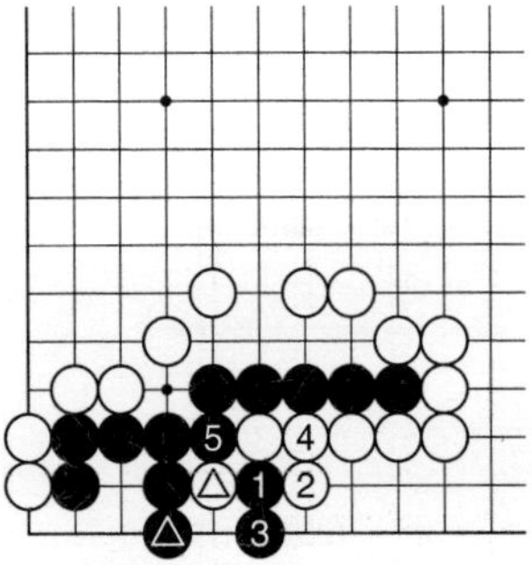

正解 1

白棋的形上有弱点。黑 1 卡，是冲击白棋弱点的好手，这样一来白◬就无路可逃了。白 2 打吃时，黑 3 立是本题的精髓所在。这里能看出，黑▲是“救命稻草”。白 4 粘，黑 5 打吃，黑棋做活。

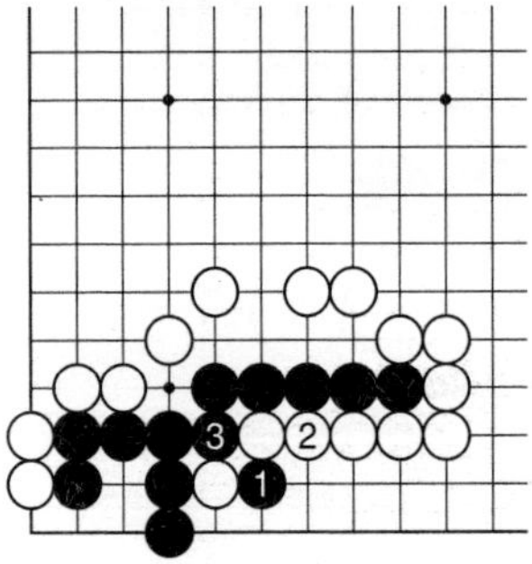

正解 2

黑 1 卡，白 2 粘，黑 3 断即可活棋。

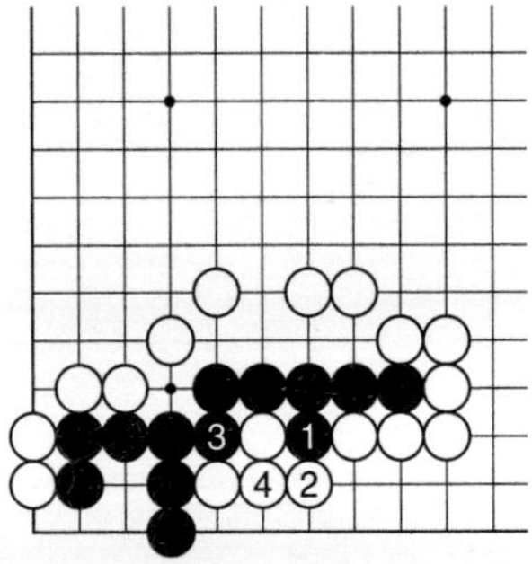

失败

黑 1 冲，白 2 挡，黑 3 打吃，白 4 粘，这样黑棋不行。

问题 133（黑先）

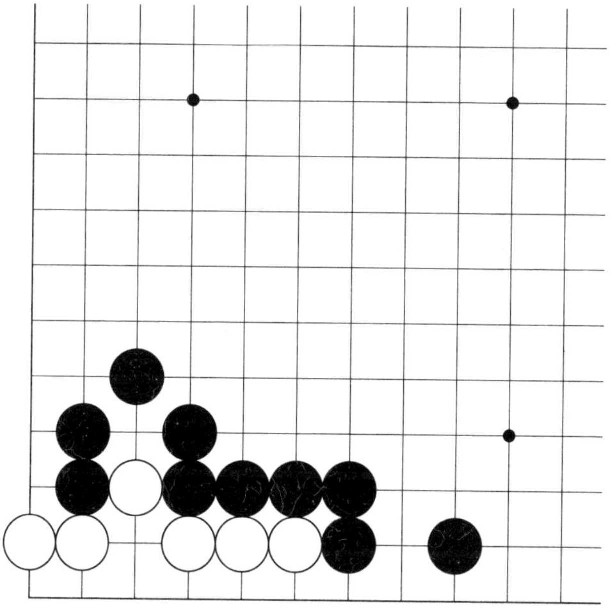

黑棋是应该先缩小眼位还是先走急所？

问题 133（解答） 先缩小眼位再走急所

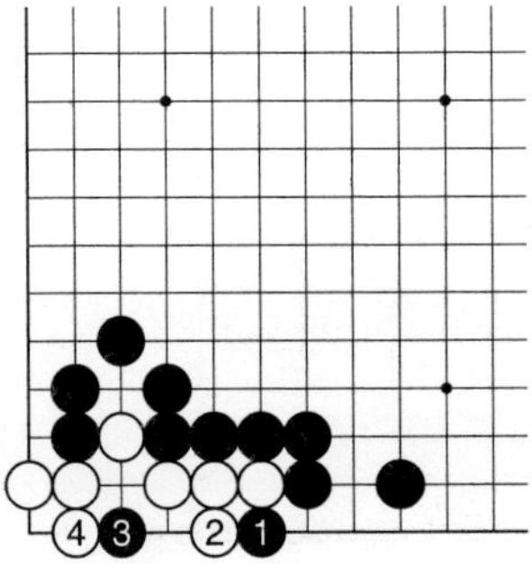

正解

首先，黑 1 扳缩小眼位，白 2 挡，黑 3 再点是好次序。

白 4 做眼。

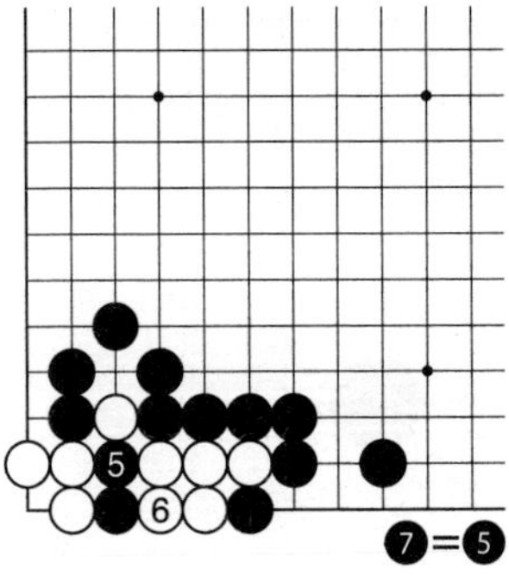

正解（续）

黑 5 扑好棋。白 6 不得不提，黑 7 再扑，白棋第二只眼成了假眼，白棋被杀。

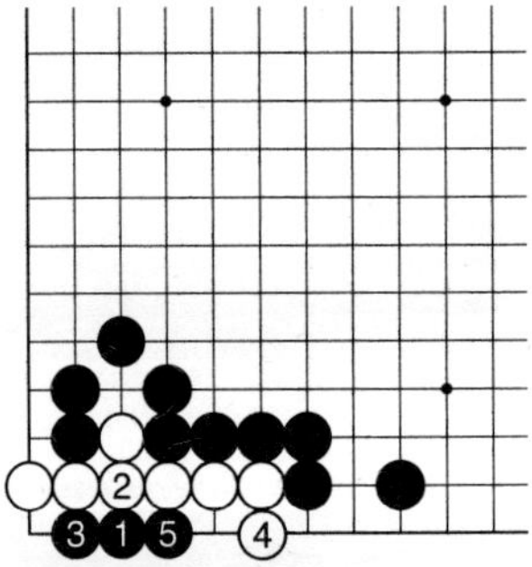

失败

黑 1 虽是急所，但白棋可以于 2 位粘。黑 3 破眼时，白 4 立扩大眼位，黑 5 爬，局部形成双活。黑棋失败。

问题 134（黑先）

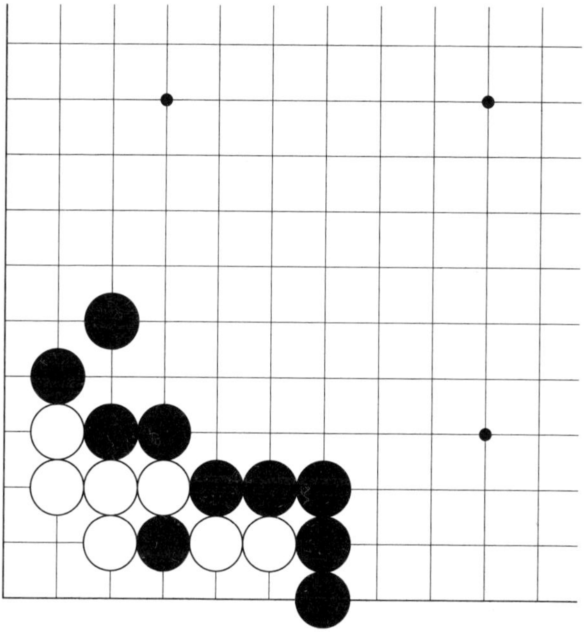

在实战中，常常会发生因为误算而因小失大的情况。
黑棋有破眼杀棋的手段。黑棋应该怎么走？

问题 134（解答） “2 · 1”的急所

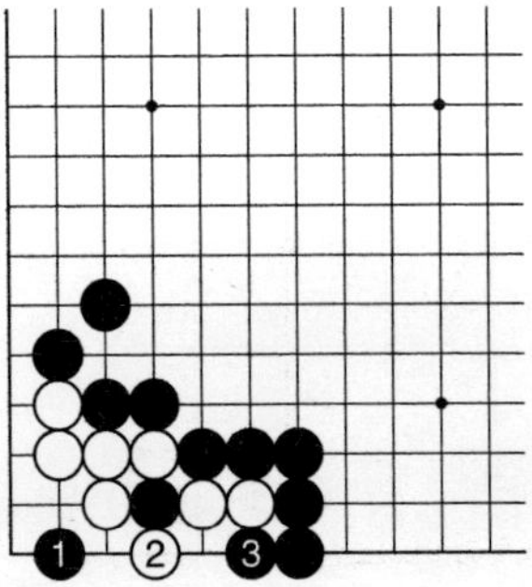

正解

黑 1 点急所。白 2 提时，黑 3 破眼是好棋。

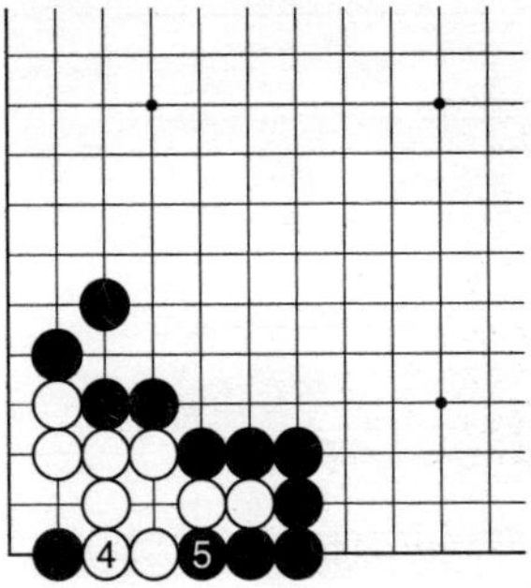

正解（续）

白 4 团，黑 5 破眼。

若白 4 走 5 位，黑 5 走 4 位，白四子被打吃，白棋依然不行。

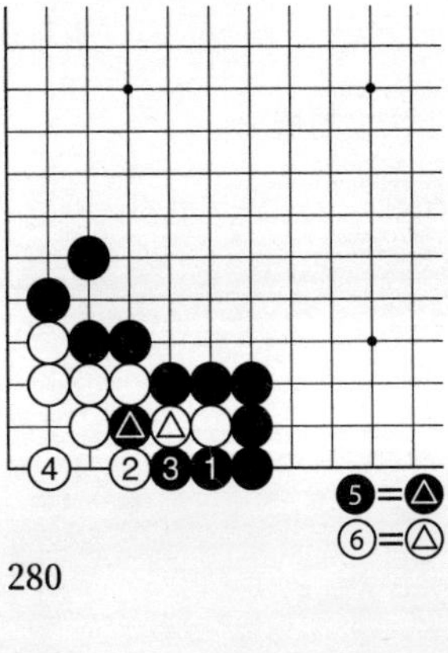

失败

黑 1、3 虽然也是破眼，但是白 4 虎就活了。黑 5 提，白 6 反提，黑棋不行。

问题 135（黑先）

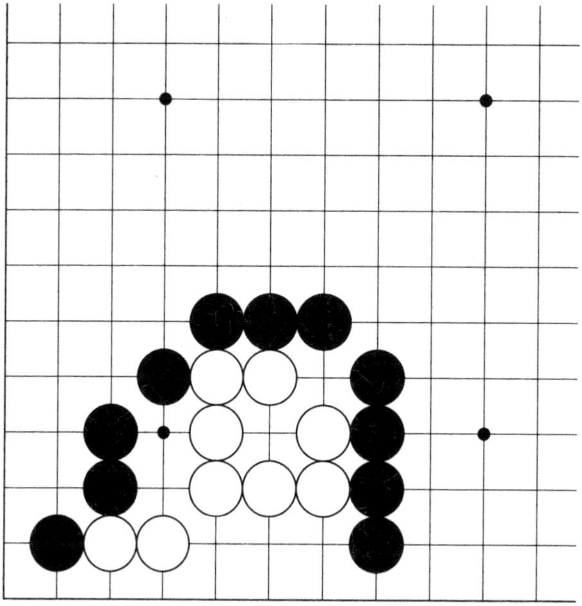

黑棋应该走哪里破眼呢？

问题 135（解答） 敌之急所，我之急所

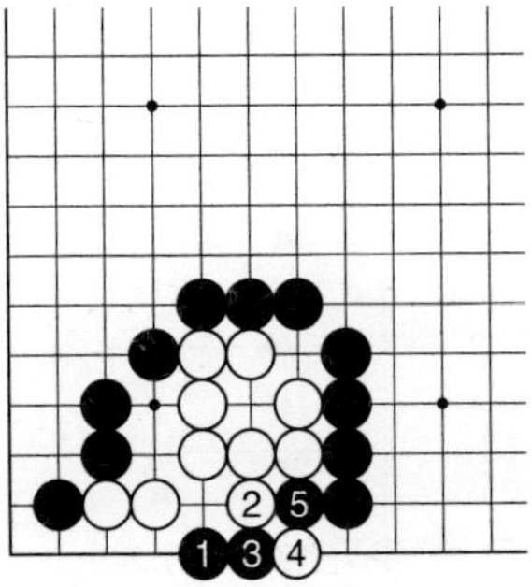

正解

黑 1 大飞好棋。白棋无法将黑 1 这颗子断开。失败 2 图中，白 2 好棋。所以可以判断出此处是急所，双方的要点。

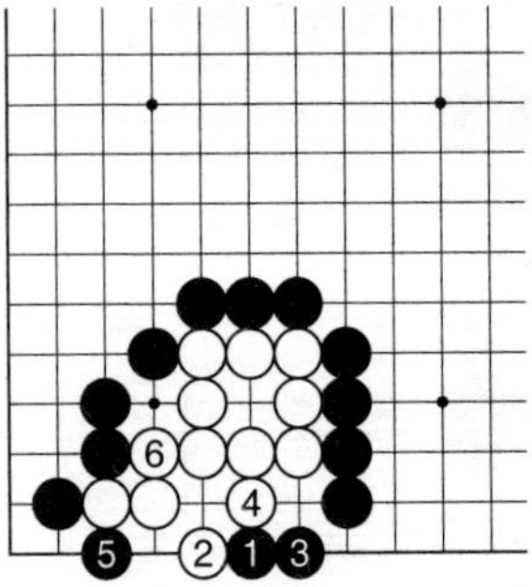

失败 1

黑 1 小飞不行，白 2 顶，黑 3 退，白 4 做眼，黑棋失败。

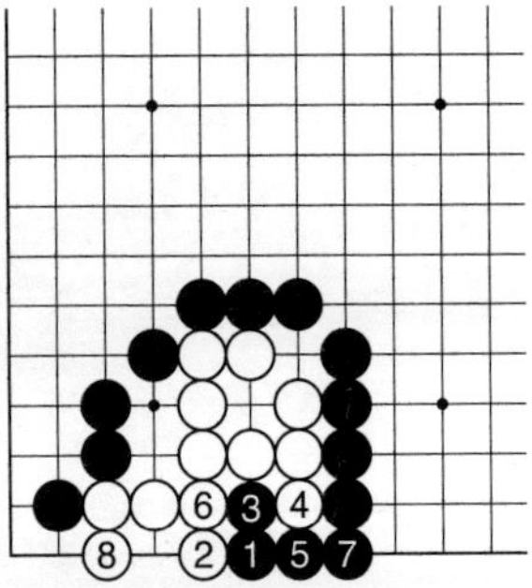

失败 2

黑 3 破眼的话，白 4 冲，至白 8 做眼，黑棋还是不行。

问题136（黑先）

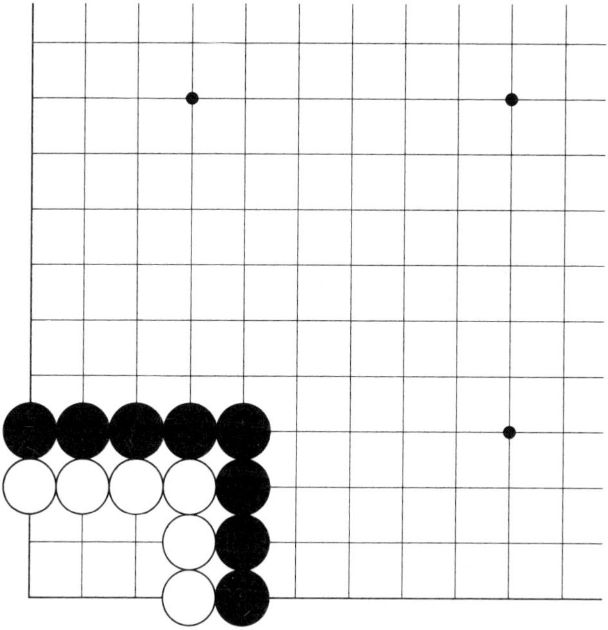

白棋被黑棋围得水泄不通。

黑棋如何才能将白棋歼灭？

问题 136（解答） 角上的急所——2 · 2

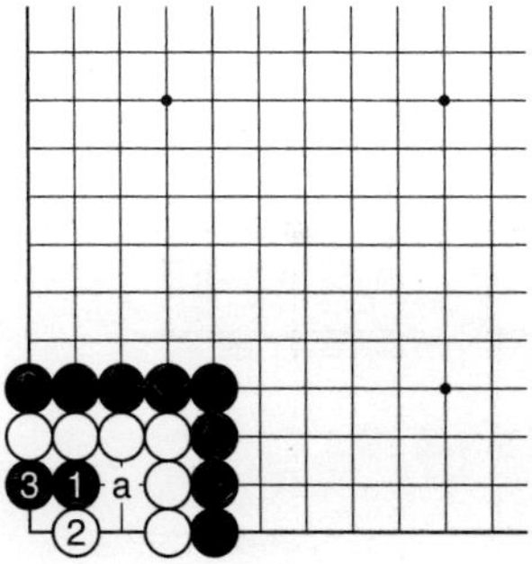

正解

黑 1 点急所。

白 2 托，黑 3 紧气好棋。由于白棋 a 位不入气，白棋无法做眼。这样黑棋成功将白棋歼灭。在某些场合下，2 · 2 也是角上的急所。

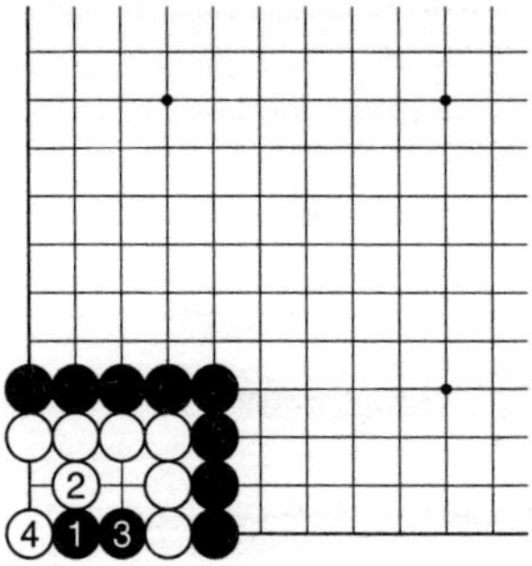

失败

黑 1 点，白 2 顶。黑 3 破眼的话，白 4 扑好棋。

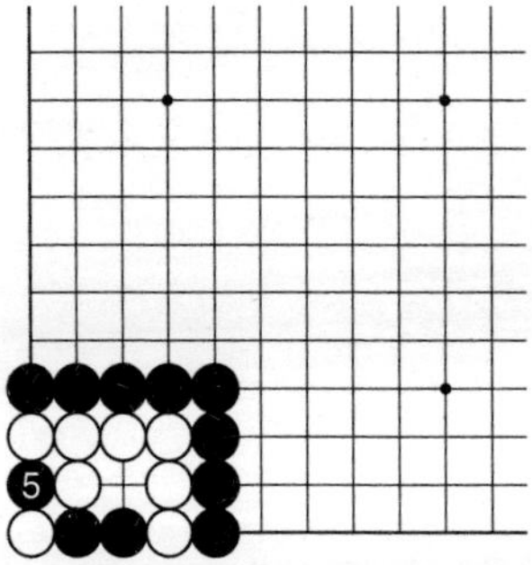

失败（续）

黑 5 提，局部形成打劫活。

问题 137（黑先）

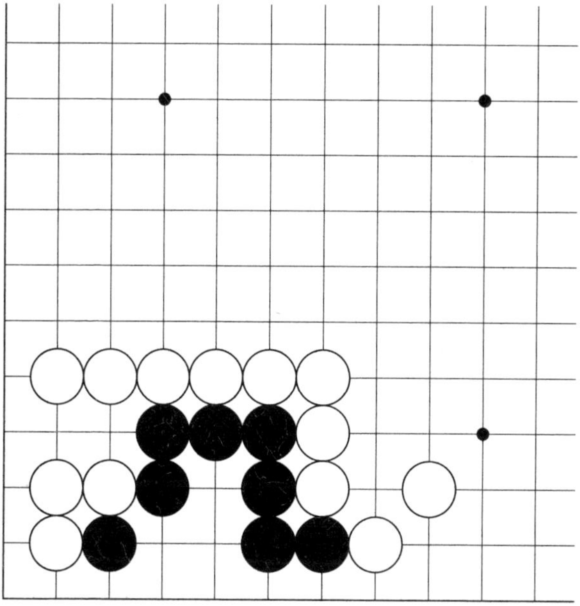

黑棋虽然空间很大，但想要做活有且只有一手。黑棋应该怎么走？

问题 137（解答） 斜着走易做眼

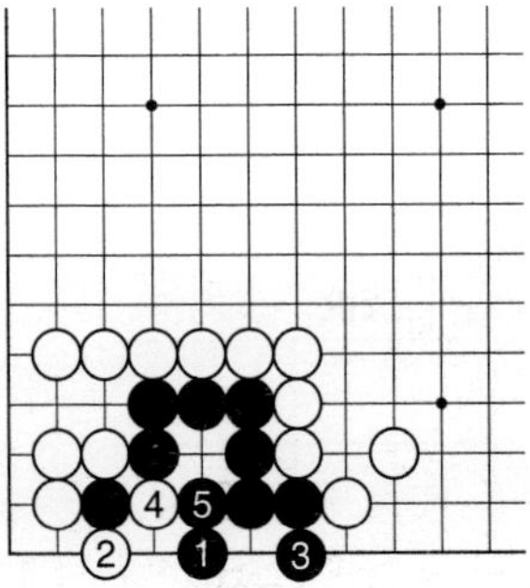

正解

黑 1 尖是做活的急所。白 2 打吃时，黑棋应该不予理会而于 3 位做眼。

白 4 即使提，黑 5 做眼即可。

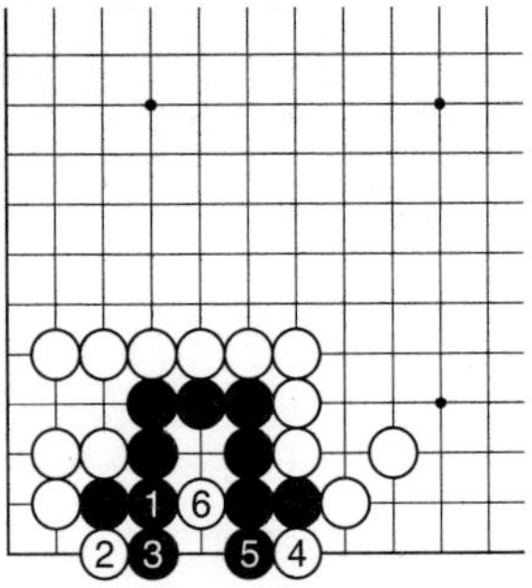

失败 1

黑 1 如果粘的话，白 2、4、6 先扳再点，次序井然。黑棋被杀。

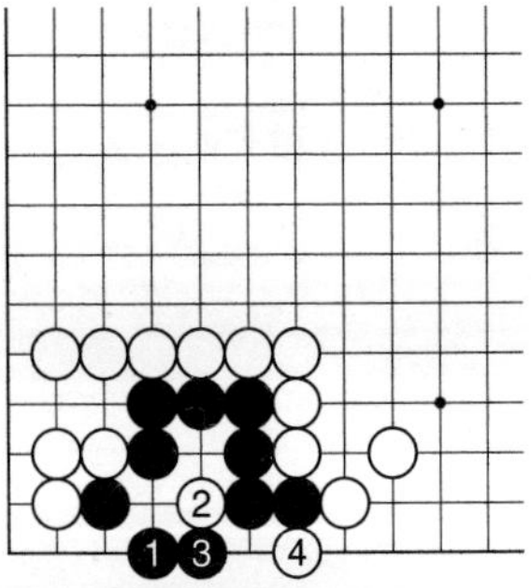

失败 2

黑 1 如果虎的话，白 2 点急所。黑 3 挡，白 4 扳，黑棋还是不行。

后记

通过系统地学习并掌握了“死活”的相关技能，打入对方阵地时会充满自信，能明显地感觉到棋力的提升。

为了将学到的东西活用到实战中，需要一遍遍地练习“死活题”，直至可以一眼看出答案。比起解出一道难题，大量练习简单题目才是更有效的方法。

另外，请大家间隔一段时间后再练习本书中的习题。你会发现，不同的学习阶段对于同样一道题会有不一样的理解。

高尾绅路（九段）